大学生就业指导与创业教育

主　编　谢　飞
副主编　张海军　马甜甜
编　委　张文龙　唐　军　张恩俊　胡代明
　　　　郑　黎　康　军　张坤科

北京理工大学出版社
BEIJING INSTITUTE OF TECHNOLOGY PRESS

版权专有　侵权必究

图书在版编目（CIP）数据

大学生就业指导与创业教育 / 谢飞主编. ——北京：北京理工大学出版社，2018.1（2022.8）
ISBN 978-7-5682-5235-5

Ⅰ.①大…　Ⅱ.①谢…　Ⅲ.①大学生-职业选择　Ⅳ.①G647.38

中国版本图书馆 CIP 数据核字（2018）第 015148 号

出版发行 / 北京理工大学出版社有限责任公司
社　　址 / 北京市海淀区中关村南大街 5 号
邮　　编 / 100081
电　　话 / (010) 68914775（总编室）
　　　　　 (010) 82562903（教材售后服务热线）
　　　　　 (010) 68944723（其他图书服务热线）
网　　址 / http：//www.bitpress.com.cn
经　　销 / 全国各地新华书店
印　　刷 / 涿州市新华印刷有限公司
开　　本 / 787 毫米 × 1092 毫米　1/16
印　　张 / 17.5
字　　数 / 412 千字
版　　次 / 2018 年 1 月第 1 版　2022 年 8 月第 7 次印刷
定　　价 / 39.80 元

责任编辑 / 江　立
文案编辑 / 王梦春
责任校对 / 周瑞红
责任印制 / 施胜娟

图书出现印装质量问题，请拨打售后服务热线，本社负责调换

Preface 前　言

近年来，世界经济复苏步伐放缓，我国经济面临转型升级，但大学毕业生却以总量每年1 000万人的幅度递增，这就在就业市场造成了总量压力大，学生求职预期与就业现实不能对接等尖锐矛盾。面对日趋激烈的竞争环境，解答高职毕业生的求职困惑，帮助和服务学生顺利完成从学校到社会、从学生到职业人的人生跨越，是本套系列教材职业生涯规划教育第三册的重要任务。本教材以一站式服务理念，为毕业生提供当前就业形势分析，就业政策解读，就业前景及劳动法规介绍，具体就业流程指导，创新创业教育等一系列内容，旨在架设帮助学生实现从学校到社会这一重要人生跨越转折的桥梁。

值得注意的是，伴随第三次产业革命的孕育和发展，知识经济时代的到来，给世界社会经济生活带来了清晰可见的变革。面对我国经济转型升级，十八大以来，我国提出以创新为社会经济发展新驱动战略，并结合时代特点，实施"中国制造2025""互联网+""精准扶贫""一带一路"等国家重大战略。党的十八届五中全会提出"激发创新创业活力，推动大众创业、万众创新"，掀起社会创新创业新浪潮。针对大学生就业，提出："落实高校毕业生就业促进和创业引领计划，带动青年就业创业"的总的引领方针。在2015年首届中国"互联网+"大学生创新创业大赛总决赛上，李克强总理指出："大学生是实施创新驱动发展战略和推进大众创业、万众创新的生力军。"这种政治、经济、社会、生态环境为高职毕业生就业，特别是创业带来了极大的机遇和挑战。本教材在对毕业生进行详细、实用的就业指导的同时，还对学生进行了创新创业教育，引导学生站在科学和理性的高度，认知创新创业，准确把握时代特征，开展创新、创业训练。这一内容拓宽了高职毕业生的就业思路，为毕业生进入社会开展创新创业活动做好理论和实践的双重准备，也为创新人才培养提供了助力。

本书由四川工程职业技术学院谢飞担任主编，张海军、马甜甜担任副主编，参加编写的还有张文龙、唐军、张恩俊、胡代明、郑黎、唐军、张坤科。在编写中，各级部门、各位领导给予了大力支持，对此我们表示由衷的谢意。我们也借鉴了专家、学者的观点，援引了一些教材和网络素材，在此也一并表示感谢和敬意。

由于大学生职业规划课程还处于探索阶段，也由于我们编写时间较紧，所以在编写中难免会出现一些局限性,会有一些不尽如人意的地方,恳请广大读者提出宝贵意见,也请专家学者给予批评指正,我们将不断努力、改进。

编　者

Contents 目录

第一章　大学生就业指导与就业制度 1
　　第一节　就业与就业指导 2
　　第二节　就业环境与就业制度 6
　　第三节　当代大学生就业形势分析 17
　　第四节　树立正确的就业观念 21

第二章　就业准备 28
　　第一节　就业知识与能力准备 29
　　第二节　就业心理准备 33
　　第三节　就业信息准备 36
　　第四节　求职材料准备 45

第三章　面试 58
　　第一节　大学生就业市场 59
　　第二节　大学生就业程序 65
　　第三节　面试基本知识 70
　　第四节　面试技巧 76
　　第五节　面试难点与应对方法 97

第四章　就业权益和就业手续 104
　　第一节　就业权益 105
　　第二节　大学生就业权益的法律保障 113
　　第三节　就业协议书和劳动合同 120
　　第四节　就业手续办理 127
　　第五节　求职陷阱与应对措施 135

第五章　创新教育 142
　　第一节　创新的内涵和类型 144
　　第二节　创新思维 146
　　第三节　大学生创新能力的培养 153

　　　　第四节　创新研究与发展 …………………………………… 163

第六章　创业概述 **175**
　　　　第一节　创业的内涵和意义 …………………………………… 176
　　　　第二节　创业准备 ……………………………………………… 182
　　　　第三节　大学生自主创办企业流程 …………………………… 185

第七章　创业实践 **191**
　　　　第一节　识别创业机会 ………………………………………… 192
　　　　第二节　创业计划 ……………………………………………… 201
　　　　第三节　撰写与展示创业计划书 ……………………………… 205

第八章　自主创业　自谋前程 **213**
　　　　第一节　自主创业概述 ………………………………………… 215
　　　　第二节　自主创业准备和程序 ………………………………… 219
　　　　第三节　有关大学生创业的政策法规 ………………………… 227

附录一　高校毕业生就业创业政策百问（2017版） **233**

附录二　中华人民共和国劳动法 **261**

附录三　创业优惠政策 **270**

参考文献 **272**

第一章

大学生就业指导与就业制度

心灵咖啡

> 有一匹年轻的千里马,在等待着伯乐来发现它。
>
> 商人来了,说:"你愿意跟我走吗?"
>
> 马摇摇头说:"我是千里马,怎么可能为一个商人驮运货物呢?"
>
> 士兵来了,说:"你愿意跟我走吗?"
>
> 马摇摇头说:"我是千里马,怎么可能为一个普通士兵效力呢?"
>
> 猎人来了,说:"你愿意跟我走吗?"
>
> 马摇摇头说:"我是千里马,怎么可能去当猎人的苦力呢?"
>
> 日复一日,年复一年,这匹马仍然没有找到理想的主人。
>
> 一天,钦差大臣奉命来民间寻找千里马。千里马找到钦差大臣,说:"我就是你要找的千里马啊!"
>
> 钦差大臣问:"那你熟悉我们国家的路线吗?"
>
> 马摇了摇头。
>
> 钦差大臣又问:"那你上过战场、有作战经验吗?"
>
> 马摇了摇头。
>
> 钦差大臣说:"那我要你有什么用呢?"
>
> 马说:"我能日行千里,夜行八百。"
>
> 钦差大臣让它跑一段路看看。
>
> 马用力地向前跑去,但只跑了几步,它就气喘吁吁、汗流浃背了。
>
> "你老了,不行!"钦差大臣说完,转身离去。

这则寓言提示我们,在现实生活中,即使天赋出众,也要经历磨炼才能有用武之地。大学生要增强就业竞争意识,不断提高自身的竞争力,不断补充以实用为导向的职业知识、以专业为导向的职业技能、以价值为导向的职业观念、以结果为导向的职业思维、以敬业为导向的职业态度、以成功为导向的职业心理,不放弃任何一个职业素质培养与形成的机会,一点一滴地吸取,为自己的职业生涯发展积蓄含金量。

第一节 就业与就业指导

一、就业与就业指导的概念

就业是指劳动者同生产资料相结合,从事一定的社会劳动并取得经济收入的活动。由此定义可见,就业应该具备三个基本条件:一要从事社会劳动,要把个人的工作融入到整个社会之中；二要得到社会认可，必须合理合法；三要有一定报酬或经济收入。社会中具备劳动能力的人通过就业维持生活，实现自己的价值，为社会作出贡献。

就业指导又被称为职业指导，是指为需要获得职业的人提供如何获得适合自己的职业的各种服务和指导，实现劳动者与职业的结合。

大学生就业有其自身的特点，主要表现在：

（1）大学生就业的主体是受过高等教育的大学生，具有一定的思想素质和文化素质。

（2）大学生就业是从学生时代步入社会的转折，一般不具有工作经验。

（3）大学生择业时具有较强的群体性和季节性，数以百万计的应届毕业生几乎在同一时间段需要及时就业。

大学生就业是连接学业、职业与事业的桥梁。纵观大学生就业的特点，大学生就业指导不单纯是帮助大学生选择职业，谋求一份工作，还要以大学生的学业为基础，以就业为导向，以职业为载体，以事业为目标，统筹兼顾、协调一致，使大学生的专业能力和综合素质得到和谐发展，使大学生个人劳动能力得到最佳配置。具体来讲，从大学生一入学就对其进行职业生涯规划的指导，预测社会的需求状况，让大学生了解就业形势，帮助其树立正确的职业理想和择业观念，使其自觉提升自己的学习能力，注重实践能力和各方面素质的培养和训练，掌握就业政策和求职技巧；给毕业生传递就业信息，帮助其解决就业中出现的问题，为其顺利求职择业、迈向社会提供指导和服务。要实现大学生学业、就业、职业、事业的协调统一，就要求大学生就业指导的全程化。在毕业生数量不断增加的就业形势下，还不能忽略对大学生的个体指导。

二、就业指导的历史由来

就业指导作为一种专门的社会服务工作和研究课题，最早起源于美国。早在1894年，美国加州工艺学校就有人开始从事就业指导工作。之后，在德国、苏格兰等一些西方资本主义国家也相继开展了专门的职业指导活动。就业指导的创始人——美国佛兰克·帕森斯首先使用了就业指导的概念。1909年他出版了《职业选择》一书。帕森斯创立的职业指导理论被称作"特性——因素理论"，在西方国家职业指导中一直处于主导地位。1911年，美国哈佛大学在世界上首开先河，在大学生中开设了就业指导课，帮助学生及时了解市场人才需求，提高学生的职业兴趣和职业定向意识，指导学生填写履历表和撰写求职信，教给学生参加面试、提高学生人际交往能力和求职技巧以及进行毕业生初次就业的心理测试。

在我国，清华大学早在1916年就开始着手和筹备就业指导这项工作，首次应用心理测试等手段对学生进行职业指导，1923年正式成立了职业指导委员会，拉开了我国高校就业指导工作的序幕，1925年还出版了《职业指导实施》一书，记录下我国开展就业指导工作的历史。之后，国内许多学校都陆续设立了就业指导机构。1919年黄炎培先生发表《职业指导号》，从介绍西方国家职业指导的理论与经验入手，结合当时的经济与社会状况，提出了在我国开展职业指导的必要性，他指出"凡是能传之我且远，必在其存在的理由，职业指导适于社会分工制度之需要，内应天生人类不齐才性之特性……苟社会分工制度一日不废，而人类才兴一日不齐，职业指导永远存在可也。"我国的就业指导从无到有，并形成一定的规模，为我们今天的就业指导工作打下了良好的基础，提供了有益的经验。但在旧中国，经济凋敝，职业指导基本处于停滞状态；新中国成立后，由于实行计划经济和就业的统包统分等多种原因，职业指导没有得到足够重视。改革开放以来，我国国民经济迅速发展，就业制度发生了根本变化，发展多种就业形式，运用市场调节就业结构，形成用人单位和劳动者双向选择、合理流动的就业机制，为职业指导提供了最好的发展机遇。大学毕业生与用人单位之间采取了双向选择的就业模式，毕业生就业引入了竞争机制，各高校在原国家教委的要求下，于20世纪90年代中期相继成立了毕业生就业指导中心，开展了一些就业指导活动。1993年，中共中央、国务院颁布了《教育改革和发展纲要》，进一步明确了毕业生就业制度改革的目标和改革后毕业生的就业方法。要保证就业制度的顺利实施，就必须在高校中开展对大学生的就业指导。就业指导工作及就业指导课程在高校应运而生。

三、就业指导的主要内容

当今社会复杂多变，经济发展日新月异，就业指导内容也日益丰富，形式更加多样，从现阶段看，大学生就业指导内容主要包括以下几个方面。

1. 就业思想教育

就业思想教育贯穿就业指导的全过程，也是日常对学生进行思想教育的继续和延伸。就业思想教育是把马克思主义的世界观、人生观、价值观等观念渗透到就业指导工作中，落实到求学之路、职业生涯设计、择业标准、求职道德、成才道路等方面，帮助学生树立正确的择业观，将自我价值实现与社会需要结合起来，倡导艰苦奋斗和无私奉献。毕业生在求职择业过程中，要正确认识社会、认识自我，调整择业期望；既要面对现实，保持良好心态，又要勇于竞争，恪守诚实守信；克服在择业过程中"等、靠、要"的思想，积极适应社会等。

2. 就业政策指导

大学生就业是劳动就业的一个组成部分，当然要受到国家就业方针政策的制约。就业政策是国家为实现一定时期的任务，为适应经济建设和社会发展而制定的有关毕业生就业的行为准则，是大学生求职择业的重要依据。一些毕业生由于对国家的就业政策缺乏了解，在择业时思想上往往带有很大的随意性和盲目性。只有广泛地进行政策宣传和教育，使学生了解国家制定的全国性就业政策和有关部门、各省市制定的行业性、区域性就业政策及学生所在学校制定的具体就业工作实施意见，才能引导毕业生走出择业的"误区"，才有利于毕业生根据国家需要并结合个人实际，有针对性地选择职业。毕业生也只有了解和掌握就业政策，才能更好地维护自己的责、权、利，顺利地完成求职择业。

3. 就业形势指导

就业形势指导是引导学生了解当年毕业状况及当前社会经济发展对人才的需求状况和人

才市场的形势，使学生做到"知己知彼"。所谓"知己"，就是了解当年毕业生的整体情况，了解毕业生择业志愿的变化及趋势，摸清毕业生的思想动态；所谓"知彼"，就是全面地了解社会的用人需求数量，人才市场的需求"行情"等。及时了解毕业生的整体状况以及当前人才市场的行情，有助于毕业生把握求职择业的主动权。

4. 就业策略指导

就业策略指导也可被称为就业技术或技巧指导，即对大学毕业生求职择业的策略、方法、手段、技巧等具体操作环节进行指导。它是现代社会毕业生顺利求职择业的必备技能，主要包括自我认知能力、信息收集和处理能力、自我推荐方法、面试技巧、心理调适方法、职业适应能力、成才与职业发展的计划实施能力及技巧等内容。求职择业是一门艺术，正确的方法和技巧是成功择业的重要因素之一。在双向选择过程中，绝大多数毕业生是第一次面对用人单位的挑选，了解并掌握相关的求职择业的方法和技巧，如同机器上了"润滑油"，运转就会灵活自如，就业的成功率会大大提高。

5. 就业心理指导

就业心理指导是针对毕业生的心理发展特点和在择业、就业过程中产生的心理问题进行帮助指导。择业，是大学生人生的一次重要选择，也是对他们综合素质，特别是心理素质的一次全面检验。选择本身就容易引起人们的困惑和矛盾，毕业生在走向就业市场面临激烈的竞争，参与"双向选择"的过程中，由于主观上的不稳定性和不成熟性，客观上的诸多制约因素及就业的压力，很容易在择业时产生相关心理问题。因此要通过就业心理指导，帮助他们提高心理素质，培养健康的心理，使其保持良好的择业心态，正确面对现实和择业过程中遇到的挫折。

6. 职业生涯指导

职业生涯指导主要针对大学生在校学习期间，通过个别辅导、职业兴趣、能力倾向测试等多种方式，帮助大学生学会自我认知和自我评价，确立合理的职业目标和方向，从而为获得事业成功奠定基础。职业生涯指导可以提高学生的职业兴趣和职业定向意识，引导他们对自己进行评价，通过自我评价确定合适的职业种类。考虑学生个体的职业兴趣和职业潜力，职业生涯指导应贯穿在整个教育过程中，使学生在学习目标和择业目标上保持一致，既保证了学生的知识体系能适应市场需要，同时也提高了学生的就业竞争力，对学生的整个职业生涯的规划也起到了很好的引导作用。

7. 社会适应指导

社会适应指导帮助毕业生尽快适应环境，完成角色转变，树立信心和责任感，遵守职业道德，在实际工作中乐业、敬业、创业，脚踏实地地干一番事业。大学生从学校走向社会，是人生道路上的一大转折。但是，由于大多数毕业生的生活经历基本是"从家门到校门"，他们接触社会少，阅历浅，对社会缺乏了解和认识，对新的社会环境感到陌生，甚至无所适从。在这个过程中，要完成从学生到职业工作者的角色转变，需要经历社会化和再社会化的过程。社会适应指导就是帮助他们正确地认识社会，建立良好的人际关系，教育他们"爱岗敬业"，有强烈的责任感和事业心，不断进取，艰苦创业，顺利地实现从学校到社会，从学生角色到职业工作者角色的转变，成为国家的有用之才。

阅读材料

一般而言，影响毕业生自我定位有以下因素：其一是职业定位模糊。由于是初次择业，毕业生大都抱着"边走边瞧，边走边跳，走一步，算一步"的想法，没有认真想一想自己的职业定位问题，也没有一个职业生涯规划。其二是不能正确地评价自己。有的毕业生在择业过程中总是过高地估价自己，自我定位过高——工资看外企、职位看白领、单位看名气、环境看气派，因此总是找不到一个适合自己的就业岗位，到最后反而"嫁不出去"。其三是社会因素的干扰。一些毕业生往往受亲朋好友的影响较大，自己明明已看好某个职位，该职业也较符合自己的综合能力，可周围的亲友一有反对之声，自己就开始动摇了。现实生活中存在的社会职位竞争的不公平、操作的不规范现象，也常常使毕业生感到很迷茫，找不准位置，看不清方向。其四是心理素质不过硬。当前我国正处于深刻的社会变革时期，一些毕业生没有完全适应这种变革，在职业定位时往往被心理因素左右，因此很难准确做出理性的选择，在择业中或盲目从众，或消极逆反；不是过于自尊，就是过于自卑，凡此种种，都会对毕业生顺利就业形成巨大的障碍。

因此，毕业生在选择职业的过程中，首先，要针对自己的实际情况，做好自己的职业定位，规划自己的职业生涯；其次，要根据自己的专业、技能、综合能力和社会用人单位的要求，确定自己的职业定位；再次，毕业生还要排除各种外界干扰，如果自己和用人单位彼此都很满意，就应该早做决定，尽快签订就业协议；最后，就业过程是一个复杂的过程，往往会遇到这样或那样的困难，这就要求毕业生努力培养良好的心理承受能力，勇敢地迎接选择未来生活的种种挑战。

第二节 就业环境与就业制度

一、我国大学生就业环境

就业是在一定环境中进行的，大学生所处的就业环境由以下几方面因素共同确定：当年的社会环境、政策环境、经济环境、用人单位需求情况等。

1. 社会环境

社会主义初级阶段是我国的基本国情，初级阶段担负着极其繁重的历史任务。中国要从不发达逐步实现现代化，从农业国转变为工业国，就要发展科技和教育，缩小地区间的差距，实现国家的工业化和经济的社会化、市场化和现代化，在社会主义的基础上实现中华民族的伟大复兴。这一特定阶段的发展具有以下基本特征：

（1）市场经济竞争激烈。

在市场经济运行中，优胜劣汰，适者生存，竞争激烈。企业建立起新型的劳动就业制度，劳动者在就业过程中可以双向选择、合理流动和自主创业，劳动者素质的高低，要通过其对经济和社会的贡献来衡量。因此，经受市场经济的激烈竞争的考验，成为每个人都不可回避的选择。

（2）多元经济共同发展。

公有制为主体、多种所有制经济共同发展，是我国社会主义初级阶段的一项基本经济制度。它是由社会主义的性质和基本国情所决定的。第一，我们是社会主义国家，必须坚持公有制为基础；第二，社会主义初级阶段需要在公有制为主体的条件下发展多种所有制经济；第三，一切符合"三个有利于"的所有制形式都可以用来为社会主义服务。

（3）现代化建设任重道远。

邓小平同志高瞻远瞩，及时把握时代的脉搏和社会、经济发展的趋势，描绘了我国现代化建设的宏伟蓝图，规划了"三步走"的发展战略。即20世纪"走两步"，达到温饱和小康，21世纪用30～50年的时间再"走一步"，达到中等发达国家的水平。

（4）知识经济初见端倪。

放眼世界科技，我们可以清楚地看到，科技在世界经济和社会发展中具有第一位的推动作用。中国要迅速发展必须依靠科技进步，此外别无他路。21世纪的新科技革命具有信息爆炸、进步速度加快、更新周期缩短、多学科领域综合渗透、高科技主导作用越来越明显等新特点。高科技发展所造成的直接后果就是全球化的电脑、电视、网络以及卫星通信、程控电信等现代化信息手段的形成，各国纷纷建立信息高速公路，网络把世界各地的人们都联系在一起。20世纪70年代以来，对未来经济出现了多种说法。1990年联合国研究机构提出了"知识经济"的概念，明确了这种新型经济的性质是以知识为基础的经济。知识是创造社会财富诸要素中最基本的生产要素，其他生产要素都要靠知识来装备和更新。世界上一些发达国家已率先用知识经济来替代工业经济。知识经济的社会细胞已经出现并正在发展壮大，人类进入知识经济时代已经不是遥远的未来。

2. 政策环境

我国高校毕业生就业政策较早的依据是原国家教委1997年3月24日颁布的《普通高等学校毕业生就业工作暂行规定》（以下简称《暂行规定》）。近几年国家教育部适应经济和科技社会发展陆续出台了各项高校毕业生就业和创业政策对大学生就业的各个环节进行了详细的规定。教育部新闻办还创办了"微言教育"新媒体平台，以方便广大学子了解大学生就业与创业的有关问题。

下面以毕业生就业工作程序、毕业生就业指导与毕业生鉴定、供需见面和双向选择活动为例进行说明。

对于毕业生就业工作程序，《暂行规定》指出，全国高等学校毕业生就业工作程序和时间安排由原国家教委统一部署，各部委和地方应按照统一部署具体指导所属院校毕业生的就业工作。毕业生就业工作程序分为就业指导、收集发布信息、供需见面及双向选择、制订就业计划、进行毕业生资格审查、派遣、调整、接收等阶段。毕业生就业工作一般从毕业生在校的最后一学年开始。用人单位一般应在每年11月到次年的12月向主管部门及有关高校提出下一年度毕业生需求计划，11月到次年的5月与毕业生签订录用协议。毕业生的就业活动不得影响学校正常的教学秩序和学生的学习。毕业生联系工作时间应安排在1—5月。

对于毕业生就业指导与毕业生鉴定，《暂行规定》指出，毕业生就业指导是高校教学工作的一个重要组成部分，是帮助毕业生了解国家的就业方针政策，树立正确的择业观念，保障毕业生顺利就业的有效手段。毕业生就业指导重点进行人生观、价值观、择业观和职业道德教育，突出毕业生就业政策的宣传。毕业生就业指导要理论联系实际，注重实效，可采用授课、报告、讲座、咨询等多种形式。毕业生就业指导要与毕业教育相结合，教育毕业生以国家利益为重，正确处理国家利益与个人发展的关系，自觉服从国家需要，到基层去，到艰苦的地方去，走与实践相结合的成才之路。高等学校要按照国家教育部《普通高等学校学生管理规定》《高等学校学生行为准则（试行）》等要求，实事求是地对毕业生作出组织鉴定。毕业鉴定主要包括毕业生在校期间德、智、体等各方面的基本情况，这些基本情况要按照档案管理的有关规定，认真核对无误后归档。档案材料应在毕业生派遣两周内寄送毕业生报到单位。

对于供需见面和双向选择活动，《暂行规定》指出，供需见面和双向选择活动是落实毕业生就业计划的重要方式。各部委、各地方主管毕业生就业工作部门负责管理和举办本部门、本地区的毕业生就业供需见面和双向选择活动，其他部门不得举办以毕业生就业为主的洽谈会或招聘会。举办省级上述活动要报国家教委备案，跨省区、跨部门的有关活动须报国家教委审批。有条件的高等学校要举办或校际联办毕业生供需见面和双向选择活动。高等学校在毕业生供需见面和双向选择活动中起主导作用。经供需见面和双向选择后，毕业生、用人单位和高等学校应当签订毕业生就业协议书，作为制订就业计划和派遣的依据。供需见面和双向选择活动要在国家就业方针、政策指导下，有组织、有计划、有步骤地进行，时间应安排在节假日。供需见面和双向选择活动，不得以营利为目的向学生收费，不得影响学校正常的教学秩序和学生的学习。

除了基本的政策规定外，每年的大学生就业还有一些特殊政策，或者补充政策，比如，对在公益性岗位安排就业困难人员就业的单位，按其实际安排就业困难人员人数给予岗位补贴。公益性岗位补贴期限，一般最长不超过3年。

在公益性岗位安排就业困难人员就业的单位，可按季向当地人力资源社会保障部门申请公益性岗位补贴。公益性岗位补贴申请材料应附：符合享受公益性岗位补贴条件的人员名单及身份证复印件、《就业创业证》复印件、发放工资明细账（单）、单位在银行开立的基本账户等凭证材料，经人力资源社会保障部门审核后，财政部门将补贴资金支付到单位在银行开立的基本账户。

培养造就一大批既有现代科学文化知识，又有基层工作经验和强烈社会责任感的优秀青年人才；弘扬"奉献、友爱、互助、进步"的志愿精神，推动经济社会的全面发展进行了全面阐述。《国家公务员暂行条例》和《国家公务员录用暂行规定》对大学生报考国家公务员提供了政策依据。另外，各地政府教育主管部门会根据当地的情况，制定相应的高校毕业生就业政策；各高校根据国家、地方政府的政策，也会制定具体的学生就业政策。

针对大学生就业，国家和地方政府制定了严密的政策，有些政策明确规定了某些毕业生的就业行为。如果不认真了解这些政策，仓促就业，结果只能是事倍功半。

比如，对来源于边远省区毕业生就业的政策。我国政府规定，毕业生就业工作中的边远省区是指以下十个省区：内蒙古自治区、黑龙江省、广西壮族自治区、贵州省、云南省、西藏自治区、甘肃省、宁夏回族自治区、青海省、新疆维吾尔自治区。由于历史原因，这些省区的经济、科技和教育比较落后。要改变这种落后面貌，一靠投入，二靠政策，三靠科技，但最关键的还是科技人员的数量和质量。国家对边远省区科技队伍的建设非常重视，并制定了很多政策，其中包括这样一条：为满足边远地区经济、科技和教育发展对人才的需求，对来自边远省区的毕业生，若所学专业为本省区（含国务院各部委在这些地区的直属单位）所需要的，原则上要安排回去就业。对有特殊困难需要照顾的支边职工子女，在征得边远省区主管调配部门的同意后，并由单位接收的，可在内地就业工作。这一政策的实施受到了边远地区的欢迎，符合广大人民的心愿。

对参加大学生志愿服务西部计划的志愿者，除享受国家规定的高校毕业生就业优惠政策外，国家还给予以下政策支持：服务期间，享受一定的生活补贴（含交通补贴和人身意外伤害、住院医疗保险）；服务期间计算工龄，党团关系转至服务单位；本人要求户口和档案保留在学校的，按规定保留两年。在此期间，档案管理机构对保管其档案免收服务费用；本人要求将户口转回入学前户籍所在地的，公安机关按照规定为其办理落户手续，人事、教育部门所属人才交流机构负责办理相关手续，人事部所属人才交流服务机构免费提供人事代理服务。服务期满落实工作单位后，公安机关按有关规定办理户口迁移手续；服务期间，可兼职或专职担任所在乡镇团委副书记、学校及其他服务单位的管理职务；服务期满考核合格的，报考研究生给予加分，在同等条件下优先录取，具体规定在当年的研究生招生政策中予以明确；服务期满考核合格报考党政机关公务员的，可适当加分，同等条件下应优先录用，具体规定由省级公务员考试录用主管机关在当年招考中予以明确；服务期满，对志愿者作出鉴定，存入本人档案；考核合格的，颁发证书，作为志愿者服务经历和就业、创业的证明；服务单位应向志愿者提供住宿等必要的生活条件；在录用党政机关公务员和新增国有企事业单位专业技术人员、管理人员时优先录用；服务期为一年、服务期满考核合格的，授予中国青年志愿服务铜奖奖章；服务期为两年、服务期满考核合格的，授予中国青年志愿服务银奖奖章，表现优秀的授予中国青年志愿服务金奖奖章，表现特别优秀的推荐参加中国青年五四奖章、中国十大杰出青年、中国十大杰出青年志愿者、国际青少年消除贫困奖等评选；鼓励各高校和社会各方面对高校毕业生的工作、生活、学习、就业和创业提供帮助和支持。

对于在就业过程中，发生特殊问题，如生病等，该如何处理，就业法规也有明确规定。毕业生报到后，发生疾病不能坚持正常工作的，应按在职人员病假期间的有关规定办理。如果是在已办理派遣手续，但还未报到期间发生疾病，就要由培养单位和毕业生本人协商解决。对于派遣前生病的毕业生，学校应在派遣前认真负责地对毕业生进行健康检查，不能坚持正常工作的，让其回家休养。一年内治愈的（须经学校指定县级以上医院证明能坚持正常工作的）可以随下一届毕业生就业；一年后仍未治愈，无用人单位接收的，户口关系和档案关系材料转至家庭所在地，按社会待业人员办理。

3. 经济环境

经济发展形势直接关系到大学生的就业情况。国家总体的经济形势影响当年人才的总体需求，而区域的经济形势不但影响当地的人才需求、人才环境，而且也引起人才的流向不平衡。

我国的地区经济发展很不平衡,城乡之间还存在较大的差距。这就导致了地区的人才需求不平衡以及大学毕业生流向的不平衡。东部沿海地区和中心城市如北京、上海、深圳、广东、江苏、浙江等省市对人才的需求旺盛,成为人才流向集中的地方;在广泛宣传、发动以及政策支持下,流向中西部地区的人才逐年增多,但西部要构成对人才的强烈吸引力,还有待于西部开发的深入进行。经济发展了,处处呈现勃勃生机,对高层次人才的需求就会自然增多,当然,经济发展的过程,也是人才不断参与的过程。

对大学毕业生来说,需要分析掌握国家总体的经济形势和各区域经济发展形势,这可以帮助自己正确定位就业目标。经济发达的地区和城市,对高层次人才的需求较为旺盛,总体的人才环境较好、机遇较多,但与此同时,人才竞争十分激烈;经济欠发达或者不发达的地区,对高层次人才的需求不多,工作环境、条件较为艰苦,但是给大学生施展才华、创造事业、实现人生价值提供了广阔的空间。

4. 用人单位需求情况

用人单位的需求信息,就如同商品的"订单",预示着就业环境的冷暖。

每到毕业生就业时,需要招聘应届毕业生的用人单位,通过到政府教育主管部门就业指导中心、高校就业指导中心登记的形式及时发布需求信息,并参加有关的毕业生双向见面活动,还有的用人单位会到学校召开企业说明会。学校就业指导中心会通过网络、报纸、张贴栏等方式将就业信息及时传递给学生。

用人单位对人才的需求是动态变化的。这与四方面因素有关:一是用人单位自身发展(取决于国民经济发展整体形势、行业发展形势、企业自身经营状况及发展规划)对人才的需求;二是人才供给情况,如果大学生供给多、质量高、提出的要求低,有的用人单位会提前对人才进行储备;三是用人单位人力资源观念的转变,对人力资源的重视、开发和利用,将很大程度影响用人单位的人才需求数量和结构;四是相关政策的制约或促进,国家为推动大学生就业,制定了一系列政策,有的政策是面向大学生的,还有的政策则面向用人单位,鼓励用人单位创造条件多接纳、使用大学生。

大学生要掌握整体的用人单位需求信息,并不容易。原因主要有两个:一是用人单位的信息不是同时间发布的,不同用人单位的需求信息也许要间隔半年甚至更长时间;二是用人单位的需求信息,有相当部分不具备明确的学校或专业针对性,可能是在上海地区招收本科学历毕业生多少名,也可以是在某高校招收具有本科学历的学生多少名,从这种没有学校或专业限制的信息中,很难得到关于专业就业形势的准确判断。

目前,高校学生就业指导工作部门所做的一项工作就是跟踪、收集用人单位的需求信息,做及时分析后向学生发布。这是大学生了解自己的"市场行情"的重要渠道。大学生了解用人单位的需求情况的另一种渠道是分析行业的经济发展形势。一般而言,这类信息可从报刊和网站上获取。

二、我国大学生就业制度

就业制度是指国家关于人们合法获取就业机会、维护社会就业行为的根本规定。随着经济体制改革的全面展开和政治体制改革的深入发展，我国劳动人事制度的改革也进入了一个深入发展的新阶段。具体而言，政府机构要转变职能、精简机构、提高效率，推行国家公务员制度；国有企业要实行灵活的用工制度，推广劳动合同用工制度，逐步打破不同所有制企业职工的固定身份界限，促进劳动力资源合理配置；事业单位要在国家有关法律规范下，逐步实现单位自主用人，个人自主择业。新的就业机制将逐步形成。我国现行的就业制度有以下几种：

1. 国家公务员制度

现代公务员制度是建立在民主政治、法制社会和科学管理基础之上的制度。中国国家公务员制度，是关于政府机关从事公务人员管理的法律化、正规化和标准化的诸种规范性和规定性的总和，是一套完整的国家行政机关工作人员录用、考核、职务任免或升降、培训、工资保险福利、申诉控告、退休以及公务员管理和监督等管理行为的规范和准则体系。

2. 劳动合同制度

我国在 20 世纪 50 年代中后期开始实行计划经济，在劳动用工制度方面统包统配。这种统包统配的劳动用工模式，从根本上否定了企业自主用人、劳动者自主择业的行为，使就业决策集中于宏观单一层次，导致劳动者职业的固定化，并造成了劳酬脱节，挫伤了劳动者与用人单位的积极性，阻碍了生产力的发展。1983 年 2 月原劳动人事部发布《关于积极试行劳动合同制度的通知》，提出今后无论全民所有制单位还是区、县以上集体所有制单位，在招收普通工种或技术工种工人的时候，都必须与被招用人员签订劳动合同。1995 年《中华人民共和国劳动法》正式实施，建立起与社会主义市场经济体制相适应的新型劳动用工制度，从根本上改变了以往计划经济条件下企业劳动用工依靠行政手段分配与管理的体制，使企业和劳动者可以在真正平等的基础上实现双向选择，从而使劳动关系双方真正成为平等的主体，保证了劳动者和用人单位的平等主体地位，为培育和发展劳动力市场，建立统一、开放、竞争、有序的劳动力市场运行机制创造了条件，为劳动力资源的合理配置，为国民经济持续、快速、健康发展，为社会主义市场经济体制的建立和发展创造了条件。同时，人们的就业观、就业意识也在发生着变化："铁饭碗"打破了；"工作无贵贱、劳动最光荣"；"不靠国家靠自立，自主创业闯新天"成为时尚。

3. 市场就业制度

随着改革开放的深入，人才开始"流动"。所谓人才流动，是指以专业技术人员和管理人员为主体的各类人才根据个人的择业愿望，通过人才流动服务机构登记、交流，从一个单位（地区）调整到另一个单位（地区）工作。人才流动中的流动人员主要是指：辞职或被辞退的机关工作人员；企事业单位专业技术人员和管理人员；与用人单位解除劳动合同或聘用合同的专业技术人员和管理人员；待业的大中专毕业生；自费出国留学人员；外国企业常驻代表机构的中方雇员；外商投资企业、乡镇企业、区街企业、民营科技企业、私营企业等非国有企业聘用的专业技术人员和管理人员等。

人才流动具有社会性、多样性、灵活性等特点，主要形式有辞职、辞退、聘用、兼职等。人才流动，可以改变人事行政隶属关系，如辞职、辞退；也可以不改变人事行政隶属关系，如兼职。无论人才以何种形式流动，都要在有利于国家经济社会发展的前提下，进行合理有序的流动。搞活人才流动，对于促进经济社会发展，促进人事制度改革具有重要意义。搞活人才流动，对于实现人才的自主择业权和单位的自主用人权，也都具有重要意义。

从 1995 年开始，我国实行了市场就业制度。市场就业制度是国家出让劳动者就业的承揽权，劳动力纳入市场，使劳动市场成为沟通劳动力供需双方的渠道；劳动力供需双方直接见面、互相选择，并以合同方式维系双方关系；劳动者在国家法律许可的范围内，自己开创事业，国家给劳动者提供优惠政策，并创造宽松的经营环境。毕业生就业制度的改革是面向21 世纪教育改革的重要组成部分。对高等学校来说，就是要把人才培养和合理使用结合起来，增强学校面向社会自主办学的动力和活力；对学生来说，有利于形成激励和竞争机制，提高学习的积极性和竞争性；对用人单位来说，有助于促进其尊重知识、尊重人才，从而使教育适应经济建设和社会发展对人才的需要。

三、我国大学生就业趋势

我国高校自 1999 年扩招后大学毕业生逐年大幅递增，近年来高达 795 万人左右。如此众多数量的各类毕业生冲击大学生就业市场，给就业者提出了新的挑战。

1. 大学生就业现状分析

（1）需求不平衡。

需求不平衡具体表现在学科专业之间、学历之间、地区之间、院校之间、用人单位之间的不平衡。高新技术专业、高学历、东部经济发达地区、名牌学校的毕业生就业占优势；作为传统毕业生就业主渠道的国有大中型企业，引进毕业生的比例在逐年下降；政府机关及事业单位，用人指标有限，难以接收大量毕业生。而三资企业、民营企业及高新技术产业企业（尤其是信息产业）的需求数量连年增加。

（2）社会对毕业生的素质要求提高。

目前毕业生就业形成了"买方市场"，人才竞争越来越激烈，用人单位对毕业生的素质要求标准越来越高，选择毕业生也更加理性。不再单纯追求人才的数量，而是更加注重毕业生的综合素质。那些具有较高的政治思想素质和高尚的品德、扎实的基础知识和宽广的知识面、强烈的事业心和责任感且吃苦耐劳、动手能力与团队精神强、身心健康的毕业生十分走俏。

（3）就业竞争日益激烈。

在当今大学生就业市场上，就业竞争日益激烈。一方面大学生择业受毕业时间相对集中、选择职业时间较短的影响；另一方面，近几年随着高等教育大众化的实施，毕业生的数量不断增多，而社会的有效需求在短期内增加有限，因而就业岗位有限，就业压力增大。尤其是当前大学生趋之若鹜的"热门"职业、"热门"岗位，求职毕业生多，就业竞争更为激烈。

（4）以学校为主的大学生就业市场已经形成。

尽管社会上已形成了各类人才市场，但市场规模过大，缺乏严格的市场规则，或针对性不强，使得就业签约率不高。相比之下，以学校为主体的就业市场，由于学校与用人单位常年保持较密切的联系，供需双方专业较对口，学校的中介作用可以得到充分发挥等，这样就使得学校的就业市场签约率较高，市场的效益发挥较好，因其高效、可靠、真实、规范而受到了毕业生和用人单位普遍欢迎，如长沙师范学校约78%的毕业生通过学校就业市场成功择业。

（5）就业管理工作进一步规范、完善。

以学校为基础的毕业生就业市场和就业指导服务体系已经建立，并为毕业生和用人单位提供了多方面的帮助、指导和服务，市场机制在毕业生就业工作中的作用越来越明显。公平竞争、优胜劣汰得以充分体现，公开、公正、公平竞争的择业氛围正在逐步形成；毕业生就业市场正从传统的管理向以信息技术为基础的现代化管理模式转变，就业指导的手段正在向信息化、网络化迈进。各高校积极创造条件，依托全国毕业生就业信息网站，为毕业生提供网上信息交流和服务；就业关系合同化。即无论企业、事业单位，还是国家机关、社会团体，只要录用毕业生，都必须签订就业协议，这从客观上反映了毕业生就业工作已进入规范化、法制化的轨道。

2. 大学生就业市场的发展趋势

随着我国改革开放的深入和社会主义市场经济的不断完善，以及大学生就业市场化的进一步发展，今后几年大学生就业市场呈现以下发展趋势。

（1）供求形势将发生变化。

随着大学生的扩招，毕业生人数在短期内会迅猛增加，然而社会的有效需求在短期内却增速有限。同时，伴随一带一路国家级顶层战略，"人才国际化"步伐加快，用人单位对毕业生的要求越来越高；许多企业下岗分流，机关事业单位的减员增效以及高等教育的飞速发展，使就业竞争更加激烈，用人单位对毕业生越来越挑剔。这样一来，势必造成部分专业、少数毕业生供过于求，形成了"求职难"的状态，部分毕业生也会因此暂时待业。同时，农村、基层单位及边远地区将成为一些毕业生的自愿选择。

（2）无形市场加快发展。

由于计算机网络技术的广泛应用，择业自由度的增大，毕业生除利用有形市场直接洽谈外，更多地将通过无形市场，即在不见面的远程情况下进行。网络、传真、电话等会越来越显示出在择业方面的巨大活力。毕业生可以通过网络查询用人信息，并进行自我推销，也可以在远程情况下与用人单位进行交谈。学校将建立自己的就业信息网络，为毕业生与用人单位双向选择提供更加方便的条件。

（3）就业市场更加规范。

近年来，在大学生就业市场运行过程中存在不少问题，如就业市场的行为不规范，市场制度不健全等。再如，非法职业介绍机构随意插手毕业生就业市场，招聘、应聘中的弄虚作假，供需双方的轻率违约，各种乱收费现象以及某些招聘活动中的非公开、非公正行为的存在等，严重干扰了大学生就业市场的正常运行。今后，随着我国社会主义市场经济的不断发展和完善，大学生就业市场也将进一步完善，并不断向规范化、法制化迈进，公开、公正、公平竞争的良好择业氛围将会逐步形成。同时，高校就业市场将常年开放，并与其他人才市场形成互补。

(4) 就业市场的功能更完善。

大学生就业市场虽已建立，但市场的功能还有待于进一步扩展、完善。今后几年，随着大学生就业市场的发展，未来大学生就业市场不仅具有有效配置毕业生资源、交流供需信息的功能，而且具有就业指导和服务功能，即包括就业指导、服务、咨询、推荐就业、就业培训以及就业测试等功能。

(5) 宏观调控将进一步加强。

通过市场机制实现毕业生的最佳配置是大势所趋，但要实现人才的合理流向控制，还离不开宏观调控手段，尤其是在向关系国计民生的国有骨干企业、重点教学科研单位、国防、军工及边远、艰苦地区输送优秀人才方面，今后国家将会加强以市场为导向的宏观调控的力度，积极地引导、吸引毕业生到这些地区和单位就业。

(一) 我国的就业政策

我国的就业政策可概括为：五大支柱、六个领域、十项措施。这些就业政策将对我国就业产生深远影响。具体内容简介如下：

1. 五大支柱

(1) 经济拉动。

提高经济增长对就业的拉动能力。保持较高经济增长速度，调整产业结构、所有制结构、企业结构等，扩大就业总量。

(2) 政策扶持。

运用优惠政策杠杆，将所创造的岗位优先用于吸纳下岗失业人员再就业。

(3) 市场服务。

实现劳动力供求合理匹配。通过强化就业服务和职业培训，帮助劳动者了解需求信息，提高就业能力。

(4) 政策调控。

尽量减少失业，通过严格规范企业减员、建立预警制度等措施，减轻社会失业压力。

(5) 社会保障。

既能有效地保障下岗失业人员的基本生活，又能积极促进再就业。通过完善社会保障体系，消除下岗失业人员的后顾之忧。

2. 六个领域

(1) 中小企业。

调整企业结构，发展有市场需求的中小企业，继续发展劳动服务企业。

(2) 第三产业。

调整产业结构，大力发展第三产业，尤其是积极开发社区服务业和旅游业的就业岗位，积极发展商贸、餐饮等传统服务。

(3) 多种经济。

调整所有制结构,鼓励发展就业容量大的集体、个体、私营、外商投资、股份合作等多种所有制经济。

(4) 劳动密集。

充分发挥劳动力资源优势,积极发展具有比较优势和市场需求的劳动密集型产业和企业。

(5) 灵活就业。

适应企业用工需求和就业方式的变化,鼓励下岗失业人员从事非全日制、临时性、季节性、弹性等灵活多样的工作。

(6) 劳务输出。

面向国内、国外两个市场,对内鼓励跨地区劳务协作,对外实施"走出去"战略。

3. 十项措施

(1) 税费减免。

鼓励下岗失业人员自谋职业;鼓励服务型企业吸纳下岗失业人员;鼓励国有大中型企业通过主辅分离分流安置企业富余人员。

(2) 小额贷款。

帮助自谋职业和自主创业的下岗失业人员解决创业起步的资金。

(3) 社保补贴。

鼓励服务型企业招用下岗失业人员;扶持社区开发的公益性岗位,安排大龄就业困难对象。

(4) 就业援助。

对有劳动能力和就业愿望的男50岁以上、女40岁以上就业困难的下岗失业人员给予多种帮助;实行岗位援助、社保和岗位补贴。

(5) 主辅分离。

鼓励国有大中型企业将辅业分离出来,分流安置富余人员,同时减轻社会失业压力。

(6) 就业服务。

建立健全公共就业服务体系。实行免费的就业服务;推广"一站式"就业服务;推行"政府购买培训成果"。

(7) 财政投入。

各级财政增加投入促进就业;中央财政加大对中西部地区和老工业基地的支持。

(8) 社会保障。

保障下岗失业人员的基本生活;再就业后的社保关系接续;实行适应灵活就业的劳动关系形式、工资支付方式和社会保险办法。

(9) 企业裁员。

关闭破产企业必须落实职工安置方案;国有大型企业一次性裁员超过一定比例的要事先向当地政府报告。

(10) 社会平台。

在10万个社区建立劳动保障管理服务工作平台。

（二）国外大学生就业

世界范围内大学生就业问题日益严峻，一些国家的高等院校着眼于培养社会紧缺和具有实际工作能力的人才，提供高水平的就业指导，积极拓宽就业渠道，以最大限度地促进毕业生顺利就业。国外大学生的就业观念也发生了很大的变化，对工作性质、待遇等方面的要求比以前降低了。

巴西大学生已逐渐接受了"先就业后择业"的思想。他们普遍认为，毕业后先就业后择业，不管对工作是否满意，都要先干起来，逐步积累工作经验，一边工作，一边寻找自己所喜爱的工作。里约热内卢市政当局最近招聘500多名街道清洁工，应征者中有不少即将毕业的大学生和尚未找到工作的大学毕业生。

加拿大大学生择业比较实际，只要能找到还过得去的工作就行了。许多学生大学毕业后不能马上找到工作，但可以到企业或政府机关去实习。实习期间，用人单位给大学生发放相当于正式雇员工资50%~75%的报酬。通过实习，部分大学生在实习单位找到了工作。即使不能留在实习单位工作，有了实习经历后，大学生就更容易在其他单位找到合适的工作。这种途径有利于缓解大学生的就业压力。

俄罗斯许多大学生在实习过程中往往并不刻意追求专业与实践的结合。一项调查显示，俄罗斯大学生大多是很理性地看待毕业后改行这一现象。他们认为，大学教育除了让学生接受专业培训外，还给学生提供了培养个人能力的机会和场所。大学毕业生步入社会后的生存能力普遍比没有接受高等教育的同龄人强，接受新事物、掌握新技术的速度总体上也快。他们毕业后根据自己的实际工作进行相关专业的再学习是不可避免的。甚至可以说，大学毕业后改行是必然的。

瑞典大学生找工作的态度经历了一个由被动变为主动的过程。一些著名院校，如瑞典皇家工学院、斯德哥尔摩大学商学院等，以前是企业上门求才，大学生们待价而沽。现在形势变了，用人单位要反复挑选，特别是一些大众化专业，如市场营销等，往往一个招聘岗位有二三百人前来应聘，竞争异常激烈。为此，大学毕业生们不得不变被动等待为主动出击，翻看招聘广告，搜集有关公司的人力资源信息等。同时，瑞典大学生们对待遇的要求也相应降低。据瑞典宇宙传播咨询公司的调查显示，和几年前相比，大学生不再对薪水提出过高要求。IT专业的大学生刚进公司对月薪要求已降低了2.17万瑞典克朗（1美元约合8瑞典克朗）。毕业生对工作时间的要求也在降低，他们期望每周工作40小时，但46小时也能接受。对带薪培训、额外假期等的期望也降低不少。瑞典大学生们对工作单位的性质和地点的看法也发生了变化。以前，大学生心目中理想的工作单位是工作刺激、赚钱多、机会多，而现在他们只能降低标准，到以往认为很烦闷的地方工作，如政府机关、税务部门等。因为比起那些经常裁员的大公司，在政府部门工作无疑要安稳得多。一项调查显示，大学生对去国外工作的兴趣增大。这也反映了大学生们面对压力，选择更加多元化。

西班牙大学生如果实在没有合适的机会，为了自食其力，也会放下架子做"蓝领"。据统计，西班牙约有35%的大学毕业生做"蓝领"，如电脑输入员、电话接线员等。

印度发达的高等教育体系与相对迟缓的社会经济发展之间的脱节正在逐年拉大，整个社会正面临历史上从未有过的大学生就业压力。对于更多的印度大学生而言，自谋出路可能是他们面临的唯一选择。家庭有产业的可以子承父业,部分女生还可以选择嫁人去做全职主妇。

第三节　当代大学生就业形势分析

近年来,随着教育体制改革和高等教育的不断发展,各高校不断扩招,高校教育已经由"精英化教育"向"大众化教育"转化,全国普通高校毕业生由2002年的140多万人增长到了2015年的749万人。而社会对人才的需求却并没有明显增长,大学生的就业情况每况愈下,大学生就业也从精英化走向了大众化。高校扩招后,各个高校的生源质量下降,高校的师资、教学资源跟不上学生人数的增长,导致教学质量难以保证。大学生就业已经出现越来越难的趋势。应届毕业生和往届未就业毕业生一起涌到人才市场争取为数不多的工作岗位,就业难的压力如乌云一般笼罩在大学毕业生的头顶上。

一、大学生就业形势现状

(一) 毕业生数量增长迅速

高校持续扩招导致每年的毕业生不断增加,供需矛盾严重。据教育部统计,2009年全国高校毕业生是611万人,2010年超过660万人,2013年接近700万人,2014年达到了727万人。而同时受国际金融环境和金融危机的影响,就业单位提供的岗位并无明显增加,就业难呈逐年提高态势。

(二) 社会提供就业岗位极其有限

据统计,2008年我国有173万毕业生待业,2009年有196万毕业生待业,2011年毕业的大学生中,有近57万人处于失业状态。因为经济增长能够新增的工作岗位仅1 200万个,而需要就业的人员总数超过2 500万人。

(三) 应届毕业生不受欢迎

应届毕业生因为刚刚踏上社会,工作经验及社会经验欠缺,很多公司本着节省培训或培养成本的考虑,更倾向于有一定工作经验的求职者。另外,应届毕业生因为心态不稳定,跳槽率非常高,这也导致很多企业不愿意接收应届毕业生。

(四) 热门专业人才过剩

一些高校为了多招学生,不顾自身师资力量、教学资源等条件,不断申报热门专业,造成培养的学生专业知识技能不精,根本无法满足市场的要求,没有市场竞争力;好多大学生在报考志愿时,不顾自己的特长和兴趣爱好,盲目跟风热门专业,入学后学习兴趣不高或者学习困难,导致专业知识掌握有限,无法满足市场要求;随着产业结构的变化，市场上的所谓热门专业也在不断变化，好多当年报考时的热门专业因为市场原因变得冷落，导致就业困难。

二、大学生就业现状

（一）签约率较低、工作不够稳定

截至2015年，在接受调查的应届大学毕业生中，已经签订就业协议的占31%；未签订就业协议的占39%；其他虽未签订就业协议，但准备自主创业的占12%；准备读研或出国的占6%；准备考公务员的占3%；尚无具体就业意愿的占9%。

往届大学毕业生中，有92%的人曾经就业，有8%的人从毕业至今未就过业。在曾经就业的毕业生中，有28%的人目前处于就业状态但希望调换工作。有33%的人累计就业不到1年。

（二）往届毕业生就业愿望更加强烈

从求职方式看，调查列举了"通过老师、亲戚、朋友推荐到用人单位""直接到用人单位咨询""到劳动力市场或人才市场登记应聘""通过报纸、电视、广播等查找招聘信息""利用网络查找招聘信息""通过各类政府或中介有组织的招聘会""用人单位直接到学校招聘"和"其他"八种不同的求职方式。调查结果显示，应届毕业生中有64%的人仅使用单一方式求职，而往届毕业生中70%的人选择两种以上方式求职。这说明往届毕业生求职就业的主动性高于应届毕业生。

（三）大学生比较注重网络和市场在求职中的作用

通过对未就业的毕业生求职渠道进行分析得知，往届毕业生求职渠道主要集中在"利用网络查找招聘信息""到劳动力市场或人才市场登记应聘"和"通过报纸、电视、广播等查找招聘信息"，他们中分别有75%、54%、45%的人通过上述三种渠道寻找过工作。应届毕业生求职渠道主要集中在"利用网络查找招聘信息""通过老师、亲戚、朋友推荐到用人单位"和"到劳动力市场或人才市场登记应聘"三种方式，分别占34%、25%、24%。尽管应届和往届毕业生求职渠道有所区别，但他们都将网络和人力资源市场作为自己求职的主要方式。

（四）大学生就业主渠道正在向非公有制经济和自主创业转变

调查显示，目前与应届毕业生签订就业协议的单位中，国有企业占40%、私营企业占24%、其他内资企业占14%。私营企业就业人数仅次于国有企业，成为吸纳大学生就业的重要渠道之一。

在接受调查的未就业的应届和往届毕业生中，有34%的人希望自主创业，其中往届毕业生中想自主创业的人数达到52%；有31%的人希望到私营企业工作，有28%的人希望到跨国企业或国有企业工作。由此可见，自主创业和到私营企业工作，已经成为大学生就业的重要渠道。

（五）多数大学生接受过就业服务

在接受调查的全部往届毕业生中，有81%的人接受过至少一种就业服务，16%的人没有接受过任何就业服务。从享受就业服务项目看，在"求职登记""职业指导""职业介绍""档案管理""培训申请""社保关系接续""鉴定申请"以及"其他"八项就业服务项目中，有41%的人享受过求职登记，有24%的人享受过职业指导，有23%的人享受过职业介绍。从享受就业服务的场所看，为大学生提供就业服务的机构，以公办就业服务机构和学校为主，69%的人到人才市场、劳动力市场和其他社会机构接受就业服务，有24%的人到学校接受就业服务。

（六）大学生对就业前景普遍乐观

在全部接受调查的大学生中，对自己的就业前景持很乐观态度和比较乐观态度的占47%，感觉一般的占42%，没感觉的占7%。而对整个就业形势的判断上，有10%的人认为形势好，如不挑剔，很容易找到工作；有65%的人认为形势一般，理想工作不容易找；有19%的人认为形势严峻，完全找不到工作。多数大学生对找到工作抱有信心。

三、大学生就业难问题分析

（一）客观原因

1. 就业的结构发生变化

随着我国工业化进程和经济结构调整的速度加快，社会层面整体的就业结构也发生了巨大的变化，而且日益呈多元化趋势。这些变化包括产业结构变化、非农产业与农业比重发生变化等。这些变化导致传统的生产部门科技含量大幅度增加，效率大幅度提高，需要的从业人员数量下降。未来十年，我国的就业结构还会发生很大改变，我国目前以工业化带动信息化，信息化促进工业化，工业化迅速发展，各种机器人取代了传统的人工劳动，生产行业的用工需求会持续减少。

2. 用人单位要求较高，设置各种障碍

随着高校扩招，我国每年的大学毕业生数量不断增加，用人单位可选择的余地越来越大，用人单位在招聘过程中常常会故意给刚刚毕业的大学生设置各种障碍。首先，工作经验。很多企业要求有同类工作2~3年的工作经验，而对于应届毕业生来说，这根本无法实现。有些行业甚至直接不接收应届毕业生。其次，生理条件是应聘学生永远都无法改变的，如性别、身高、相貌等，在这方面女生的境遇要比男生惨淡，许多用人单位有意无意地制造着性别差异，给应聘大学生就业设置了巨大的生理和心理障碍。最后，学历和专业方面。很多用人单位根本不考虑大学生的个人能力、专业知识掌握情况，也不考虑求职者的发展潜力，而是过分在意求职者的学历和毕业学校的名气。

3. 高校专业设置不合理

很多学校在自身发展过程中没有合理规划，办学观念落后，学校的人才培养模式、专业设置及结构与市场需求严重脱节，造成了学生所学专业不符合市场需求的现象，导致了供需的结构性矛盾。还有的学校盲目跟风市场上比较火的专业，不考虑自身的师资情况，完全以多招学生为目的，培养的毕业生在专业领域的能力远远达不到市场的要求。

4. 部分高校对大学生就业指导重视不够

部分高校对毕业生就业工作的重视程度不够，就业工作缺乏系统性和科学性，就业指导力度不够，往往毕业前才进行，而且仅仅作为一种职业介绍，在某种程度上只不过是脱离实际的泛泛而谈。

（二）大学生的自身原因

1. 一些大学生对职业的期望过高

虽然当前我国的高等教育已经从精英教育转向大众化教育，但不少大学生仍然抱有"天之骄子"的优越感。认为读大学就理所应当有好工作。但是近年来我国高校不断扩招，大学生已不再是计划经济下的"稀有产物"，而是市场经济下的普遍人群。所以很多大学生在错误的就业观念指导下，在工作地域的选择方面，仍然是偏向大中城市。对预期的收入也是抱有很高的期望值，根本没有考虑到现在社会的残酷现实。

2. 盲目追求某些固定的职业

近年来，公务员、律师、医生等职业非常热门，被很多大学生所追捧。例如，报考公务员已经成为当下许多大学生就业的首要选择，尽管成功的机会渺茫，但这仍不能打消广大大学生对公务员职业的高涨热情。有的考生一年没考上，可能会两年、三年甚至是牺牲更多的时间来考公务员，浪费了大量的时间与精力。

3. 过分看重专业对口

找工作找对口的仿佛是大学生就业一个不成文的规定。大学四年寒窗苦读自己的专业，如果毕业没有对口的工作，对绝大多数大学生来说是不能接受的。如果离开大学四年苦修的专业，而去做一个根本不熟或者没有多少接触的专业的工作，就力不从心，而且还会没有自信。这样便会使一些大学生忽略自己其他方面的能力，大大降低大学生的就业率。

4. 综合能力素质不高

有许多大学生在大学四年里只是学会了一些理论知识，而不懂得去应用，缺乏实际动手能力，另外，不注重培养诸如沟通能力、领导能力、团队协作能力等，只是有知识却不能很好地融入工作中去的"机器"。

四、解决大学生就业问题的对策

（一）政府与高校方面

高校要改革培养模式，加强学生实践能力锻炼，随着社会的不断进步、科学技术的飞速发展和知识经济向更广阔领域延伸，高校必须更紧密地联系社会，找到一条适应社会快速发展的途径，拓展新的育人机制，推进适应社会需要的素质教育建设。在抓好学生各门功课的同时，不断提高学生的综合能力和个人素质，加强学生的创新能力、实践能力、适应社会能力和创业能力。当前，高等教育工作重点已经由完全的精英教育向普及的大众化教育转变，大学生就业状况也势必随之发生根本性变化，"千军万马过独木桥"的现象已经一去不复返，越来越多的人可以享受高等教育，大学毕业生必须放下姿态，实现与社会需求的完全对接，因为二者的关系已经由"供不应求"转为"供大于求"，大学生就业趋向于理性化、自由化和市场化。在面对激烈竞争同一个岗位的时候，不同层次、同一专业的大学毕业生要想在竞争中拔得头筹，所在院校的教学质量和办学特色将成为他们竞聘成功最有效的推动力。因此，我国高校应在挖掘自身能力和素质上多下功夫，不断加强学生的实践工作能力锻炼，以积极的心态应对社会给高校带来的压力和挑战。

（二）大学生自身方面

大学毕业生应注重职业素质的培养与形成。作为职业化的社会群体，企业只有集合具备必要素质的人员并加以职业化训练，才能达到生存与发展的目的。而作为个人，则只有在就业的过程中不断地修炼和完善自己以提高职业素质，才能获取稳固的生活保障和较为优越的生活条件，进而在精神上得到升华。职业素质日益成为一名成功大学生的事业基础，职业素质包括职业道德、职业礼仪、职业知识、职业技巧等。在"自主择业"过程中，大学毕业生的个人素质正逐步演变成为择业的关键，所以对于一名大学生而言，在日常生活中就要开始注意有意识地培养自己的职业素质，其中着重要注意的是情商的培养，培养那些与认识自我、控制情绪、激励自己以及处理人际关系等相关的个人能力。

第四节 树立正确的就业观念

一、大学生就业观念现状

根据有关方面的调查显示，毕业生在就业观念上与现实有很大差距。具体表现如下：

（一）就业观念与社会需求的错位

1. 就业区域选择

大部分毕业生偏向于北京、上海等经济发达的大城市或者沿海经济发达地区，中西部等经济相对落后的地区无人问津，造成北上广等城市就业竞争特别激烈。

2. 单位性质选择

很多毕业生偏向于政府机关、国企事业单位、外资或者合资企业、世界五百强、科研机构等单位，选择中小型企业、私营企业、民营企业的意向不高。

3. 就业心态不稳

根据调查显示，应届大学生毕业后的第一份工作跳槽率极高，很多大学生在第一份工作几个月后就选择跳槽，用人单位几个月的培训成本便打了水漂。

4. 片面注重专业能力

企业在人才选择上更偏向于德才兼备，以德为先，而毕业生在求职的过程中更愿意展现自己"才"的方面，而对"德"的方面重视不够。

（二）不良就业观念的主要表现

1. 对找工作缺乏主动性

很多毕业生在校期间不思进取，沉迷于网络、游戏、社交，在求职过程中依靠学校、家长，自己不愿主动投递简历，更不愿意去挤人才市场、跑用人单位。

2. 盲目择业

很多毕业生对自己的人生没有任何规划，走一步看一步，不考虑自身素质、个人兴趣爱好，也不分析工作岗位的要求、发展前景以及跟自身的切合程度，随便选择一家单位就业，工作一段时间后发现各种不适合，于是辞职，继续盲目投递简历。

3. 过分强调专业对口

很多毕业生过分要求工作岗位跟大学所学专业完全匹配，跟自己专业结合不紧密的职位不考虑，造成就业困难。

4. 求职希望一步到位

受传统观念影响，很多毕业生在求职过程中偏向于稳定、清闲、福利待遇好的单位，希望一步到位，不愿意选择更利于自己发展和有挑战性的工作。

5. 认为知识就是能力

长期的应试教育使部分大学生不能正确地理解知识、能力和素质的关系，片面地认为分数就是一切，认为较高的分数就意味着较强的能力和个人修养。在校期间从不参加各种活动，一切唯分数至上。

6. 不注重个人其他能力的发展

经历了十年寒窗，挤过了高考的独木桥，部分大学生进入高校以后，无法及时调整学习状态，忽略了自身其他方面能力的发展，有些学生认为考上大学就彻底解放了，一切以60分万岁，沉溺于网络、游戏等；还有一部分学生只重视专业知识学习，从不参加学校的各类活动，待人接物、各项其他能力没有得到任何锻炼。

（三）不良就业观的产生原因

1. 就业压力是直接原因

目前的就业不是原来的包分配，而是双向选择，具有很强的竞争性。很多大学生在校期间学习态度不端正，专业知识根基不牢，面对就业竞争，开始担忧和焦虑，有些学生甚至开始逃避；还有部分学生心理承受能力不强，各种纠结、担心。

2. 传统的就业观念是主要原因

问卷调查显示，大学生对传统体制下国家统一包分配，一次分配定终身的计划经济模式持反对态度，这反映了当代大学生潜意识中已经有了积极参加就业竞争、双向选择的意识。但是传统的思想还具有很大的惯性，尤其在父母这一代，更倾向于学校给安排工作，或者坐等工作上门。

3. 错误的价值取向是根本原因

实用主义、享乐主义的价值取向在部分学生中非常流行。在求职的过程中，很多毕业生对单位的工资待遇、福利看得过重，不考虑自身以后的发展。

二、就业过程中的心理问题

大学生正处在心理特征逐渐走向成熟的阶段，其心理是复杂多变的，特别是在求职过程中，经常会出现各种心理矛盾和心理障碍。

（一）心理矛盾

心理矛盾，是指两种或者两种以上的不同方向的动机、欲望、目标和反应同时出现，由于互相冲突而引起的紧张状态。过分强烈而持久的心理矛盾会对人的心理健康产生影响。

1. 理想与现实的矛盾

大学生都有美好的理想，并精心设计了自己的未来，经过大学几年，掌握了新的知识，开阔了视野，对以后的生活和事业豪情万丈，充满了信心，在择业过程中，这些心理活动更加强烈。但是，大部分学生涉世未深，社会经验较少，对社会了解较少，很多理想往往脱离实际，从而导致"理想很丰满，现实很骨感"的矛盾。

2. 成就事业与艰苦创业的矛盾

在就业过程中，很多大学生都想从专业出发选择职业准备干一番事业，实现自己的人生价值。但是很多人又不想一步一个脚印地艰苦奋斗，想一蹴而就直接涉足层次高、工作待遇好的职位，不愿意从基层干起，更不愿意到边远地区。

3. 自我意识和自我把握能力的矛盾

丰富的大学生活，使大学生的自我意识日趋完善，同时也迫切希望得到社会的承认。很多大学生由于社会经验不足，自我意识不够完善，不能正确地认识自我和批评自我。有些自我评价过高，目空一切；有些自我评价过低，自怨自艾。在现实的择业过程中顺风顺水的时候，洋洋得意，忘乎所以；遇到挫折的时候，颓废放纵，自暴自弃，不能冷静理智地对待现实，缺乏自我驾驭的能力。

4. 渴望竞争与缺乏勇气的矛盾

随着我国教育体制的改革，很多大学生已经认识到了在市场经济体制下，只有强烈的竞争意识，才能成就一番事业。但是，当在择业过程中真正地面对竞争机会时，不少大学生却患得患失，顾虑重重，缺乏竞争的勇气，害怕因竞争失败丢了面子；有的担忧潜规则，自己无法竞争成功。

（二）心理障碍

心理障碍几乎是人人都可能遇到的，如失恋、落榜、人际关系冲突造成的情绪波动、失调，一段时间内不良心境造成的兴趣减退、生活规律紊乱甚至行为异常、性格偏离等，这些由于现实问题所引起的情绪障碍，称为心理障碍。

大学生在择业过程中出现的心理矛盾等问题如果不及时疏导，可能会发展成心理障碍，这种不良的心理障碍一旦形成，就会严重困扰大学生的日常学习、生活。大学生在择业过程中出现的心理障碍多属于中轻度的心理障碍。主要有以下表现：

1. 焦虑

焦虑是由紧张、焦急、忧虑、担心和恐惧等感受交织而成的一种复杂的情绪反应。毕业生临近毕业，因为种种原因没有找到合适的工作时，有些人容易出现焦虑心理，精神上负担沉重、紧张烦躁、心神不宁、萎靡不振。

2. 自卑

自卑是一种不能自助的复杂情感。有自卑感的人轻视自己，认为无法赶上别人。首先，自卑情结指以一个人认为自己的能力或自己的环境和天赋不如别人的自卑观念为核心的潜意识欲望、情感所组成的一种复杂心理，是驱使人成为优越的力量，又是反复失败的结果。这种心理表现为对自己缺乏一种正确的认识，在交往中缺乏自信，办事无胆量，畏首畏尾，随声附和，没有自己的主见，一遇到错误的事情就以为是自己不好。这样导致他们失去交往的勇气和信心。

3. 怯懦

怯懦通常表现为害怕困难，意志薄弱；害怕挫折，情感脆弱；害怕交际，性格软弱。很多毕业生在求职过程中，怕见用人单位，面试过程中，手足无措、局促不安，甚至很多人面红耳赤、语无伦次，严重影响自己水平的发挥。

4. 孤傲

孤傲心理是缺乏客观的自我分析和自我批评的表现。一部分毕业生对自己评价过高，自认为高人一等，在择业中，往往脱离实际，好高骛远，这也看不起，那也瞧不上。如果在现实择业中遇到打击，往往情绪一落千丈，失落烦躁，认为自己怀才不遇。

5. 问题行为

问题行为即违背社会行为规范的不良行为。毕业前，一些大学生因为某些主体需求不能满足或者择业、爱情等事情不顺利，再加上在平时不注重自身品德和个人修养，会发生许多问题行为。如旷课、故意损坏公物、报复同学、酗酒等。

三、树立正确的就业观念

树立正确的就业观念是大学生踏上社会，走好人生的第一步，结合目前大学生的就业心态，应当从以下几个方面做起。

（一）培养良好的择业心态，树立与市场经济相适应的现代就业观

毕业生应从关注知识层面的提高转向关注综合素质的提高。或许毕业生仍然认为"提高技能"和"提高职业素质"才是最重要的，但是企业在选取人才的时候，首先考虑的是"就业心态"和"情商素质"，为了提高就业成功率，大学生应该适时地调整思路，培养正确的就业心态，树立与市场需求相适应的现代就业观。

（二）加强职业道德修养，树立"德才兼备"的人才新观念

企业在用人方面，更看重学生的综合素质，尤其是对于个人"品德"的要求远远高于毕业生自己对个人"品德"的要求。目前，很多大学生对此重视不够，在个人能力培养方面发生偏差，没有形成良好的职业素养，达不到用人单位的要求。很多毕业生在面对诸如"你的思想道德怎么样？""你的责任感怎么样？"的问题时无法回答。而对于企业而言，"人品是一票否决的问题"。因此，大学生应该从入校开始就注意对个人思想道德修养的养成，从身边的小事做起，关注自己的一言一行，培养良好的思想道德，做德才兼备的优秀大学生。

（三）树立诚信、务实、忠诚、发展的就业新观念

很多毕业生都抱着"先就业后择业"的就业态度，在找人生的第一份工作时，往往比较随意，一旦工作过程中出现挫折，会毫不犹豫地选择跳槽。从企业的角度看"企业不喜欢先就业再择业的短期行为，高流动率使用人单位望而却步"。先就业再择业的观点原本没有错误，但是在现实生活中，很多大学生忽略了个人的职业发展方向，忽视了企业的利益，也没有认真考虑和分析现在工作中的挫折是什么原因引起的，工作中一出现问题就选择跳槽。这也是很多用人单位对近年招聘的应届毕业生不满意的主要原因。

（四）树立"人职匹配"的"大众化"就业观念

有的大学生的思想还停留在大学生是"天之骄子"的时代，认为自己读了几年的大学，到基层、到一线大材小用，缺乏吃苦耐劳的精神，不愿意到艰苦的岗位，更认识不到一线对自己未来成长的必要性和重要性。所以当代大学生要及时调整心态，改变以往的"精英就业"观念，树立"人职匹配"的"大众化"就业观，根据自己的专业特长、学历层次和目前就业的特点，准确地自我定位，从一线、从基层踏踏实实地做起，一步步地成长。

（五）树立敢于奉献、勇于吃苦的就业观念

纵观古今许多成功人士，无不是经历了各种艰难险阻才成就了一番事业。很多大学生只看到了成功者身上的光环，却忽略了他们背后的各种努力和拼搏。任何事业的成功都不会一帆风顺，大学生在就业前一定要做好充分的准备，比如，如何找好专业的切入口，迈出人生的第一步；如何适应新的工作岗位要求；如何处理好新同事之间的关系等。大学生在工作初期，会碰到各种问题，在这个过程中要做好吃苦耐劳、不畏艰难的思想准备，不断地总结解决各种问题的经验和方法，为以后的事业发展奠定基础。

(六)树立勇于竞聘、事在人为的就业观念

很多大学生是独生子女,在父母、长辈的呵护下长大,从小过着衣来伸手饭来张口的生活,习惯于父母给自己的一切都安排好,对待就业问题缺乏危机感和责任感。自己从不主动去了解各类就业信息,而是坐等父母、学校的安排和帮助。一旦有了就业机会,还要讲各种待遇、提各种要求。这实质上反映了部分大学生思想上懒惰,能力上低下,不思进取。从目前来看,虽然就业形势日益严峻,但是只要大学生能够准确定位,敢于竞争,主动出击,就业机会还是非常多的。

(七)树立"走出去、闯一闯"的就业观念

很多毕业生不愿出门、不敢远离家乡就业。从客观方面讲,环境不熟悉,生活有困难;从主观方面讲,怕远离父母,不敢在陌生的环境中竞争。新时代的大学生要打破一味要求在家门口就业的思想观念,勇于走出家门,到陌生的城市历练一下、闯一闯,靠自己的能力成就一番事业。

(八)打消进正规单位、干体面工作的陈旧观念

很多大学生在就业过程中,把进正规单位、干体面工作作为自己成功就业的标准,这种观念与时代发展不适应,与就业形势不相符。不能否认,公务员、国有大企业或外企工作人员享有的保障和相对较高的福利待遇是大多数毕业生梦寐以求的理想。但是由于就业机会、严格编制等因素的影响,少量的职位不能满足日益增多的求职者。因此,大学生要转变就业观念,从兴趣和自身能力出发,理性选择职业,才会在最大限度上解决自身就业难的问题。这并不是要求大学生主动降低自身职业诉求,而是理性地看待,确定自己的发展途径。

案例导读

机遇偏向有准备的人

陈某和张某是同一所大专院校的毕业生。在激烈的就业过程中,两人跟几个同学经过努力,终于找到了一份工作:国有大型企业的工作人员,虽然只是派遣制的(派遣制职工是跟劳务公司签订用工合同,工资待遇等跟与工作单位直接签的有很大区别)。

走上工作岗位后,陈某和张某工作认真努力,苦活累活都抢着干,很受领导喜欢。工作一年多以后,两个人对于未来的设想发生了变化。陈某在认真完成自己本职工作的同时,积极钻研各项业务,对公司的各种政策、业务流程进行了系统的学习和了解;张某一边工作一边学习自己感兴趣的知识,并随时关注感兴趣的相关行业。而同时进入公司的很多同学,要么安于现在的工作状况,要么不甘于平淡,选择了跳槽。张某经过3年的准备成功面试到了自己感兴趣的公司;5年后,陈某在该国企组织的选拔考试中,以第一名的成绩被该国企录用为正式员工。两人的年薪双双达到了10万元以上。而同时进入这家公司的其他同学,早早跳槽的,因为相关能力积累不够,还在不断地跳槽中;在单位混了5年的,因为业务知识掌握不够,考试没有合格,仍然是派遣制员工。

案例解析：机遇总是偏向有准备的人。陈某和张某选择了不断学习、不断努力，而其他很多同学选择了随波逐流，得过且过。生活中有很多选择，你选择了混日子，你就会错失很多机遇；你选择了奋斗，最终会赢得成功。陈某、张某的选择和其他同学的状态是大学生毕业后常见的情况，当今的就业形势，对于当代大学生来说，要在掌握丰富理论知识的同时，积极地参加实践，努力提高自身的素质和能力，根据市场的需求来进行自我培养和提高，才能实现满意的就业。

实训项目：社会就业情况调查

一、实训概述

【目的及要求】

通过对在校大学生和刚毕业大学生人群的访谈，增强对目前就业形势的认识，了解社会对能力结构、知识结构的要求。

二、实训内容

【项目内容】

进行一次社会就业调查，调查 5~10 名在校生和刚毕业的大学生，了解不同职业对知识结构、职业技能、专业符合程度等方面的要求。

【训练步骤】

1. 利用业余时间进行调查采访。
2. 完成下表所示的就业情况调查表。

就业情况调查表

调查对象	岗位名称	收入水平/(元·月$^{-1}$)	职业技能要求	知识要求	工作内容	专业符合程度
调查对象1						
调查对象2						
调查对象3						
调查对象4						
调查对象5						
调查对象6						

三、实训结果

根据调研情况，完成一份 1 200 字左右的调查报告。

第二章

就业准备

心灵咖啡

> 毕业生从学校步入社会，是人生中的一个重要的转折点。想在激烈的市场竞争中脱颖而出并非易事，知识、能力、体制等综合素质固然重要，择业前的准备也不容忽视。曾经有一位毕业生在应聘某著名的大公司时，主考官问他对公司了解多少，他不置可否，问他是否与公司的人交谈过、了解过更多的情况，回答是没有。问他是否查询过他有多少校友在公司工作，回答仍然是没有。主考官说：那我们凭什么录取你呢？从上述例子可以得知，要选择适合自己的职业，"知己"只是一个方面，另一个重要的方面是"知彼"，即要了解职业信息。毕业生要想取得就业成功，就必须在择业之前做好充分、细致的准备工作。

就业准备，是指未就业者为了能从事某种职业或获得某种职位，在一个相当长的时期内所做的准备工作，它是就业的基础和前提，对于大学生来说非常重要，一方面，就业准备是大学生求职择业的基础。大学生只有进行了必要的就业准备，才有可能产生相应的求职择业行为；做好充分的就业准备，还有助于大学生选择一个理想的、合适的职业，实现就业目标。另一方面，就业准备是社会发展的客观需要。随着社会经济的繁荣、科技的进步，用人机构对从业者的身体素质、心理素质、思想素质、科学文化素质等提出了新的要求。这就决定了大学生只有做好充分的就业准备，才能适应社会发展对人才的客观需要，更好地为社会做贡献。

第一节 就业知识与能力准备

决定求职与择业成功与否有很多因素，但其中最重要的因素是求职者的知识与能力。近年来，用人单位在挑选人才时，对应聘者的科学文化水平和知识结构要求越来越高，一个人的科学文化水平的高低、知识结构是否合理，决定着其在求职择业时的成功率和相应的职位层次。要想在今后的社会上有所作为，大学生应该在入学时就确定今后就业的目标，及早制订职业规划，自觉地把大学学习同今后的就业紧密联系起来，建立合理的知识结构，培养科学的思维方式，提高自己的职业技能，以适应将来的职业岗位的要求。

一、就业知识的准备

（一）重视学习专业知识

大学毕业生是将要从事专业性较强工作的专门人才，专业知识是知识结构的核心部分，也是科技人才知识结构的特色所在，是大学生就业拥有的最重要的资本之一。大学生的专业学习贯彻整个大学时期，因此大学生要特别重视大学期间专业知识的学习，大学生在大学阶段要认真系统地学习基础知识，扎实地掌握基础理论，特别是有关专业最基础的且已被普遍运用的理论，绝不能为了培养其他方面的能力，而忽视了基础知识的学习。

对专业知识的学习，大学生要注意做到"精深"和"博大"。所谓精深是指大学生对自己所从事专业的知识和技术，要在一定的范围内具有相当的深度，既有对理论体系、研究方法、学科历史和现状等量的要求，又有对本专业国内外最新信息及邻近领域知识的了解和熟悉，并善于将其与本专业领域紧密联系起来的质的要求。科学的发展经历了"分则深、深则通、通则合"的道路，相应地出现了古代的"通才取胜"，近代的"专才取胜"，以及现代的"博才取胜"。在科学技术高度分化又高度综合的今天，只具备狭窄专业知识的"深井型"人才已逐渐丧失优势，更好的出路是将专与博结合起来，拓宽专业面，赋予高级专门人才以一定的"通识"，使之具备跨专业、跨科学的知识。因此，大学生在精通自己所学专业的前提下，还要不断拓宽自己的知识面，尽可能地了解相关专业知识和自己感兴趣的其他专业知识，为提高实际工作能力打下坚实的基础，拓宽知识面并不是什么都要学，而是科学地、有选择性地学，要根据自己的情况，考虑自己的经历和承受能力，量力而行，才能达到学习的目的。

（二）非专业知识的涉猎与运用

大学生知识面偏窄的问题早已存在，主要表现为非专业知识的贫乏，甚至出现过文科生不知爱因斯坦，理科生不知曹雪芹的笑话，而实际社会中对"博才"的需要却远远大于对"专才"的需要。不仅如此，面对教育、科技与社会生活一体化的发展趋向，要求大大提高大学生参与社会活动的意识和能力，不论何种专业人才，都要懂得社会、懂得人生，善于把专业置于整个社会环境中，进行政治的、经济的、法律的、心理的、伦理的以至于生态环境的综合分析与处置，以期最大限度地实现本职工作的社会价值。因此，用人单位更多地需要"学有专长""文理相通""触类旁通"的人才。最近几年公务员或事业单位招聘考试往往首先需要进行书面考试，考试的内容不仅包括专业知识，也包括诸如时事、社会、礼仪、经济、管理等非专业知识，且占的比重很大，可见社会对大学生非专业知识的重视。

非专业知识既是大学生成为"社会人"的需要，也是大学生可持续发展的需要。现代化的社会，需要大学生具备社会常识和经济、管理及人文知识。应该利用在校学习的时间，在专业学习中，多读一些社会科学方面的书籍，拓展自己的知识面，开阔视野，不断增加对社会和现代管理科学的了解，从而提高自己的能力。与此同时，通过形象思维和抽象思维的交替使用，还可以促进整个大脑思维能力的提高。

二、就业能力的准备

 案例导读

综合素质，演绎成功

小刘是一位充满朝气的年轻人，他给人的第一印象就是机敏和灵气，但又不乏沉稳，他是某重点大学英语专业的毕业生，被外交部正式录用。小刘的学习成绩在班级实属中等，但了解他的人对小刘的成功都认为是理所当然，认为他是当之无愧的，他具备公务员所要求的全面的素质，尤其突出的是他的政治素质。

小刘从小就对政治感兴趣，关心时事，爱好广泛，在学习本专业之余，对经济、管理、行政、法律等相关领域多有涉猎，外号"万事通"。小刘在大学期间虽然没有担任学生干部，但这也并不妨碍他对自己活动能力的有意识培养，由于他的知识面广博，他多次代表班级、系里参加学院、学校的演讲、辩论赛，并屡建战功，正因为如此，他才被学院推荐到外交部求职。在面试前，小刘做了精心准备，包括服饰、自荐材料，还准备了精彩的演讲词。考官问他为什么想进外交部时，他回答是因为自己对政治比较感兴趣，平时关心时事。考官问了一个当时的热门话题，小刘借题又发挥一下，让主考官更好地了解了他的优势和实力。最终被顺利录用。

案例解析：一定的知识积累固然是大学生就业成才的基础，但如果只注意知识的积累，不注意在理解、掌握和运用知识过程中培养和锻炼自己的实践能力，也不可能成就事业。正如案例中的小刘，他的专业成绩并不是班级中拔尖的，但小刘却在众多竞争者中脱颖而出，这主要得益于他的综合素质，尤其是较高的政治素质和较强的语言表达及应变能力，因此大学生应该把积累知识和培养、锻炼能力统一起来，这样才能使自己在择业、从业中立于不败之地。

大学生就业需要具备以下几种职业能力。

（一）表达能力

表达能力是指运用语言、文字或肢体动作阐明自己观点、意见或抒发感情的能力，它包括口头表达能力、数学表达能力、图示表达能力和肢体表达能力等几种形式。大学生进入社会工作，就必须与周围社会进行各种信息的交流，而在求职过程中，表达能力的好坏往往显得尤为重要，因为表达是帮助他人了解和认识自己的重要手段，从自荐书的撰写、求职材料的准备到求职面试，每一个环节都离不开表达能力的运用。因此，要学会运用语言、文字、体态等方式进行信息传递，使思想、情感得以准确、鲜明、生动地表达出来，一方面，大学生在校期间要多读书，以增加自己表达思想的深刻性、观点的新颖性、内容的丰富性；另一方面，要多实践以培养自己思路的敏捷性，表达的条理性、准确性和生动性。

（二）交往能力

交往能力是指以社会认可的方式，妥善处理人与人之间的关系，并与他人和谐共处、共

同发展的能力。社会越发达，人与人之间的联系就越广泛，形成的关系种类就越多。生活和工作中需要与许多人交往，作为大学生，只有具备一定的人际交往能力，善于处理各种人际关系，才能在工作中充分施展自己的才能。在人际交往中，要学会真诚和尊重，"将心比心，以诚相待"，多为他人设身处地地着想，这样才能得到他人的尊重；要学会"既能干大事，又能做小事"的本领；要学会处理具体问题，既要坚持原则，又要不失灵活；要学会求大同存小异，待人宽厚，谦虚好学；学会团结协作，在集体活动中实现自身的价值；要学会避免和克服庸俗的人际关系以及"个人奋斗"的人生理念。

（三）创新能力

创新能力是人们用已积累的丰富知识，通过不断地探索研究，在头脑中独立地创造出新的形象，提出新的见解和做出新的发明的能力。它是人才素质的核心，包括发现问题、提出问题、探求规律的能力，创造性地分析问题和解决问题的能力，发明新技术、创造新产品的能力等，它是由观察敏锐性、记忆保持性、思维灵活性和创新意识等基本要素构成的。在实际工作中，将会遇到很多前人从未遇到的新课题，有的人能把这些问题进行科学的分析，理出头绪、分清主次、抓住本质、提出方案，充分利用自己解决实际问题的能力进行不断的探索研究，得出科学的结论，取得创新的成果；也有的人面对无成规可循的问题不知所措，或者乱撞乱碰，到头来一事无成。这些差异正是由创新能力的不同所致，因此，当代大学生必须是富有创新精神和创造能力的人，才能适应未来社会对人才的需求。

（四）适应能力

适应能力是指人随着外界环境和时代的变迁而改变个性心理特征，改变自己的生活方式、交往方式、思维方式、行为方式和管理方式的能力。人与环境的关系是既要适应又要改造，是适应与改造的辩证统一，适应就是改变自身以迎合客观环境的要求，改造就是改变客观环境使之符合自身发展的要求。在人类社会进步与发展过程中，人对环境的改造固然起着主导作用，但改造不能离开适应。社会生活的纷繁多样和生活环境的不断变化，要求每一个人必须培养适应环境的能力，只有这样才能在社会和工作岗位中立足，也才能谈得上对环境的改造。适者生存，生存正是为了发展。步入社会后，只有自觉地、有意识地适应现实，才能尽快完成从学生到社会人的转变，迎来工作、事业上开拓进取的新阶段。作为即将走上工作岗位的大学毕业生，要培养健康的心理素质，理性地面对时代的要求，增强自己的适应能力，不断更新自我，对不断变化的社会做出正确的选择，勇敢地迎接新工作的挑战。

（五）实践能力

南宋著名诗人陆游在《冬夜读书示子聿》中写道："纸上得来终觉浅，绝知此事要躬行。"指从书本上学习到的知识，总是不够扎实，也不够用，只有经过自己身体力行地去实践，才能够获得全面的知识。书本知识与实际工作总会有一定的距离，书本知识学好了并不一定就能做好实际工作，经常有一些毕业生满腹经纶、夸夸其谈，到实际工作中却束手无策。我国的高等教育制度也是过分重视知识教育，而对学生实际动手能力的培养和训练则明显缺乏，使得不少毕业生"高分低能"，一些毕业生形成了一种思维的误区，即认为大学毕业生到实际工作中就是要干大事，只需动脑子，动手的事情交给工人就行了，这种错误的观念使得毕业生在学校忽视了实践能力的培养，到工作单位以后往往好高骛远、眼高手低，不愿下基层，即使下到基层也不认真对待，这样的毕业生显然已经不能满足目前社会的需要了。因此，大学生在学校不仅要积累知识，还要通过参加科研活动，利用生产实习和勤工助学等机会，着力培养和提高实际动手能力，以满足今后工作的需要。

第二节　就业心理准备

　　大学生就业是人生发展中的一次重大转折，为了适应职业需要，除了应做好就业知识和能力方面的准备，还应有充分的心理准备，调整好求职心态，勇敢地迎接就业挑战。求职不同于学习期间的社会实践，它是要找到一个适合自己的工作岗位，并能在这个岗位上充分发挥自己的作用，实现自我发展、体现自我价值。因社会发展迅猛，经过数年专业学习的大学生在毕业时，人才需求的数量和模式与当年入学时所做的预测已经发生了很大的变化；许多同学经过几年的学习，对专业和行业的认识和情感也发生了很大变化。一些专业由"热"变"冷"，或由"短线"变成了"长线"；一些专业在不断地调整和改造中，却仍然跟不上形势的变化和需要。种种原因可能使同学们在毕业后求职择业时感到灰心、无奈或失落。为了能够有所作为，走出无奈，毕业生只有走出象牙塔，正确地认识自己所处的求职地位，了解社会需求，积极主动地去适应社会需要，调整好自己的心态，才能顺利实现就业。

一、就业前的心理准备

　　大学毕业生刚刚进入激烈的就业市场，由于缺乏就业经验，许多大学毕业生就业压力很大，备受就业问题困扰。他们在寻找工作的过程中或焦虑不安，或灰心丧气、怨天尤人，或优柔寡断、患得患失，整日心神不宁，以至于影响到了正常的生活和学习，也影响到了正常的求职择业。如何避免或减轻这种心理反应呢？充分的心理准备是重要的因素之一。毕业生应该从以下几个方面做好心理准备。

（一）做好角色转换的心理准备，并进行合理的角色定位

　　对于绝大多数学生来说，大学阶段过的是一种相对单纯而有保障的生活，学习、生活、交往等都有稳定性、规律性，在这样的环境里，容易滋生浪漫的情调和美好的理想，但这样的生活与社会现实存在一定的距离。在大学生活即将结束，面临着由一个无忧无虑、令人羡慕的大学生，转变为一个现实的社会求职者，这种身份的转变，也就是所谓的角色转换。角色的转变需要大学毕业生抛开幻想，面对自主择业这一社会现实，及时地进行角色调整。只有这样，才能使大学生有充分的心理准备去应对激烈的就业竞争。大学生应该清醒地认识到

大学时期所学的专业知识、技能是为个人适应社会需要，成为一名合格的社会主义建设者而打下的基础，只是一个知识积累、储备过程。这样，大学生就不再认为自己是社会上的特殊群体，而只是就业劳动大军中的普通一员。从而及时地进行角色转换和合理的角色定位，正视自己的身份，自觉投身于择业者行列，去寻找适合自己的位置。

（二）正确的自我认知

世界上没有两片相同的树叶，人的个体差异更是不胜枚举。每个人都有自己特定的气质、性格、兴趣、爱好、能力、特长，这种种的不同，决定了适合自身的职业和职业发展方向的不同。全面了解自己的特点是选择职业的重要前提，作为一名求职者，只有在知己的基础上才能扬长避短，从而做出适合自己的求职决策。科学地认识自己最有效的方式是进行科学的心理测试、测量。当然，通过与老师、家长、同学交流，得到他们对自己的客观评价也是一个有效的渠道。

（三）正确的职业认识和评价

作为一名求职的大学生，需要对职业要求有一定的认识。正像不同的人有适合自己的不同职业一样，职业对适合从事的人群也有要求。职业只有分工的不同，没有高低贵贱之分。俗话说，三百六十行，行行出状元。因此，作为一名大学毕业生，最好不要给自己的职业选择限定在某个范围内，而是要摆脱轻视体力劳动或服务性劳动的传统思想，根据社会需要和自己的特点，选择适合自己的职业，从而拓宽就业渠道。

（四）克服依赖心理，实现真正自立

对于一个人来说，年满18周岁便被视为成人。但在我国，青年学生在大学毕业前大多数仍在依赖父母、老师的帮助指导，没有实现真正意义上的自立。因此，有些大学生在求职过程中缺乏自信，把希望寄托在"拉关系""走后门"上。有的毕业生甚至由家长出面与用人单位洽谈就业事宜，殊不知，这样做的结果是用人单位会对毕业生产生缺乏开拓能力、独立生活和工作能力差的印象，最终事与愿违。因此，大学毕业生一定要实现自主择业，靠自身实力叩开职业大门，充分做好不依赖任何人的心理准备，实现真正自立。

二、求职过程中的心理调适

大学生在求职过程中，受激烈竞争的客观环境的影响，心理复杂多变，情绪起伏波动，经常出现心理误区。只有消除心理问题，保持健康心理，才能赢得最后胜利。求职期间心理调适的方法如下：

（一）自我激励法

毕业生在择业面试中常常出现胆怯、信心不足等现象，可以通过积极的自我暗示、自我激励进行调节，增强自信心。例如，运用内部语言或书面语言来调节情绪，在心里默念

"我会发挥得很好""我一定能成功"等语句。这些对走出自卑、消除怯懦有一定作用。

（二）注意转移法

注意转移法即把注意力从消极情绪转移到积极情绪上。当不良情绪出现时，可以采取缓冲的办法，把自己的经历和注意力转移到其他活动中去，激活新的兴奋中心以抵消或冲淡原来的兴奋点。例如，学习一些新知识或技能，或是参加一些自己有兴趣的活动，去唱歌、打球等，把不愉快的情绪抛在脑后，使自己没有时间和可能沉浸在不良情绪中，以求得心理的平衡。

（三）适度宣泄法

适度宣泄法指当遇到各种矛盾冲突，引起不良情绪时，应尽早进行调整或适度宣泄，使压抑的心境得到缓解和改善。宣泄的较好方法是向你的挚友、师长倾诉你的忧愁、苦闷，使不良情绪得到疏导。在倾诉烦恼的过程中，可以获得更多的情感支持和理解，获得认识和解决问题的新思路，增强克服困难的信心。也可通过打球、爬山等运动量较大的活动，消除压抑心理，恢复平衡心理。但是，宣泄要有度，注意场合、身份，不能酗酒、故意惹事。

（四）自我慰藉法

自我慰藉法关键在于自我忍耐。毕业生在择业中常常会遇到挫折，当经过主观努力仍然无法改变时，可适当地进行自我安慰，以缓解动机的矛盾冲突，解除焦虑、抑郁、烦恼和失望情绪，这样有助于保持心理稳定。在因受挫折而致情绪困扰时，可用"亡羊补牢，犹未为晚""塞翁失马，焉知非福"等话语来做自我安慰，消除烦恼。

（五）理性情绪疗法

理性情绪疗法认为，人的情绪困扰是由于不正确的认识即非理性信念所造成的，因此，通过认知纠正，以合理的思维方式代替不合理的思维方式，就可以最大限度地减少不合理的信念给人们的情绪带来的不良影响。

三、就业后的心理调适

在职场中生存是大学生认识和适应社会的一个过程，在职场中遇到困难，甚至经过几次挫折最后成功才是正常的，遇到问题并不可怕，最重要的是调节自己的心态，使自己从容冷静地面对就业这一人生重大课题，并做出正确、理智的选择，建议大学生从以下几方面进行调整。

（一）调整就业期望

就业期望是指大学生对职业在多大程度上能满足个人愿望的评估。适中的期望值是大学生正确就业的一个关键因素。因此,大学生积累一段时间的就业经验后,选择恰当的定位点,突出重点,扬长避短,最终确定适合发挥自己才能和施展抱负的职业。不能一味追求物质待遇和地域条件,应根据自己的兴趣、爱好和志向把握就业机会,主动出击,力争在就业竞争中处于主动地位。

(二)提高抗挫折心理

当前"双向选择、自主择业"的就业制度为毕业生提供了难得的契机,同时也给毕业生带来了前所未有的挑战。大学生在竞争中寻找自己的位置,在竞争中实现自己的抱负。但是竞争遵循的是优胜劣汰的原则,毕业生应当对工作中的挫折有充分的思想准备,敢于面对现实,把挫折看成是锻炼意志,增强能力,提高心理素质,绝不能一遇到挫折就灰心丧气,怨天尤人,一蹶不振。

第三节 就业信息准备

现代社会是一个信息社会,像企业发展离不开商品信息一样,毕业生择业也离不开就业信息。然而从当前大学生择业、就业的实际情况来看,大部分学生懂得信息的重要性,能够及时抓住信息,把握就业机会,顺利走上称心如意的工作岗位。但也有不少同学,或闭目塞听,缺乏信息,一味地拿着自荐材料到处乱碰,自然运气不佳;或信息不够全面、准确,没有找到足以充分发挥自己聪明才智的工作岗位就草率决定,签约后后悔;或有了信息却不知如何充分利用,错失良机。

因此,在当前"双向选择、自主择业"的就业模式下,每一位大学毕业生在清晰认识自身条件的同时,必须充分认识就业信息的内涵,掌握收集就业信息的渠道,学会对就业信息进行分析、筛选、整理和运用,进而做出正确的职业选择。

一、理解"就业信息"的内涵

大学生求职择业,不仅取决于整个社会政治、经济状况,毕业生个人的专业、学历、综合素质,还取决于毕业生是否拥有信息。因而对于初涉职场的大学生来说,首先要弄清什么是就业信息。

所谓"就业信息",有宏观和微观之分。宏观的就业信息包括就业政策、社会对人才的需求、未来行业的发展趋势、社会就业、人口资源、各高校管理部门为实现毕业生充分就业而制定和实施的各种规章制度、政策。微观的就业信息是指那些由招聘单位或人才市场、中介公司等机构发布的旨在招聘人员从事某项工作的信息。就业信息涉及的范围非常广,包括一切与毕业生就业有关的就业政策、用人单位的需求信息、供需见面活动安排等内容。

当然,要想使自己的择业决策具有更多的科学性,毕业生必须有就业信息量上的保证。譬如国家的就业方针、各地方及行业的就业政策、自己所属院校的就业细则,有关的就业机构、具体职责等。更为重要的还有用人单位的需求信息。如果这些信息的占有量不足，毕业生取舍决策的科学性、准确性就要大打折扣。

一般而言，某一较完整的职业需求信息，主要包括以下几方面的内容。

（一）招聘单位的基本情况

求职者首先要了解招聘单位的基本情况，从招聘单位的名称中，往往就能够了解多种信息。比如，"中国人寿保险公司西安分公司"，下设十几个中心支公司，每个子公司又下设若干经营部。从中能基本反映出这个"西安分公司"所属的行业、管理系统、业务范围、内容、所在地区、企业性质等。此外，还可以从其他渠道了解其有关情况，如广告宣传、所发放资料、报刊媒体、熟人朋友等。

用人单位的基本信息主要有：

- 单位的准确名称、性质及隶属关系。用人单位一般分事业单位和企业单位两类，企业单位有国有企业、集体企业、私营（民营）企业、三资企业、外资企业等几种类型。市属单位要搞清楚上级主管部门（指人事管理权限），中央单位应搞清楚主管部、委、总公司等情况（人事档案管理关系），如中国航空工业总公司第六一五所隶属于中国航空工业总公司。
- 单位的地点、总部及分支机构的业务范围与地理分布。
- 单位的联系方式，如人事部门联系人、电话、通信地址、E-mail 等。
- 单位的组织机构、规模（员工数量）与行政结构。
- 单位的经营业务范围、类别及服务内容。
- 单位需要的专业背景、具体工作岗位及对所需人才的具体要求。
- 单位的财务状况、绩效考核体系、培训体系及薪酬体系（工资、福利住房、奖金）以及对员工的培训等。

（二）职业岗位的工作内容

职业岗位的工作内容，一般包括"做什么、为什么做、怎么做"。例如，一家商场招聘，有售货、收款、仓库保管、会计、出纳、保洁、采购、运输以及各级管理工作等多种岗位，还需要照明、电梯、空调、保安等人员，每个岗位在商场中都有特定的地位作用。同样是当电工，在电力安装部门是一线人员，在商场、医院就是二线人员。工作环境包括工作时间（如有无夜班等）、室内还是室外、流动还是固定以及工作场所的温度、湿度、噪声等。

（三）招聘单位的工资待遇

招聘单位的工资待遇，包括工资、奖金、津贴、福利以及医疗、退休、保险等。少数单位在发布的招聘广告中，说明了所招聘职位的工资待遇，但大多数的招聘是没有明示工资水平的。这可以通过询问与自己熟识的人或与该单位有关的人员而获得，并与当地人才市场的工资价位相比较。

（四）招聘条件

招聘条件及招聘单位对求职者的具体要求，一般包括学历、专业、年龄、性别、职业资格、技术等级、身高、相貌、体力等方面。有些用人单位和岗位还对心理素质、能否经常出差等方面有特殊要求。

（五）招聘数量和报名办法

求职者还应当掌握招聘人数和报名办法方面的详细情况，这包括用人单位招聘哪些岗位的从业者，每种岗位招聘人员的数量，报名的时间、地点、方式，应准备哪些证件和资料（如个人简历、学历证书、职业资格证书、身份证、户口本和其他证明等）。

二、搜集就业信息

就业信息非常重要，而知道怎样去搜集信息则更重要。林林总总的就业信息往往都是通过多种媒介传递的，因此毕业生必须利用各种渠道获取信息，学会使用"多管齐下"的方法来搜集和掌握信息。那么，如何获取、分析、利用就业信息，达到主动发现机遇、大胆把握机遇的目的呢？

从目前来看，随着大学生就业市场的培育和发展，毕业生的信息搜集渠道也越来越宽广，呈现出多样性的特点。大多数毕业生必须进一步拓展就业信息搜集渠道，尝试通过各种途径搜集就业信息。目前主要的信息获取途径有政府、学校就业职能部门网站，政府、学校举办的供需见面会，人才市场招聘会，企业招聘网站，人才市场网站，实习单位，就业报纸、杂志，亲朋好友、老师等社会关系资源等。对于这些途径，可以归纳为信息网络、招聘会、毕业实习和社会实践以及其他四大途径。

（一）信息网络途径

目前，不少地方人才交流机构采用了网络化、电子化为人才配置牵线搭桥，这一现代化的信息传递手段也为各高校和用人单位普遍采用。各高校目前普遍采用校园网为本校的毕业生发布需求信息，用人单位也注意通过各种网络发布相关的招聘人才的信息，甚至不少主管部门也通过网络发布有关的招聘通知和文件。因此，随着我国就业工作信息化进程的加快，网上搜寻就业信息已成为如今大学毕业生最常用的求职手段之一。通过这一途径，毕业生不仅可以自由地从互联网上获取各种就业信息，而且还能利用互联网介绍自己的个人情况。可以说，网络传递信息所具有的"多、快、好、省"的特点，是其他求职方式所不能比拟的。

从目前来看，信息网络途径主要包括各级政府主办的就业网站、学校就业工作职能部门网站、用人单位网站、专业的人才公司网站这四大类。

1. 各级政府主办的就业网站

主要包括教育部主办的中国高校毕业生就业服务信息网，各部委主办的就业信息网站，各省人事、教育行政部门主办的毕业生就业工作网，各市区县开通的人事、人才网等。此类就业网站提供的就业信息往往涉及面广、范围大，能从总体上进行规划全国性或区域性的信息交流和人才配置，具有极高的权威性。

2．学校就业工作职能部门网站

学校就业工作职能部门是各高校负责就业工作的行政机构，一般的名称通常为"就业指导中心"或"毕业生就业办公室"，负有指导学生就业、搜集就业信息、提供就业服务的职责。一般而言，这些职能部门都建有就业信息网，并由专门的工作人员负责从媒体、网络等途径搜集就业信息。

学校在长期的办学过程中，和社会各界、方方面面建立了紧密的联系，老单位、新单位需要人才，通常会主动和学校就业指导中心联系，以便获得高质量的毕业生；就业指导中心和社会各方面的人才市场、人才交流中心、就业中介机构等单位有正常的工作联系，这也是该机构的就业新来源。此外，在毕业生就业过程中，该部门还会有针对性地并及时地向各个用人单位发布毕业生资源信息函、电话联系及参加各种信息交流活动等方式征集利用大量的需求信息，并及时通过网络传递给学生，同时辅之以"供需见面""双向选择""毕业生就业洽谈会""用人单位招聘会"等人才交流形式配合，使信息得到落实。因此，该部门的就业信息量大，可信度也比较高，涉及的专业面和地理区域都比较广，应该高度重视并充分利用。

3．用人单位网站

有一定规模的用人单位一般有自己的网站，他们的需求信息首先会在自己的网站发布，然后再通过区域人才市场或高校就业指导部门发布。与通过人才市场发布的信息相比较，通过单位网站发布的信息更具体、全面，有利于毕业生搜集和参考。更有一些用人单位网站实行网上视频招聘活动，大大降低了招聘单位和应聘者的成本。

4．专业的人才公司网站

目前从事人力资源的猎头公司越来越多。这些企业在充分利用各种平面媒体的同时，加大了对各种网络媒体的投入力度，纷纷建立了专业的人才网站，比较著名的人才网站有：

中国招聘热线 http：//www.hr33.com/

前程无忧 http：//www.51job.com/

中国人才热线 http：//www.cjol.com/

智联招聘网 http：//www.zhaopin.com/

搜狐就业频道 career.sohu.com

百度招聘求职网址大全 http：//site.baidu.com/list/66rencai.htm

新浪招聘求职网址大全 http：//dir.iask.com/search_dir/jy/ch/

网易招聘网址大全 http：//51.163.com/list_zhaopin.htm

在这些网站上，求职者只需在搜索引擎中输入行业的关键词，很快就可以查询到成百上千的招聘信息。一般来说，网站可以根据求职者对地域、行业、职位、薪酬等的具体要求提供查询服务。求职者可以在线填写简历，这些简历将列入网站的数据库中，供需要招聘的公司查询；此外还可以订阅电子杂志，网站会把最新的招聘信息发送到求职者的电子信箱里。

针对网络媒体对现今求职手段的重要影响，有人对上网求职情况做过调查，在参加调查的1 925人中间，有1 053人选择了网上求职的答案，占总投票数的55%。五成以上的网络人群的选择表明，网上人才交流已经成为职业发展的新时尚。据"无忧工作网站统计，在上网求职者中，有本科学历及以上学历的占40%多"来自信息产业。近两年每年就有1 000万以上人次因为找工作而遨游在网络空间。另外，不少人才市场或网络机构也注意通过这一途径完善自己的服务功能。无论如何，大学毕业生应充分注意这一信息传播途径，这也是毕业生获取求职信息非常重要的一个途径。

网上求职须知

在享受互联网求职的快捷和方便的同时，也有一些需要注意的事项：

1. 整理信息，分清主次

互联网以信息量大而著称，求职者在网上查询信息时，很容易被网站的其他信息所干扰。此时应当及时整理信息，把有益的求职信息和网站收藏起来，以便定期访问。对填写了简历的网站和单位要重点记录下来，以免忘记地址。

2. 注意防范网上求职的一些骗局

网上求职时一定要登陆正规网站，以免被骗。一般正规的人才网站在刊登人才需求信息时，都会仔细验证招聘单位的真实性，要求对方提供单位营业执照、办理人员的身份证件以及加盖公章的单位证明等，严防虚假信息的发生。而一些小的招聘网站由于种种限制，则很难做到如此周密的检查。求职者在无法确定所要应聘单位的真实性与可靠性时，可以到一些求职论坛发帖请求援助，可能会得到一个满意的结果。

3. 随时下载，及时联系

有些招聘页面内容较多，岗位也很多，如果来不及看，又怕错过自己中意的岗位，最好的办法是下载该网页，可以先建一个"求职"文件夹，把选中的网页下载到自己的"求职"文件夹目录下，离线后再认真阅读筛选。一旦发现符合条件的岗位，一定要及时与用法人单位取得联系，并尽快寄上自己的简历，把握每一次机会。

4. 在网络上发送求职简历时最好不要用附件形式发送

为了防止病毒的攻击，很多公司的邮箱设有自动过滤功能，如果你用附件形式发送简历，很可能根本就到不了对方的邮箱，就被过滤掉了。

5. 注意保密

网上求职要注意对一些私人信息进行相应的保护，比如不要在网站上透露家庭地址，求职者只需要留下个人的电话、E-mail及自己的大概位置就可以了，以防被一些骗子所利用。

（二）招聘会途径

主要有政府、高校举办的供需见面会以及人才市场的各类招聘会。鉴于供需见面会和各类招聘会一般都由各地教育行政部门、人事行政部门或者其委托的具体机构、高校或者各高校群筹划举办，它的涉及面比较广、范围大，并且主办单位具有一定的知名度，所以这样的招聘会对大学生而言具有巨大的吸引力，用人单位通常也愿意借助这种方式进行人才的集中挑选。供需见面会和各类招聘会提供的大量就业信息，也使毕业生可以在更大的范围内进行信息筛选。

近年来，随着人才市场的发展，各类供需见面会和招聘会种类越来越多，举办的频率也越来越高，给大学毕业生增加了许多就业信息。虽因组织形式不同，效果也不尽相同，但总体上看还是有相当多的毕业生通过这种途径落实了就业单位，因而始终是毕业生获取就业信息的重要渠道。当然，林林总总的招聘会上所提供信息的可信度比学校就业指导中心的可信度要差一些，它往往存在鱼龙混杂的情况，因此，毕业生必须进行必要的信息鉴别。

（三）毕业实习和社会实践途径

毕业实习和社会实践是学生踏入社会的前奏曲，是参加工作的预演。

1. 通过实习获取就业信息，应从以下方面努力

在利用生产实习和社会实践及毕业实习的过程中，注意直接与用人单位接触，不仅做到对用人单位的生产、工作性质较为熟悉，还要注意从用人单位的领导、工程技术人员等渠道获取有关就业信息。

充分认识毕业实习是一份非常难得的、有价值的人生经历，在实习过程中要勤学好问，努力向毕业实习单位证明自己是一个可靠的、有能力的从业者，让其发现自己的潜力。

实习单位一般都是对口单位，倘若实习单位有招人的意向，很可能你就是第一人选。这样，通过实习，求职者也能获得开启职业大门的钥匙（在现实生活中，通过实习落实就业单位的毕业生每年在各地都有不少）。

2. 通过社会实践获取就业信息，应该从以下方面努力

在社会实践的过程中特别是在与自己的职业意向相吻合的单位或岗位实践时，要充分展现自己的才华和能力。总之，通过自己的努力，赢得用人单位的好评、信任，是取得职业信息甚至谋得职业的最好途径。

在社会考察活动中，有意识地提出一些关于行业发展趋势、人才需求状况、具体单位、岗位用人要求等与就业有关的问题。

在社会服务活动中，注意观察、思考，努力去发现自己原来没有想到的、潜在的职位或岗位，捷足方能先登。

在勤工助学、社会公益活动以及直接在用人单位进行的社会实践中，更应多看、多问，要"淡化"自己的学生身份、"打工"角色，以主人翁的姿态了解和关心该单位的发展、了解和关心自身和周围岗位上在职人员的工作状况。

（四）其他途径

主要指有关的就业指导和报纸杂志等刊物的招聘广告以及一些职业介绍服务机构和中介机构。有关就业指导的报刊、图书，教育部高校学生司和全国高校毕业生就业指导中心主办的《毕业生就业指导报》，是专门为毕业生就业服务的专业性报纸，定期为毕业生提供就业

信息。一些就业指导的图书中也经常附上有关用人单位的情况介绍和需要毕业生的专业、人数等，这些也都是获取信息的渠道。当然这些信息的时效性和前三种渠道获得的信息时效性相比是要打一些折扣的。

职业介绍服务机构和中介机构是当前劳动市场的重要载体。这些机构拥有大量的职业需求信息，它们一般会按照用人单位或行业等为标准将信息分门别类，一方面运用电视、网络、广播等设备，以及广告、报纸、手册或卡片等书面材料向求职者提供信息，例如岗位空缺信息、职业培训信息、职业供求分析预测信息、劳动就业政策法规、其他劳动力市场信息；另一方面他们做好储备与推荐工作，向用人单位提供人才、劳动力供给信息。

三、就业信息的处理和运用

（一）正确处理就业信息

在现实社会中，就业信息来源渠道不一、传递方式不同，通过各种渠道收集来的就业信息一般比较杂乱，往往还不能直接利用。为了使获得的信息具有准确性，使之更好地为自己的求职服务。对于收集到的需求信息，应结合自身实际情况，加以筛选过滤，去粗取精，有针对性地选用。

1. 要分析就业信息的真实性

像来源于各级毕业生就业指导中心的就业信息以及各级教育部门或其他相关部门主办的毕业生供需见面会提供的信息，一般来说都是比较可靠的真实信息，这种信息无疑是需要保留下来的。而来源于互联网上其他网站的信息的可信度相对来说真实性就低一些，对于那些虚假的信息就要筛选掉。

不辨真伪　容易受骗

毕业生小刘刚结束课程学习，即将转入毕业实习阶段，由于平时学习比较紧张，前一阶段一直没有机会外出求职，现在好了，可以抽空到外面去闯闯世界，好好谋一份工作了。小刘一边打着如意算盘，一边到互联网上搜寻各地的招聘信息。某日，他从一家不知名的网站上获知南方某地将举办一次大型毕业生供需见面会，于是和几位同学结伴前往参加。谁知一到目的地，发现是一骗局，该市人事局说根本没有此事，同时受骗的还有其他院校的一些毕业生。事后，小刘才恍然大悟，一定是有人在网上发布了"垃圾信息"，于是对自己当时未仔细辨别信息来源是否正规、信息内容是否真实就贸然前往的行动感到后悔。据了解，这些学生这次的花费少的三五百元，多的上千元，真是劳民又伤财。

面对纷繁复杂的信息海洋，求职择业大军中时常出现一不留神则跌入"信息陷阱"，或者被甜言蜜语的"欺骗信息"所蒙蔽的现象。上述案例中的小刘及其同学就是被"垃圾信息"所骗。而几年前发生在北京的"500强"招聘会风波则是典型的"欺诈"行为，主办单位事先以"500强"的卖点大肆宣传，吸引了北京高校及省外高校成千上万的毕业生蜂拥而至，然而实际情况却大相径庭。令所有参会学生愤慨不已，致使招聘会不到半天就在警察的维持下草草收场。

2．要把握就业信息的准确性

就业信息本应真实、全面、准确反映用人单位的意图，但现实中有些就业信息往往很简单，甚至只言片语，容易让人产生错觉。因此，针对这种情况，应利用多种方式印证信息的准确性，要掌握用人单位对求职者的学历、学习成绩、特长、政治面貌、思想品德、职业能力、外貌等的要求。

3．要注重就业信息的时效性

虽然有的就业信息是真实的，但它是几个月前的信息，我们看到这一信息时，用人单位已经招聘了所需要的人员，这类失效的信息对于我们已经没有了任何意义。因此在搜集、整理和处理各类就业信息时一定要注意信息的有效时间，在搜集到就业信息后，应果断决策，适时使用，以免过期。用人单位发布信息后，职位信息随着应聘情况随时都会发生变化，毕业生应及时与用人单位保持联系。一可询问岗位报名情况，做到知己知彼；二能体现出积极的态度，为求职成功增加砝码；三是有些信息在时间上可能已过时，但有可能出现实际应聘人数不足的情况，仍可"见缝插针"。

4．要评估就业信息与自己的匹配性

适合自己的就是最好的，这是处理信息的核心之所在。毕业生在选择信息时，要根据自己的优势、长处和性格特点等，认真考虑自己是否适合和愿意从事这个职业，并做出取舍。不顾自己的实际，以待遇、地点作为首选原则的毕业生，即使在求职中侥幸取得"成功"，在未来的发展中也会逐渐表露出自己的弱势，发展后劲也是不足的。在招聘活动中，常常会出现"优秀"学生竞争不过"一般"学生的现象，原因不是能力不行，而是单位认为你不适合这个岗位。

此外，判断就业信息是否适合，也不应只看表面和眼前，还要放眼未来。或许现在你要求职的单位只是一个名不见经传的小单位，但经过发展，以后可能会很成功。如果你现在独具慧眼，那你的将来可能会无可限量。应届大学生不能只注重单位眼下的经济和福利待遇，更要了解单位的文化、机制、环境等因素，以有利于自身长期发展为标尺来判断就业信息的去留。

案例一

《绝对挑战》有这样一期节目：一家彩铃公司从三位选手中挑选一位彩铃设计人员，其中一位小伙子是学音乐的，思路开阔，创意活跃，生活阅历也很丰富，显然是彩铃设计的一把好手，临场表现也明显比其他两位选手高出一截。在现场专家和观众心目中，优胜者非他莫属。然而，令人非常意外的是，企业看上了另一位表现并不突出但比较稳重的小伙子。

为什么才华出众的应聘者与职位擦肩而过？这家彩铃公司的解释是企业希望招来的人能稳重、踏实、待得住。而那位很有音乐创作才华的小伙子比较活跃、张扬，到了工作岗位可能很快会离职。

对此，一位业内人士说，观众与企业的"感觉错位"通常表现在"优秀"与"合适"的错位。观众的愿望总是希望表现最优秀的人能最后胜出，而企业的出发点则是职位需求如何，"不选好的，只选对的"。

案例二

某职业院校毕业生王强（化名），在毕业前一年就开始注意搜集各种信息，并建立了自己的就业信息库。他搜集的信息包括国家经济发展趋势、国家就业政策、就业形势分析、企业招聘信息、企业资料等。

王强搜集的招聘信息有几百条，在筛选信息时，他遵循三条原则：

第一，寻找快速成长或高回报的行业；第二，寻找处于上升期的企业；第三，寻找能拿到符合自身能力薪水的企业。

王强认为，快速成长或高回报的行业虽然风险大，但是施展的空间大、机会多。自己努力寻找处于上升期的企业，是因为上升期的企业往往具有发展后劲，那里肯定需要人。

对于第三点，王强认为要在各种"报价"中，保持清醒的头脑，找到符合自己能力的价位才好。

临近毕业，王强没有像一些同学那样到处乱撞。有时，他也去一些招聘会，但都是有目标有准备而去的。

王强也参加一些招聘考试，但那都是经过进行选择以后的"意中人"。当许多同学还在为工作四处奔波时，毕业生王强已经找到了一份适合自己的工作。

（二）科学使用就业信息

一旦确定了信息的真实性和对你自己的匹配性，就应该迅速做出反应，不能让信息在自己手里被耽误。

1. 快速明确地反馈应聘意向

快速明确地反馈自己的应聘意向，往往是毕业生决胜人才市场的关键举动。对于用人单位的招聘信息，在进行分析判断的基础上，必须快速反应。一是可以捷足先登，赢得用人单位良好的第一应聘印象，同时，也可以巧妙地表明自己积极应聘的态度。一般地，在条件相当的情况下，首先表达必须清楚，应聘的信心必须十足。只有这样，才更加有利于用人单位进行考核录用。

现在，许多毕业生对寻找工作存在错误的认识，毕业生自我感觉不顺心，就频繁地进行岗位挑选，尤其是自己根本就没有明确的就业意向，往往是挑花了眼，也丢了可能的机会；或者毕业生自我感觉不满意，即使用人单位给出明确的可以签约的想法，毕业生往往也是犹豫不决，或不作反应，或随意回绝，总认为"最好的往往在最后"，一味等待所谓"最好的机会"。常常是有机会，自己丢了，到头来，却又没有机会；或者是毕业生自我感觉不理想，拼命地考研或考公务员，总以为考试可以赢得更多的机会、更多的选择，但是考试未必就可以带来理想的机会。重要的是，珍惜机会，工作理想不理想总是相对的，永远不可能有最满意的职业。毕业生将不是十分理想的工作视为自己的事业，并为之全身心地奋斗，最终也可能成为理想的职业；反之，不奋斗，理想的职业也会变成不理想的。

2. 有的放矢，想方设法对照信息推荐自己

俗话说，事在人为。对于自己获得的就业信息，毕业生如果非常希望签约，应当按照招聘信息要求，想方设法调动自己一切可能的力量推荐自己。同等情况下，推荐力度大的毕业生，赢得就业成功的机会更大，当然，成功的关键在于毕业生本人的基本条件是否达到招聘单位的要求。同时，积极进行准备，在用人单位组织的考核中，充分展示自己，全力突出自身优势。毕竟，内因是根本，外因是条件，内外因相协调就可以获得成功。

3. 见好就收，快速签订协议

一经和招聘单位协商一致，就应快速签订协议。就业协议的签订，可以视为毕业生成功使用了就业信息，标志着就业单位的落实。尽快签订就业协议对双方是一种保护。从某种意义上说，签订就业协议，是维护毕业生和招聘单位合法权益的重要"护身符"。

第四节 求职材料准备

"工欲善其事，必先利其器。"求职材料是毕业生走向人才市场、赢得用人单位信任的重要工具，也是用人单位初步了解毕业生基本情况的重要途径。通过准备的书面求职材料，用人单位可从中了解到毕业生的身份、能力、综合素质等基本情况，以判断和评价毕业生的学习成绩、工作潜力，从而确定能否给毕业生提前面试的机会。

求职材料，是毕业生反映个人总体情况和综合素质的书面材料。毕业生准备求职材料的直接目的，是引起用人单位对自己的兴趣，使自己能够最终被录用。由于用人单位最初是通过求职材料来了解求职者的，因此，求职材料是毕业生与用人单位交流信息的载体，是用人单位透视和了解学生的窗口及决策的重要依据。所以，求职材料的质量，对于求职者谋取职位，有着不可估量的作用。

一份完整的求职材料一般包括求职信、个人简历和其他相关材料（可称之为附件）。

一、求职信

求职信也常称为自荐信，是求职者向用人单位介绍和推荐自己的正式书面材料，属对特定的用人单位写的特定的自荐材料，主要表述求职者的主观愿望和特长，以求吸引招聘者的注意力，取得面试机会。有人做过调查，在招聘单位人事部门，阅读每位求职者的求职信的时间一般只有20~30秒，只有那些表述得体、确有特色和亮点的信，才能吸引招聘单位人事部门工作人员的眼球。相反，那些比较俗套、毫无特色可言的信件，往往在被快速"扫描"几秒后即被退回。因此，在成百上千的求职信中，如何使你的求职信与众不同且能脱颖而出，让用人单位给你一个难得的面试机会，求职信的质量可谓至

关重要。

求职信与书信的格式比较类似,有相对固定的书写格式,一般包括称呼、正文、结尾、落款四部分。

(一) 称呼

求职信的开头要写明称呼。在格式上,称呼要在第一行起手的位置书写,单独成行,以示尊重。如何称呼对方很有学问。如果对用人单位的性质及负责人比较清楚,可直接写出负责人的职称、职位。如"××单位××负责同志"字样,也可以是"尊敬的××总经理"字样,相对而言后者更好一些。如对用人单位的性质及负责人不清楚,可写成"尊敬的领导"。假如你对对方了解得比较多,知道对方是公司人事部门经理,同时,他可能具有博士学位或教授头衔,此时,你若称呼他为"×教授"或"×博士"效果可能会更好,当所有的人称呼他经理的时候,你称呼他为教授或博士,说明你对他了解。称呼之后用冒号,然后另起一行,写上问候语"您好"之类的话,紧接着写正文。

在信的开头,你就抓住对方的眼球,吸引对方把信读下去。许多学生在开始最大的败笔是称呼对方领导集体是"各位领导,您们好",这就犯了汉语中的简单错误,因为汉语中没有"您们"这个词,这样不仅让人觉不出你的问候,反而使他们认为你才疏学浅,连起码的常识都不懂,会贻笑大方。

(二) 正文

简单来说,正文实际上就是"我有什么+我能做什么/我要做什么",是整个求职信的核心部分,可概括为"三个简单,一个请求",包括:

(1) 个人基本情况,包括姓名、毕业学校以及所学专业——简单介绍;

(2) 个人所具备的条件,如学习过什么样的课程、受过何种奖励、社会实践情况、职业经历以及参加各种竞赛情况等——简单说明你的知识结构和能力;

(3) 简单说明自己对对方单位的了解,简述自己从事用人单位某一具体岗位的优势条件——简单描述你对该用人单位及具体岗位的认识;

(4) 表达期望到用人单位工作的心愿——请求用人单位给予一次面试的机会。

正文部分可写内容比较多,所以一定要简明扼要,重在突出你就是最适合这个职位的人选,写明你对招聘单位的了解程度、你应聘这个岗位和胜任本岗位的各种能力。

(三) 结尾

结尾部分的作用在于最后表明自己的意愿,希望获得用人单位的面试机会。结束语可提醒用人单位希望得到他们的回复或回电,以表达你希望用人单位给你面试机会的心愿,如可以写上"希望得到您的回音为盼""盼复"等。当然,最后一定不要忘了写上致对方的祝福话语,或者以"此致敬礼""致礼"替代。

(四) 落款

落款包括署名和日期。在形式上,信可以打印,但署名一定要用手写,而不能打印,以示郑重和敬意。署名应写在结尾助词的下一行的右后方，要注意字迹清晰。日期应写在名字下方，一般用阿拉伯数字，并且要把年月日写上。

求职信从形式到内容都应给人以美感。在文字表达方面应注重语言流畅，层次分明。一封文字优美、表达流畅的信，既能体现出求职者的文字运用能力和语言表达能力，又能给招聘者以美的享受。当然，表述还应当注意分寸，既不要夸大其词，也不要闪烁其词；既要措辞恳切，真诚流露出自己对用人单位情况有所了解，又恰如其分勾画出自己的突出亮点，这种勾画应当富有个性，不落俗套。

还要注意的是，给不同单位的求职信应该是不同的，千万不要用一篇求职信去应对所有的单位。如果那样，会显得你缺乏诚意，给人草草应付的感觉。值得一提的是，由于文化上的差异，一般来说，对外资企业可以较充分地展示自己的能力，强调自己的特长，而对国企、国家机关、事业单位等则应如实介绍自己的理论基础、特长、爱好。

求职信的六忌

（1）忌长篇大论。内容以简洁为原则，尽量在一页纸内完成。用人单位不会花很长的时间来阅读你的求职信，篇幅太长会使对方厌烦，甚至认为你的概括能力不强，往往适得其反。

（2）忌堆砌辞藻。即使你满腹经纶，也不要幻想用华丽的辞藻就能打动招聘者。华而不实的语言属于大话、空话、套话，并没有实际作用。那种虽无豪言壮语，但读来亲切、自然、实实在在的求职信却能给用人单位留下深刻的印象。

（3）忌夸大其词。在措辞方面要留有余地，不要说得过于满。如"我能适应各种工作""我将会给贵单位带来新的生机"，这样表述，只能给用人单位留下你刚出校门，还很幼稚的印象。

（4）忌缺乏自信。适度的谦虚是一种美德，也会使对方产生好感；但过分谦虚是不自信的表现。在求职信中忌说"虽然我资历不够""虽然我不是名校的毕业生"等。用人单位关心的是你是否符合招聘岗位的要求。

（5）忌千篇一律。一定要把自己的强项写出来，将自己的"亮点"展示出来。

（6）忌粗心大意。要重复检查，避免错字和语法错误。资料要齐全，切记留下可随时联系上你的电话号码。

求职信写作的注意事项

（1）知己知彼，诚信务实。写求职信前，要尽可能对用人单位、职位供应及其用人要求有较多的了解，以便有的放矢陈述自己的求职意向和求职优势，并尽可能表现自己的愿望与个性。同时，对职位的谋求、个人信息的介绍以及附带文件一定要实事求是，诚信务实，切不可弄虚作假，以防贻误自己的终身。

（2）充满自信，态度诚恳。求职信写作既要表现出对谋求职位的足够自信和强烈愿望，又不能是自我欣赏、自吹自擂；既要表现出恳切的心情，又要表现出应有的持重和自尊。用语要谦敬得体，措辞要分寸得当。

（3）文字朴素，字面整洁。求职信文字要求准确流畅，准确表达自己的意愿和要求，字体要清晰工整，一定不能出现错别字，这是最忌讳的。一旦出现错别字，就会使用人单位对求职者的第一印象大打折扣，导致功亏一篑的结果。同时，如果是打印稿，要做到字体大方，字号适当，行距适宜，给人以整洁、美观的印象；署名要亲笔签写，以示尊重和诚意。

《大学生毕业求职信范文》

尊敬的领导：

　　您好！

　　我是××，是×月×日×位求职面试者，是来自××学校××专业的大学生。

　　感谢您给了我一个面试的机会。这次面试，使我开阔了视野，增长了见识，相信您对我各方面综合能力的肯定，一定能增强我的竞争优势，让我在求职的路上更加坚定自己的信心。感谢贵公司对我的关爱，感谢贵公司给我的这次毕生难忘的经历！无论这次我是否能被贵公司录用，我更坚信——选择贵公司是明智之举。无论今后我会在哪个单位工作，我都将尽心尽责做一位具有强烈责任感、与单位荣辱与共的员工，一位扎根于单位、立志为社会创造最大价值的攀登者，一位积极进取、脚踏实地而又极具创新意识的新型人才。

　　大千世界，芸芸众生，如我者甚众，胜我者恒多。虽然现在我还很平凡，但勤奋进取永不服输。如蒙不弃，惠于录用，必将竭尽才智，为公司鞠躬尽瘁！

　　感谢的同时，祝贵公司事业蒸蒸日上，一帆风顺！

　　此致

敬礼

××

年　月　日

二、个人简历

　　个人简历（履历表），顾名思义是反映求职者个人的简要经历，是一个人生活、学习、工作的经历与成绩的概括和总结。我们到任何一个招聘单位要做的第一件事情就是投简历。简历是单位了解你的第一扇窗口。因此简历就成了你和单位沟通的第一通道，往往是招聘人员了解你的第一途径。一份好的简历，可以在众多求职简历中脱颖而出，能够引起用人单位对你的兴趣，然后决定是否给你面试通知，它是帮助你应聘成功的敲门砖。

（一）个人简历的类型

简历有多种类型，为简便起见下面介绍时序型、功能型、业绩型和综合型四类简历。

1．时序型简历

时序型简历是最传统的简历格式，一般按时间先后顺序编写学历和工作经历，通常按中国式的习惯由远及近、由过去到现在顺着写，而在国外和呈送给外资企业的简历则由现在到过去分阶段倒推排列介绍。

如果想强调过去无可挑剔的工作和学习经历，求职者可以考虑使用时序型格式。对于没有多少工作经历的大学毕业生，比较适合使用时序型简历。

2．功能型简历

功能型简历又称技术型简历，在简历一开始就强调技能、能力、资格以及成就。关注的焦点完全在于求职者所做的事情及掌握的技能。这好像一份素质总结，首先把自己的能力素质亮点放在重要位置，吸引人力资源管理者的注意力。

如果不想以职务、在职时间和工作经历，而是以自己的技能在求职场中取胜，功能型简历是很好的选择。作为一名毕业生，在所求工作领域中有一点经验，则功能型简历也是不错的选择。

3．业绩型简历

业绩型简历是使他人的注意力集中在求职者的资源优势上的一种绝妙方法。业绩简历的关键是简明扼要、快速出击。一些简短而有力的成就陈述，会使一份业绩简历比长篇的细节叙述更容易使人提出问题并产生兴趣。

这种简历对专业销售人员、顶级行政人员以及那些只想让聚光灯聚焦于其整个职业生涯的人很管用。

4．综合型简历

综合型简历综合了时序型简历和功能型简历的特点。这种简历也可成为个性化简历。在这种情况下，可以以功能型简历为基本结构，然后再加上各种名称做小标题，表明各项业绩都是在何处取得的。这种综合型简历有很多时序型简历和功能型简历所拥有的特点，足可以使任何一名潜在雇主满意。

（二）个人简历的基本内容

个人简历是求职材料中最重要的部分，所以，无论是在格式上还是在内容上都要做到最好。标准的求职简历主要由基本情况、教育背景、工作或实践经历和其他信息等四个基本部分组成。

1．基本情况

基本情况主要有姓名、性别、年龄、民族、政治面貌、籍贯、健康状况、婚姻状况、毕业学校、院（系）及专业、学位学历、联系方式和职业目标等。在填写联系方式时，请务必填上电话、手机等信息，以便招聘单位在第一时间内能与你取得联系。职业目标中要简明扼要地表明你应聘的工作类型和职位，不能把不相关的职位放在一起。例如，如果你希望应聘财务职位，那么最好不要把应聘营销方面的职位也列在上面。

2．教育背景

教育背景包含教育经历和培训经历，即所参加的各种专业知识和技能培训。其中，教育经历按时间先后顺序详细列出自己从高中到最高学历的学校和专业、所学的主要课程，以及在学校中的表现、获奖情况和语言能力等。培训经历详细填写培训时间、培训机构、培训课程、所获证书等，特别要提到与应聘职位相关的培训技能。

3．工作或实践经历

特别要说明与求职目标相关的工作经历，一定要说出最主要、最有说服力的资历、能力和工作经历。说明的语气要坚定、积极、有力，具体的工作、能力最好有证明材料。这部分经验最能体现自己的工作能力，所以可以尽量多写些，包括校内的实践、校外的实习，实习工作的起止日期、工作中的职责范围、突出表现和工作成果等都要描述清楚。当然，经历比较多时要把最新的最重要的放在重要的位置，这样会让用人单位感觉你的能力越来越强。特别是项目工作经验一定要放在最重要的位置。

4．其他信息

其他信息包含个人特长及爱好、其他技能、参加的专业团队等，起到锦上添花的作用，重点是与求职相关的内容，如果写得好的话，可以增加自己的求职砝码。

总之，写简历就是在"证明"，首先是证明"我"申请了这个岗位；其次是证明"我"具备的能力能够胜任这个岗位；最后是通过详细的内容来证明"我"的优势。所以，说到底，写简历就是在证明"我行"，"我"比别人更适合这个岗位。

（三）个人简历的书写要点及基本要求

1．内容简洁

招聘者一般都有很多事务要处理，所以千万不要指望他们有足够的时间读完一份冗长的简历。如果简历写得很长可能会使招聘人读你的简历时缺乏耐心，甚至产生厌烦的心情，这样对求职者很不利。简历一般以一页为宜，如果要强调相关的工作经历，最好不要超过两页。

2．语言精练

简历虽短，但却是对求职者语言驾驭能力的一种考验。冗长的简历不但让人觉得你在浪费他的时间，还会让他得出求职者做事不干练的结论。言简意赅、流畅简练、令人一目了然的简历，在哪里都是受欢迎的，这种简历也是对求职者工作能力最直接的反映。为了在有限的时间内向招聘者传达最为有效的信息，最好的办法是了解招聘单位的需求，对症下药，准确地介绍自己的相关优势。

3．一职一信

要针对不同的应聘职位撰写简历，每一份简历只用于一个单位或者一个职位，根据职位的要求取舍素材，注意紧扣与职位的相关度。有许多求职者搞"简历批发"，其效果自然不如个性化的"零售"策略。

4. 真实诚信

简历内容力求真实，绝不虚构，所有的招聘单位都讨厌造假者，一旦被发现造假，可能带来严重的后果。对于要陈述的能力、技能，多用数字、事实来表达。用词避免形容过度，如"擅长""优秀""卓有成效""显著提高"等。

5. 重点突出

简历中要针对职位突出自己可以胜任的优势，淡化不足，在内容的分布顺序上可以突破时间上的倒叙等常规模式，要先重后轻，突出你与其他竞争者的不同，对于重要内容等可加黑、突出关键词等。

6. 消灭错误

整份简历的布局要构思精巧，书面整洁，不能结构混乱，一塌糊涂。在写完简历后，要反复校对，消除错字，避免低级错误。

(四) 制作简历的原则和策略

1. 简明扼要，富有针对性

简历的特点就是"简"。要紧紧围绕求职目标进行介绍，避免面面俱到，不必将一些诸如宗教信仰、家庭关系、血型等统统写进去。主要陈述工作经历、获奖情况、个性品质等，也都要围绕求职目标，语言简约，不写废话。教育背景中突出与专业和所求职位相关的经历。此外，还要注意"和而不同"，避免在任何时间、任何场合都使用同一份简历的简单懒惰做法；如果针对不同职位，需要分别写几份有区别的简历。

2. 求真务实，用成绩说话

简历是求职者的背景综述，传递的是关于求职者技能、素质的信息。写作时，要突出与所求职位相关的经验、成就，特别注意给出工作实绩，用数字（如产量、销售额、发行量等）、效率（你是如何迅速地解决问题，你能多快地完成工作）、效果（你的工作带来了哪些长期和短期的积极效果）、影响（你的某个建议、方法、解决方案已多长时间被采用，你的方法被应用于其他部门或成为其他项目的一部分）、作品（你曾写过哪些有影响的文章，编写过哪些材料）、社会活动（你与哪些组织保持着联系或合作关系）等来说话。这样会使用人单位对求职者有一个全面、清晰的了解。

3. 追求个性，表现才华

简历是求职者的自我宣传册，因此要富于创新，用心制作，充分展示自身的个性与才华。从内容的角度，不仅要陈述才能与成绩，还要表现潜力和热情，要使用人单位对求职者充满好感和期待。从形式的角度，制作要精美，封面要有创意，版式设计要齐整、新颖、赏心悦目。

确切而言，简历的撰写并无一定之规、固定格式，只要能够引起招聘人员的注意，让其有兴趣读下去，都是成功的简历。

案例一 表格型简历

个人简历

姓名		性别		
籍贯		民族		
出生年月		政治面貌		
学历		所学专业		
毕业院校				
联系方式	通信地址			
	联系电话	×××××	E-mail	×××××
应聘职位	会计、出纳、文秘			
教育情况	20××年9月—20××年7月,在××大学财会专业学习。大学四年,成绩一直名列前茅。掌握了会计学、统计学及财务管理的基本理论、基本知识;具有较熟练的计算机操作能力,积累了较多的文案写作经验			
技能水平	英语四级、计算机二级、会计从业资格证、初级会计师证			
实习经历	20××年×月—20××年×月 于×××实习			
获奖情况	20××年×月 被学校评为优秀毕业生; 20××年×月 获学校职业生涯规划大赛一等奖			
特长爱好	独立思考能力较强、爱好阅读、爱好旅行			
自我评价	做事踏实,善于与他人相处,具有良好的沟通能力和团队合作精神			

案例二 栏目型简历

个 人 简 历

基本情况:

姓　　名:　　　　　　　　　　出生年月:

性　　别:　　　　　　　　　　政治面貌:

籍　　贯:　　　　　　　　　　学　　历:

民　　族:　　　　　　　　　　所学专业:

毕业院校:

通信地址:

联系电话:××××

E-mail:××××

应聘职位：

会计、出纳、文秘

教育情况：

20××年9月—20××年7月，在××大学财会专业学习。大学四年，成绩一直名列前茅。掌握了会计学、统计学及财务管理的基本理论、基本知识；具有较熟练的计算机操作能力，积累了较多的文案写作经验。

技能水平：

英语四级、计算机二级、会计从业资格证、初级会计师证

实习经历：

20××年×月—20××年×月 于×××实习

获奖情况：

20××年×月 被学校评为优秀毕业生；

20××年×月 获学校职业生涯规划大赛一等奖。

特长爱好：

独立思考能力较强，爱好阅读、爱好旅行。

自我评价：

做事踏实，善于与他人相处，具有良好的沟通能力和团队合作精神。

三、附件

附件包括在校成绩单、获奖证书、技能培训证书、主要成就复印件和学校毕业生就业推荐表复印件等。附件必须是具有绝对的说服力的材料，可以使招聘者直接了解你的能力，关系到你是否会得到面试机会。

高校应届毕业生一般都有由学校统一制作的推荐表，上面填上所修课程，由学校加盖公章，并由相关负责人填写推荐意见，相当于对该生做的政治、学业和社会实践的鉴定。

如果不是学校的应届毕业生，你可以找有名望的人士或在你谋求的某个职业方面的知名专家，请其写一封推荐信或在自制的推荐表上的指定栏目填上推荐意见，也可起到推荐的作用。

证明材料有很多种，凡是能证明你有某种素质和能力的书面的东西都可以整理成证明材料，常见的有毕业证、学位证、外语等级证书、计算机等级证书、获奖证书、技术鉴定证书、职业资格证书和职称水平证书。如果你参加过某种培训并结业，也可以将结业证书附在求职材料的简历后面。证明材料多用复印件，最好要有证明材料目录，这样既便于招聘单位的审核，也会给对方留下"办事周到，有条不紊"的好印象。建议求职者搜集尽可能多的证明材料，以提高自己的"身价"。

（一）英文简历

许多外资、合资企业在招聘时，要求应聘者提供英文简历，同时有越来越多的公司开始

注重应聘者的外语能力。如果你有意于外资、合资企业的职位，请不要忘了将你的英文简历填写完整，这能使你的简历更具有专业性和竞争力。

（二）电子简历

由于网络的快速发展，网上求职已逐渐成为重要的求职方式。最新最完整的简历是人事经理较为关注的，电子简历填写得越完整，更新得越勤快，被搜索到的机会就越多，越能给自己带来更多的机会。

总的来说，求职材料并没有标准格式，可以根据自己的实际情况来设计，关键是让招聘单位能够了解应聘者的优势和特点。

用电子邮件发送简历的注意事项

在现如今的信息时代，求职已经不仅限于纸质简历的投递了，更多的是通过网络进行电子简历的发送，那么，如何轻松容易地迈过网络发送电子简历这道门槛，大家都准备好了吗？你知道越过这道门槛时需要注意哪些事项吗？现在我们来学习一些小窍门。

一、第一时间投递简历。对于求职者来说，自看到招聘信息那一时刻起，就要争取在第一时间寻找中意的岗位，并投递出简历，以便抢占先机。

二、简历要多清晰明了，切勿杂乱无章，最多不要超过四页，但也不要遗漏重要的基本内容，要尽量做到详细。记住，在制作简历时一定要突出重点，做到特点鲜明，独树一帜，这样更容易使自己在众多的求职者中脱颖而出。

三、在投递简历时，有些用人单位往往会请求职者提供中英文简历。这时你就要注意中英文简历中的内容是否一致，千万不要在内容上出现矛盾，让自己陷入被动的局面。

四、通过电子邮件投递简历时，一定要严格按照用人单位要求的格式输入邮件标题，比如注明"姓名+应聘××（岗位）"。否则会被对方的内部邮件系统自动归类到"垃圾邮件"中或被误认为垃圾邮件而删除，所以，请大家一定要注意标题的形式，即使用人单位没有相关要求，你也应当意识到这一点，主动注明邮件标题，最大程度上保证你的简历不被误删。

五、由于病毒的威胁，越来越多的用人单位都在要求求职者不要用附件发送简历，有的网络招聘专家甚至建议某些公司把所有带有附件的电子邮件全部删除；并且单位开始招聘时通常都会比较忙，在这种情况下，尽管你的简历排版极为精心，却可能根本就没有人看。因此，如果你想通过附件发送简历，最好先在邮件的文本框中说明你是应聘人员或者列出你的简况，再将电子简历注明"应聘"字样后用附件发送。

六、如果把简历嵌在电子邮件正文中发送，为了使简历更好看一些，请精心设计一下纯文本格式的简历，会有不错的效果。以下有一些小技巧可供参考：

1. 注意设定页边距，使文本的宽度在16厘米左右，这样你的简历在多数情况下看起来都不会错误换行；

2. 尽量用较大字号的字体；

3. 如果你一定要使自己的简历看起来与众不同，你可以用星号（*）、特殊字母（如O）、加号（+）等分隔简历内容，这些符号不会像版式符号（如列表符等）那样被转换成不可识别的记号。

需要说明的是，绝大多数用人单位对简历内容的注重程度要大于对形式的关注程度，所以有时间的话，不妨再把简历的内容好好掂量一下。

七、除了工作之外，你是不是有自己的得意之作呢？在向用人单位发送简历的时候，附上自己的作品可能增加命中率，但是要注意附带的方式哦！为避免传播病毒或被当作垃圾邮件而误删，也请你尽量不要将作品作为附件发送。当然，你可以像处理简历正文一样把用 Word 编辑的文档转换成纯文本格式，附在你的简历正文之后。如果你要附带自己的作品，最好是选一些发表在报纸或者专业期刊上的文章；如果你要附带自己的论文，从其中选择几个段落就够了，然后写一些简短的说明性文字，让对方更容易了解你的能力。

八、现代人都喜欢简洁，一份简历转发多家单位，这样会给用人单位不好的印象，觉得你的求职态度不真诚。所以在投递简历时不要图省事，还是请辛苦点儿，针对不同的用人单位和职位发送出内容不同的简历。当你向另外一家单位投递简历时，你也应该确认一点：从简历上看，我是适合这个职位的。于是递出简历之前，对简历进行适当修改便成了必要环节。

九、一定要写清楚应聘的单位和职位，最好不要应聘同一个单位的多个职位，尤其是两个根本不相关的职位。向一个单位同时申请多个职位，并不能表明你的能力超人，相反，用人单位会认为你对自己的未来没有规划，信心不足，或者没有自己的目标，缺乏主见。因此，这一做法不可取。如果的确觉得同一单位的两个不同职位都比较适合自己，碰到这样的情况，应该怎样发送简历？建议不妨针对申请职位的不同特点做两份格式迥异的简历，分别申请不同的职位。不过，不同用人单位的简历筛选机制都各不相同，还需根据具体情况仔细斟酌。

十、有的求职者为了能让用人单位更充分地了解自己，会在简历中介绍自己的个人主页。但要注意的是，这完全取决于你的个人主页内容对应聘是否会有帮助。如果你想以自己的个人主页来说明自己具有从事网络相关工作的能力，你可以把它加到你的简历中，但要考虑一下它是否适用于求职的场合，并要避免出现不利于求职的内容。

十一、用人单位通过 E-mail 接收简历是不是就意味着他们更注重求职者的实践经历等简历内容而非简历本身的形式，也不会注意到简历中的错字或病句了？知道人事经理们怎么评论那些通过 E-mail 发送有错字的简历的求职者吗？"没戏。"——找工作的规矩一点也不因为发送简历方式的更改而变得更为宽松。正确地说，是比原来更严格了。

希望这些方法能够为诸位提供一定的帮助，同时也希望大家都能通过这个敲门砖顺利敲开你们的理想职业之门！

实训项目一：学会搜集整理就业信息

一、实训概述

【目的及要求】

就业信息是毕业生求职择业的基础，是通向用人单位的桥梁，是择业决策的重要依据，更是顺利就业的可靠保证。学生学会搜集就业信息是必要的。

二、实训内容

【项目内容】

建立个人就业信息库，通过多种方式搜集整理适合自己的就业信息。

【训练步骤】

1. 在你的计算机上建立一个名为"信息研究"文件夹。
2. 再建立一些诸如"招聘公司情况""行业细节""劳动市场信息""求职策略"和"新文章"等子文件夹，以便把搜集到的信息进行整理。

三、实训结果

调查结束后，完成一个"个人就业信息库"。

实训项目二：制作一份个人简历

一、实训概述

【目的及要求】

为丰富大学生活，指导学生做好职业规划，帮助学生提高职业素质和求职能力，普及简历书写基本理念，提高就业竞争力。

二、实训内容

【项目内容】

制作一份求职材料。可突出自己的个性，要求简洁、实用、强调潜力和热情。

【训练步骤】

1. 课后搜集、整理就业信息。
2. 完成个人简历。

个人简历

姓　名		性别		
籍　贯		民族		
出生年月		政治面貌		
学　历		所学专业		
毕业院校				
联系方式	通信地址			
	联系电话		E-mail	
应聘职位				
教育情况				
技能水平				
实习经历				
获奖情况				
特长爱好				
自我评价				

三、实训结果

确定个人目标职业，制作一份完整的求职材料。

第三章

面　试

"路遥知马力，日久见人心"，仅凭第一印象就妄加判断，"以貌取人"，往往会带来不可弥补的错误！《三国演义》中凤雏庞统当初准备效力东吴，于是去面见孙权。孙权见到庞统相貌丑陋，心中先有几分不喜，又见他傲慢不羁，更觉不快。最后，这位广招人才的孙仲谋竟把与诸葛亮比肩齐名的奇才庞统拒于门外，尽管鲁肃苦言相劝，也无济于事。众所周知，礼节、相貌与才华绝无必然联系，但是礼贤下士的孙权尚不能避免这种偏见，可见第一印象的影响之大！

第一印象主要是根据对方的表情、姿态、身体、仪表和服装等形成的印象，这种初次获得的印象往往是今后交往的依据，甚至会形成成见效应。所以求职者要做好充足的准备，重视第一印象，不要因为自己的准备不足，造成他人的误解，从而影响求职效果。

面试是求职过程中重要的环节，大学毕业生要想顺利通过求职面试，必须了解面试的基本知识，掌握一些面试技巧，尤其是要掌握在非常规状态下如何应对的技巧，增加胜算的筹码。

第一节 大学生就业市场

一、大学生就业市场的含义及类型

1. 大学生就业市场的含义

大学生就业市场是大学生择业、用人单位选人的场所，是毕业生就业所涉及的各种关系的总和，市场主体是毕业生和用人单位。大学生就业市场的形成不是孤立的、突变的、跳跃性的，它是随着我国经济体制改革、劳动人事制度改革、大学生就业制度改革的不断深入和发展而逐步建立和形成的。随着就业市场的逐步规范，大学生就业市场形成了不同于其他就业市场的类型和特点。

2. 大学生就业市场的类型和形式

大学生就业市场按其外在表现形式可分为有形市场和无形市场。有形市场是指有固定的场所、具体的时间和地点、特定的参加对象等。无形市场主要指毕业生联系工作不受特定的时间和空间限制，依据个人意愿，自行选择，其外在表现是没有具体的时间、地点和固定场所的，它是无形的，但又是客观存在的。

目前，有形市场按不同的分类标准，主要有以下几种形式：

（1）从举办的单位来分。

①单个学校举办的毕业生就业市场（招聘会、洽谈会）。它是针对本校毕业生的专业特

点和服务行业,邀请与其密切相关的用人单位参加,主要为本校毕业生就业服务的市场。如长沙师范专科学校每年1月都要邀请数百家用人单位来校举办供需见面会。

②高校联办的毕业生就业市场。它是指两所或两所以上高校联合举办的毕业生就业市场,主要是为克服就业市场规模小、单位少、效能差而实行的强弱联合或强强联合。

③企业自办的毕业生就业市场。它是由大型企业或企业集团举办的招聘本企业所需要的毕业生的就业市场。

④政府主管部门或人才中介机构主办的毕业生就业市场。如省、市、自治区主管毕业生就业部门组织各高校所设立的大学生就业市场或地方人事主管部门或人才中介机构所设立的人才市场。

(2)从举办的区域来分。

①地域性毕业生就业市场。它是由地方毕业生就业主管部门举办的,为本地区经济发展服务的就业市场。

②国际性毕业生就业市场。由国内外的人才中介组织举办的人才市场,实现毕业生在国际间的相互流动,招聘的人才可在国内外大型企业或跨国公司就业,形成了国际性的毕业生就业市场。

(3)从举办的类别来分。

①分科类毕业生就业市场。主要是地方毕业生就业主管部门从用人单位和学校两方面考虑,从市场细化的角度出发,把理、工、农、医、师等学科类的毕业生分别集中起来,与相应的用人单位双向选择。如有些省市每年春节前后举办的理工类、文科类、农林类、医学类、师范类专场双选会。

②分层次毕业生就业市场。主要是指招聘单位对学历层次的要求不同而形成的研究生就业市场、本专科毕业生就业市场等。如青岛市常年举办的中高级人才交流会、大中专毕业生交流会等。

③分行业毕业生就业市场。它是由中央部委主管毕业生就业部门主办的主要为本系统、本行业毕业生和用人单位服务的就业市场。如举行石油类、化工类、建筑类等人才招聘会。

当然,就业市场随着市场经济的发展已呈现出多种多样的形式,用一种分类标准来划分有其局限性,有些市场已同时具备几种就业市场的特性。

虽然有形市场的作用是显而易见的,但无形市场在毕业生就业过程中的作用也越来越明显。随着信息化建设步伐的加快,国家教育部、中央其他部委、各地方政府和学校都在积极探索、建立并不断完善无形市场的建设。如建立了自己的毕业生就业信息网站和就业信息库,加强了就业信息的交流,实现了信息资源的共享。毕业生和用人单位通过计算机网络进行双向选择,大大提高了效率,节省了物力、财力。网上招聘和网上择业模式发展很快。

二、大学生就业市场的特点

大学生就业市场经过了多年的发展,逐步形成了以下几个特点:

1. 群体性

每年全国有几百万毕业生走出校门、走向社会,它不是孤立的、分散的,而是集体的、聚合的，具有明显的群体性。

2. 时效性

毕业生一般从每年7月1日起离校，在此之前大多数毕业生应落实到具体用人单位。由于时间紧、任务重且相对集中，因而具有强烈的时效性。毕业生在校期间的有效择业期约为9个月（当年10月至次年6月）。

3. 需求多变性

毕业生就业市场受整个社会政治和经济的影响较大，甚至受到国际经济发展态势的影响，其需求与经济和社会发展成正比，供求关系靠自身是不能调节的。

4. 形式多样性

毕业生就业市场形式灵活多样，既有有形的，也有无形的；既有规模大的，也有规模小的；既有综合的，也有分类的；既有区域的，也有部门的，等等。

5. 层次较高

与其他人才市场相比，大学毕业生是学有所长的专门人才，层次较高、素质较好、能力较强。教育部强调的"准入制度"，实际上就是为了保证高层次的大学毕业生就业优先。

6. 年轻化

年轻化是指毕业生的年龄一般较小，同时他们所掌握的知识也"年轻"。年龄和知识均具有蓬勃的朝气和锐气，是社会所急需的新生力量。

7. 初次性

毕业生初出校门，没有实践经验，且多为第一次择业，即初次就业。在此基础上实现的就业率称为初次就业率，它是衡量一所高校办学质量和办学水平的国际公认的重要指标。

毕业生可根据上述就业市场特点，从自己的实际出发，选择不同的市场来就业。同时，市场是变化的，毕业生的就业策略和期望值也应随市场的变化而变化。当市场需求大时，毕业生可适度提高期望值，好中选优；当市场需求较小时，毕业生应及时调整就业观念，切实降低期望值，低中选高。当然，劣与优，低与高都是相对的，毕业生可酌情而定。

三、大学生就业市场的新变化

最近几年，我国大学毕业生就业出现了不少新变化，主要表现在以下几个方面：

1. 供求形势发生变化

我国高校大规模扩招以来，高等教育从精英教育走向大众化教育，大学毕业生数量迅猛增加。然而，社会的有效需求增长速度有限，由此而来的直接影响是大学毕业生供求关系发生变化，大学生就业市场由"卖方市场"转变成"买方市场"。同时，随着经济全球化步伐的加快，"人才国际化"步伐也在加快，大量海外归来的学子对我国国内大学生就业也造成了一定影响。还有，国有企业深化改革，人员下岗分流；机关事业单位减员增效等现实新情况，使那些原有的大学生就业主渠道单位接收毕业生的数量在下降。这些变化使得大学毕业生就业竞争日趋激烈。

2. 专业需求发生变化

影响大学生就业的重要因素之一是大学生所学的专业是否符合社会需求。一些专业过热、紧缺，而另一些专业变冷、不景气。如随着高新技术产业的迅猛发展和国家对基础设施投资的加大，计算机、土建、金融、电子、机械、自动化、医药、师范等学科类专业的大学毕业生需求旺盛；而哲学、社会学、法学、经济学、农学、林学等学科类专业的大学毕业生需求时有波动。用人单位在看重"专业"的同时，还对大学毕业生的"专长"很重视，有专长的复合型人才是用人单位竞相争聘的对象。

3. 就业市场将进一步规范、完善

近年来，在大学生就业市场运行过程中存在就业市场行为不规范、市场制度不健全等问题。如非法职业介绍机构随意插手毕业生就业市场，招聘、应聘中信息不通畅，甚至弄虚作假，供需双方轻率违约，合法权益得不到保护，各种乱收费现象以及某些招聘活动中非公开、非公正行为的存在等。这些问题严重干扰了大学生就业市场的正常运行。随着我国社会主义市场经济的不断发展和完善，就业市场也将进一步完善，并逐步向规范化、法制化方向发展，公开、公正、公平竞争的良好择业氛围将会逐步形成。未来的就业市场也会逐步完善，不仅具有有效配置毕业生资源、交流供需信息的功能，而且具有就业指导和服务功能，即包括就业指导、服务、咨询、推荐就业、就业培训及就业测试等功能。

4. 无形市场发展加快

由于科学技术飞速发展，计算机网络技术广泛应用，毕业生可以通过网络等无形市场远程联系用人单位。网络、传真、电话等越来越便捷的通信工具为大学毕业生所使用，许多毕业生就业主管部门和高校纷纷建立起本地区或本校的就业信息网络，方便毕业生与用人单位的双向选择，大学生就业的无形市场得到了快速发展。

5. 宏观调控进一步加强

大学生就业市场虽然是在利用市场规律调节人才供求、优化人才配置。但是，大学生就业市场中存在着市场行为不规范、市场机制不健全等问题，需要加强宏观调控。近几年来，国家通过法律政策调控（如加强规范大学生就业市场的法律法规建设）、经济调控（如对于志愿去国家重点建设单位、艰苦行业、边远地区以及基层工作的毕业生予以奖励）、信息调控（如打破行业间的相互封闭，沟通人才供需信息）等调控手段，使大学生就业市场进一步向规范化、完善化方向发展。

四、大学生要增强市场就业意识

1. 就业市场竞争日趋激烈

目前大学毕业生就业形成了"买方市场"，竞争日趋激烈。用人单位对毕业生的素质要求越来越高，选择毕业生更加理性。综合众多用人单位的招聘要求，可以看出具有下列素质和条件的毕业生将会受到用人单位欢迎，在激烈的人才市场竞争中具有优势。

（1）具有较高的思想政治素质和良好的人品。

在社会主义市场经济条件下，社会需要思想政治素养良好，品行端正的青年人才。优秀

毕业生、优秀学生干部、三好学生、共产党员及诚实守信的毕业生在就业市场上大受用人单位的欢迎。

（2）具有强烈的事业心和责任感。

事业心和责任感已是许多用人单位对毕业生素质的基本要求。用人单位特别欢迎事业心强、眼光远大、心胸开阔、意志坚定、具有强烈使命感和社会责任感的人。而不看好追求眼前利益、只图实惠、自私自利、单纯追求个人价值实现的大学生，尤其对刚到就业单位，稍不顺心就"跳槽"者非常反感。

（3）具有吃苦耐劳的创业精神。

现在的大学生大多数是独生子女，依赖性强，从小到大家长、老师包办的过多，不少人最大的弱点是怕吃苦，缺乏实干的奋斗精神。因而许多用人单位十分看重毕业生是否具有吃苦耐劳的创业精神。那些缺乏吃苦精神，"骄""娇"习气十足，想坐享其成的人是不受欢迎的。

（4）具有扎实的基础知识、精深的专业知识和宽广的知识面。

基础知识是大学毕业生的专业知识结构的根基，精深的专业知识是大学生知识结构的核心部分，广博的知识面可以使现代社会中的毕业生做到知识的广博相济、以博促专，形成自己的特长优势以适应社会的需求。在就业市场上，学习成绩优良，知识面宽，综合能力较强的毕业生普遍受到欢迎。外语四级、计算机二级及其以上等级证书已是许多用人单位和一些城市接收毕业生的基本要求，更多的高层次单位要求学生外语达到六级以上。

（5）具有较强的动手能力和创新意识。

动手能力是在社会生产一线工作的大学毕业生的必备能力，它是用较强的专业技术来解决实际问题的能力。许多用人单位在招聘毕业生时，总希望毕业生动手能力强，并具有一定的工作经验。例如，当过学生干部的毕业生之所以"走俏"，就是因为他们大多适应能力强，一上岗就能独当一面。学生在校期间有论文、作品、著作发表者之所以很"抢手"，也是因为他们用自己的"成果"证明了其实际能力和创新意识。

（6）具有互相协作的团队精神。

现代社会越来越需要依靠集体智慧和力量，越来越需要发挥团队协作精神。因此，用人单位在招聘毕业生的过程中，十分注意考察了解毕业生是否具有团队协作精神。那些集体观念淡薄、自以为是、很难与他人合作的人是不受欢迎的。

（7）身心健康者。

俗话说："身体是革命的本钱。"身心健康包含身体健康和心理健康两个方面的含义。身心健康是现代企业对人才基本素质的要求。如果一个毕业生在其他方面条件不错，但有严重的心理障碍或疾病，或者体弱多病，甚至未工作先要治病，用人单位也是不愿意接收的。一些用人单位在招聘过程中，对毕业生进行心理测试、身体健康检查等，就是对身心素质要求的体现。

2. 增强市场就业意识

大学生就业已经走向市场，且是其就业市场中的主体，享有自主择业的权利和自由，但同时也要承担就业竞争的压力和失业的风险。因此，在市场经济体制下，大学毕业生需要具有主动意识和自觉意识,树立自主就业的观念,积极地实现就业,自己把握自己的命运,这也是大学生就业市场主体性的体现。大学生要增强市场就业意识,就要关心就业市场动态,积极收集用人信息,根据社会需求变化的趋势和自身的特点,适时地调整自己的学业目标;在校期间努力学习,全面培养自己的能力,有意识地接触社会,提升自己的综合素质,通过社会实践锻炼自己;在就业前恰当自我定位,撰写好个人自荐材料。做好进入大学生就业市场的各项准备。

就业心理平衡十要诀

每个人都会面对挫折、打击和种种压力,很容易引起心理不平衡,进而导致身心疾病。有10条平衡心理的要诀,大家不妨试试,将会有所裨益。

(1) 不对自己过分苛求。有人把奋斗目标定得太高,非能力所及,于是终日郁郁不得志,这无异于自寻烦恼;有人做事要求十全十美,对自己近乎吹毛求疵,往往因小瑕而自责,结果受害者还是自己。为避免挫折感,最好还是明智地把目标和要求定在自己能力范围之内,懂得欣赏自己的成就,自然会心情舒畅。

(2) 对他人期望不要过高。很多人把期望寄托在他人身上,假如对方达不到要求,便会大失所望。其实人各有志,每个人有自己的优缺点,何必非得要求别人迎合自己呢?

(3) 疏导自己的愤怒情绪。当我们勃然大怒时,很多错事或失态之事油然而生。与其事后懊悔,不如事前明智自制。可以把愤怒转移发泄到其他事情上,如体育运动方面。

(4) 偶尔也需要屈服。成大事者处事无不从大处看,无见识的人才会"死钻牛角尖"。只要大原则不受影响,在小处妥协退让,既无碍大局也能减少自己的烦恼。

(5) 暂时回避。受到挫折或打击时,最好暂时将它放到一边,先去做自己喜欢的事情,如运动、睡眠、娱乐等。等心境平和后,再重新面对,效果截然不同。

(6) 找人倾诉烦恼。把所有抑郁埋藏心底,只会令自己郁郁寡欢。不如把它告诉知己好友,心情会倍感舒畅。

(7) 为别人做点事。助人为快乐之源,帮助别人不仅能使自己忘记烦恼,而且可以确定自己的存在价值,更可获得珍贵的友谊。

(8) 不要处处与人竞争。有些人心理不平衡,完全是因为他们处处与人竞争,迫使自己经常处于紧张状态。其实人之相处以和为贵,只要你在心理上不把别人看成对手,别人也不一定与你为敌。

(9) 对人表示善意。别人排斥的原因经常是别人对你有戒心,如果在适当的时候表达自己的善意,多交朋友、少树敌手,心理上的压力自然缓和。

(10) 娱乐。这是消除心理压力的最好办法。娱乐的方式并不重要,重要的是有令人心情舒畅的效果。

第二节　大学生就业程序

大学生就业程序不仅指就业管理部门的工作程序、用人单位的招聘程序，同时也包括毕业生求职择业过程中所应经历的合理过程。了解就业程序，有助于毕业生就业和择业。

一、各级就业管理部门的职能

大学生就业的管理机构，大致由三部分组成：教育部主管全国大学生就业工作；各省（市、自治区）和中央有关部委分管本地区、本部门的大学生就业工作；各高等学校和用人单位负责本校毕业生就业的具体事宜和招聘接收毕业生事宜。

1. 教育部主管全国大学生就业工作部门管理及服务职能

（1）教育部根据国民经济发展和国家建设情况，确定年度就业工作意见，制定相应的就业政策。各省（市、自治区）和中央有关部门根据文件精神制定本地区、本部门所属高校毕业生就业工作的具体意见。这项工作一般在大学生毕业前半年内基本完成。

（2）教育部及各地区在每年10月份左右，向社会用人单位提供下一年度毕业生资源情况，包括毕业生所在学校、所学专业、来源地区及毕业生人数等。

（3）各地区各部门和各高校从每年11月20日开始，采取多种形式，召开毕业生"供需见面，双向选择"会或开放毕业生就业市场，进行招聘活动，为毕业生求职择业提供方便。各高校根据招聘录用情况及生效的毕业生就业协议书，制定本校毕业生就业建议方案，并上报主管部门审批。

（4）高等学校在完成全部教学计划后，按照国家统一要求，一般在7月1日以后开始根据就业方案为毕业生办理离校手续。

2. 省（市、自治区）教育厅主管高校毕业生就业办公室管理及服务职能

各级地方政府的教育主管部门设立了高校毕业生就业办公室（或就业指导办公室），负责高校学生就业的日常管理工作。其主要职能是：

（1）根据高校毕业生就业工作的政策，制定具体实施意见。

（2）指导高校和用人单位做好毕业生就业工作，并为其服务。

（3）组织管理当地高校毕业生需求信息的登记、发布和供需见面、双向选择活动。

（4）组织实施当地政府委托的高校毕业生资格审查；负责高校毕业生的报到证发放、调整和接收工作。

（5）受委托协调当地高校毕业生就业过程中的争议。

（6）为高校毕业生提供人事代理和就业服务等。

总之，大学生可以从省（市、自治区）就业办公室（就业指导办公室）获得以下三个方面的服务与帮助：一是准确的政策信息，二是宽广的需求信息，三是有效的就业培训。

3. 学校毕业生就业工作部门管理及服务职能

目前，各高校均设有负责大学毕业生就业日常工作的部门——学生就业办公室或学生就

业指导办公室。其主要职能为：

（1）根据上级部门的要求，制定本校毕业生就业实施办法。

（2）搜集需求信息，及时向毕业生公布。

（3）开展学生就业指导和服务工作。

（4）组织校园招聘活动。

（5）指导毕业生签订毕业生就业协议书。

（6）组织本校毕业生派遣离校工作，负责毕业生档案的整理和转递工作。

（7）开展毕业生就业跟踪调查和人才市场需求调研，为学校提供学科专业结构和人才培养结构调整的有关信息。

（8）负责毕业生就业信息网站建设和维护，加强网上就业市场建设。

（9）完成主管部门和学校交办的其他任务。

大学生择业期间，打交道最多的是学校的就业工作机构。这里是信息的集散地，是学校与用人单位建立联系与沟通的桥梁和纽带。建议每一位大学生在择业阶段，多留心一下学校的就业指导工作部门在校园内设立的公告栏和就业信息网站，在那里你可以及时得到用人单位的需求、就业招聘活动以及新的就业政策规定等信息；多到学校就业指导工作部门走走，看看最近有哪些就业活动和信息。同时，你在求职择业中所遇到的问题，也可以在那里去咨询并得到服务。

二、大学毕业生择业程序

对大学生来说，一个完整的择业过程至少包括收集信息、自我分析、确立目标、准备材料、参加招聘会（或投递材料）、参加笔试或面试、签订协议、走上岗位等环节。走好择业的每一步，对成功实现自己的职业理想十分重要。

1. 收集信息

收集信息是择业活动的第一步。大学生在择业过程中，需要通过各种渠道收集的信息大致包括五个方面的内容。

（1）当前大学生就业市场的供需形势。

通常包括社会经济发展形势，社会各行业、各类企事业单位经营状况和对毕业生的需求等。尤其要重点了解本校、本专业的社会需求情况，用人单位对毕业生的基本要求等。

（2）政策和法规信息。

如国家及学校有关毕业生就业政策及规定，《中华人民共和国劳动法》《中华人民共和国劳动合同法》《中华人民共和国反不正当竞争法》《中华人民共和国国家公务员暂行条例》等。

（3）就业安排活动信息。

如什么时候召开企业说明会，什么时候举办招聘会或供需洽谈会等。

（4）成功择业的经验及教训的信息。

"择业过来人"的择业经验、教训，就业指导教师的体会和建议等，都会为毕业生的成功择业助"一臂之力"。

（5）具体用人单位的信息。

自己所学专业哪些用人单位需要，需求数量是多少，用人单位经营状况、文化背景、发展前景、工作条件、福利待遇、对人才的重视程度及对毕业生的具体安排使用意图等。就业不仅取决一个人的知识、能力、体力、社会和经济的因素，而且取决于就业信息。谁能获得更多、更有效的就业信息，谁就会赢得择业的主动权。

2. 自我分析

在收集信息的基础上，毕业生要联系自身实际，理智地进行自我分析。

（1）自身综合素质、能力的自我测评。

如学习成绩在全专业中的名次，自己的兴趣、特长，有何出众的能力（包括潜能）等。

（2）分析自己的性格、气质。

一个人的性格和气质对所从事的工作有一定的影响，如果能从事与自己的性格、气质相符合的工作就易出成绩。可以用一些测试表对自己的性格、气质进行一定的测试。

（3）问问自己究竟想做什么。

它具体指的是自己想在哪一方面有所发展，想成为什么样的人。换句话说，即自己的"满足感"是什么，价值标准是什么。

（4）学会展示自己最优秀的一面。

自己有哪些优势，哪些劣势，如何在择业过程中扬长避短。

3. 确立目标

自我分析的结果是为了确立自己的择业目标。从大的范围来说，大学生首先需要确立的择业目标包括以下三个方面：

（1）择业的地域。

要确定是在沿海城市就业，还是在内地就业；是留在本地，还是去外地就业。此时，既要考虑是否符合政策规定，同时还要考虑生活习惯以及今后的发展等因素。

（2）择业的行业范围。

必须确定是在本专业内就业，还是跨出本专业到其他行业就业；是从事本专业范围内的技术工作、管理工作、社会工作，还是从事教学工作、科研工作等。此时应多考虑自己的综合素质、能力以及兴趣、特长等。

（3）择业的单位。

必须确定是去大企业，还是去小公司或应聘公务员；是选择国有企业，还是选择三资企业或民营企业。在这些单位中，有哪些前来招聘，自己是否符合条件，自己最希望到哪一家企业工作。对于愿意从事教育工作的大学生，是选择高校，还是选择中等职业学校或其他学校，等等。

择业过程中会遇到许多不可预测的变化。但是，事前给自己的择业确定一个比较明确的目标，可以使整个择业活动有的放矢，有条不紊。否则，就会出现乱打乱碰的盲目被动局面。

4. 准备自荐材料

在确定了择业目标之后，大学生接下来即可准备自荐材料。自荐材料包括：学校推荐表、导师推荐信、个人简历、自荐信及有关的辅助证明材料。这几种材料虽然都能单独使用，但各自的侧重点不同。自荐信主要表明自己的态度，个人简历主要说明自己过去的经历，证明材料强调自己所取得的成绩，学校推荐表和导师推荐信体现学校和老师对自己的认可。缺了任何一个方面，自荐材料都不完整。

自荐材料是反映毕业生个人总体情况和综合素质的主要材料，是毕业生与用人单位信息交流的载体，也是用人单位透视大学生的一扇"窗户"和决定是否面试的重要依据。因此，自荐材料都被称为大学生求职择业、赢得面试的"敲门砖"。

5. 参加招聘会（或投寄材料）

在招聘会或就业市场上，用人单位与大学生之间只能进行初步结识，即用人单位向毕业生宣传单位发展情况，同时收集众多毕业生的自荐材料（有的单位可能向应聘学生发放登记表）；毕业生则在了解用人单位的大致情况后，将自荐材料和登记表交给招聘单位。从某种意义上说，大学生参加招聘会，大多数仅完成了一项材料递交工作。当然，也有一些毕业生与用人单位"一见钟情"，当场签约。

为了提高效率，毕业生可以有选择地参加几个招聘会，没有必要为"广种薄收"而盲目地去"赶场子"，这样既浪费时间和精力，效果也不会太好。另外，毕业生可以将自己的自荐材料通过邮寄、电子邮件、QQ 等方式传送给用人单位，用人单位可以依据此材料进行分析，决定是否通知你参加面试或笔试。

6. 参加笔试

不少用人单位在招聘过程中，采用笔试的方式考核应聘者的知识、能力与素质。笔试主要检验大学生运用所学知识和所掌握的技能去处理实际问题的能力。当然，笔试不仅在卷面上考核你的知识和能力，同时也在考核你其他方面的素质。比如，书写是否工整，卷面是否整洁，答题是否细心等。因此，应该珍惜并认真对待笔试机会。

7. 参加面试

面试是众多用人单位考核大学生综合素质的重要手段。通过面对面的沟通、交流，用人单位可以了解大学生的表达能力、思维能力、处事能力、仪容仪表，以及对一些问题的看法和其他一些不能通过笔试反映出来的综合素质。因此，大学生在面试之前要做好充分准备，适当进行形象包装。

8. 签订协议

用人单位通过阅读自荐材料和笔试、面试等招聘活动，选拔出自己合意的毕业生后，便向被录用的学生发放录取通知书。毕业生在接到录取通知书后，如果愿意到该单位工作，则双方签订就业协议书。就业协议书一旦签订，就不得随意更改。

9. 报到上班

与用人单位签订好协议，并得到学校、政府教育主管部门的审核同意后，接下来大学生要做的事便是以优异的成绩完成学业，等待发放就业报到证，做好毕业离校的各项准备工作。至此，毕业生的求职择业程序完成，毕业生可在领取报到证，办理离校手续后，按照规定的时间期限和指定的地点去用人单位报到上班。

三、用人单位的招聘程序

了解用人单位的招聘程序,并把自己的择业活动调整到与用人单位的招聘活动较为一致的步调,有利于择业活动的有效进行。

一般而言,用人单位的招聘活动要经历以下几个程序:

1. 确定需求和招聘计划

用人单位根据自身的建设和发展情况,确定当年需要招聘毕业生的岗位、人数和条件等,同时将根据要求制订详尽的招聘计划。

2. 发布就业信息

用人单位在确定了需求信息后会及时向外发布,并通过各种渠道传递给大学生。其主要渠道有:

(1) 向政府教育主管部门所属高校毕业生就业指导中心登记。
(2) 向高校毕业生就业工作部门登记。
(3) 在自己的网站上发布信息,供学生上网浏览。
(4) 通过电视、报纸、广播等媒体发布需求信息。

3. 举行单位说明会

为在大学生中进行广泛宣传,一些用人单位(主要是企业单位)还会到学校举办单位说明会,介绍单位的发展情况,人才需求情况及发展机遇、用人制度和企业文化等,并回答大学生们关心的各种问题。单位说明会是大学生全面了解招聘单位的好机会。

4. 收集生源信息

用人单位要招聘到优秀毕业生,需要广泛收集毕业生信息。收集毕业生信息的主要渠道有:

(1) 从政府教育主管部门所属高校毕业生就业指导中心及学校就业工作部门获取学生信息。
(2) 参加供需洽谈会(招聘会或就业市场),收集毕业生信息。
(3) 通过毕业生的自荐获取学生信息。
(4) 报纸杂志等媒体所刊登的"求职广告",也是用人单位获取毕业生信息的渠道之一。
(5) 在网站上收集毕业生信息。

5. 分析生源材料

对收集到的毕业生信息进行分析处理,初选出符合条件的毕业生,以便进行下一轮筛选。一般而言,用人单位注重的毕业生材料包括资质、专业、性别、知识水平、综合能力及素质。

6. 组织笔试

为了考核毕业生是否具有在本单位工作所需要的基本知识、能力和素质,一些用人单位以笔试的形式选拔学生。笔试的时间、地点、出题范围用人单位会提前通知。

7. 组织面试

面试是许多单位考核毕业生综合素质的最后一关。有的用人单位还要组织几次面试，每次面试参加人员及考核的侧重点是不同的。

8. 签订协议

用人单位经过各项考核，决定录用毕业生，这时必须签订就业协议书。有些用人单位会同时与毕业生签订劳务合同，明确双方的责、权、利。

9. 上岗培训

每个用人单位对新员工都有一套培训计划。培训内容因用人单位而异，但其目的都是相同的，即通过培训，让你明确单位的创业历史、规章制度和企业文化，以使你尽快适应新的工作和生活环境。

阅读资料

1. 使用失效参考书

何同学想报考某市公务员，她借来前几年公务员招考的"公共基础知识"教材复习。考前一个月她才知道，近年来中组部、国家人事部在招考国家公务员方面进行了重大改革，取消了"公共基础知识"科目的考试，将笔试的公共科目调整为：A类职位考《行政职业能力倾向测验》和《申论》两科；B类职位考《行政职业能力倾向测验》一科，并取消了考试指定用书。最后，何同学因为准备不足，考试成绩不够好而落选了。

2. 求职要了解招聘程序

王同学去省移动公司面试时，主考官问他是否了解移动公司的招聘程序，王同学摇了摇头。主考官又问他，你对"中国移动"的业务及服务了解多少。王同学想了半分钟，然后说："对不起，我还没有仔细查看中国移动的相关资料，所以还不太了解。"主考官对他说："很抱歉，我们招聘职员首先希望他能从各方面了解中国移动。你既然都不了解情况，那就请你先回去，待了解清楚再来面试也不迟。"王同学只好乘车返回学校去了。

第三节 面试基本知识

目前，面试几乎是所有用人单位招录员工时都要采取的方式，有些招聘单位甚至在招聘现场就开始面试。面试是面试官与求职者之间第一次近距离地直接交流，毕业生能不能顺利地得到自己心仪已久的工作，不仅取决于自身的实力，还要对面试有全方面的了解，做到知己知彼，才能百战不殆。

一、面试的概述

（一）面试的历史

面试产生和发展的历史可以追溯到先秦时期的孔子甚至更久远。当时孔子面试至少从两个方面对人进行考察,即一个人的言谈和一个人的形象,通过言谈对其能力进行了解。

汉代时期的著名学者刘劭对面试有深入的研究。刘劭称面试为"接论"。他认为面试时间可长可短。如果只想了解被测者一个方面的素质情况,一个早上的时间足矣,如果想多方面地了解被测者的情况,就需要几天的时间。

三国时期的诸葛亮对面试的方法也有一定的研究,针对面试中的言谈与观察,提出了著名的七观法:问之以是非而观其志;穷之以辞辩而观其变;咨之以计谋而观其识;告之以祸难观其勇;醉之以酒而观其性;临之以利而观其廉;期之以事而观其信。

(二)面试的含义

面试就是用人单位对应聘者进行面对面考察的一种方式。通常经过精心设计,以交谈和观察为主要手段,对应聘者的知识、工作能力、性格、态度和兴趣爱好进行全面了解的一种活动。

二、面试考核的主要内容

从面试的定义我们不难看出,面试考核的内容主要有以下方面。

(一)仪表风度

指应试者的体型、外貌、气色、衣着、举止、精神状态等。仪表风度是用人单位评价应试者的一项重要内容。像国家公务员、教师、公关人员、企业经理人员等职位,对仪表风度的要求较高。研究表明,仪表端庄、衣着整洁、举止文明的人,一般做事有规律,注意自我约束,责任心强。应试者应该注意着装得体,举止文雅大方,表情丰富,回答问题要认真、诚实。

(二)口头表达能力

指面试中应试者是否能将自己的思想、观点、意见或者建议顺畅、清楚地用语言表达出来。考察的具体内容有表达的逻辑性、准确性、感染力、音质、音色、音量、音调等。

(三)专业知识

作为对专业知识笔试的补充,面试对专业知识的考察更具灵活性和深度,所提问题也更接近岗位对专业知识的需求。

(四)思考判断能力

指应试者能否准确、迅速地判断面临的状况,能否恰当地处理突发事件,能否迅速地回答对方提出的问题,且答案简练、贴切。应试者应对自己的判断有信心,还要分析对方是逻辑判断还是感性判断。

(五) 反应能力与应变能力

指应试者对主考官所提问题理解得是否准确，回答得是否迅速、准确等；对突发问题的反应是否机智敏捷、回答恰当；对意外事情的处理是否妥当等。

(六) 求职动机

了解应试者为什么希望到应聘单位工作，对哪类工作感兴趣，在工作中追求什么，判断本单位所能提供的职位或者工作待遇能否满足其工作要求和期望。

(七) 工作态度

一是了解应试者对过去学习、工作的态度；二是了解其对应聘职位的态度。在过去学习或工作中态度不认真，做什么、做好做坏都无所谓的人，在新的工作岗位上也很难做到勤勤恳恳、认真负责。

(八) 工作实践经验

用人单位根据查阅应试者的个人简历或求职登记表，提出相关问题，以补充、证实其所具有的实践经验。通过对应试者工作经历和经验的了解，还可以来了解应试者的责任感、主动性、思维能力和遇事的理智程度等。

(九) 自我控制能力与情绪稳定性

自我控制能力对于国家公务员及许多其他类型的工作人员（如企业的管理人员）显得尤为重要。一方面，在遇到上级指责、工作压力大或者是个人利益受损时，能够克制、容忍、理智地对待，不致因情绪波动而使工作受到影响；另一方面，工作要有韧劲儿和耐心。

(十) 上进心、进取心

上进心、进取心强的人，事业上一般都有明确的目标，并为之努力奋斗。表现在努力做好现在的工作，且不会安于现状止步不前，常有创新之举。上进心不强的人，一般都安于现状，不求有功但求无过，对什么事都抱着一种"事不关己，高高挂起"的态度。

(十一) 人际交往能力

主要观察应试者遇到让人进退两难的问题的反应，是否具有感召力。在面试中，通过询问应试者经常参与哪些活动，喜欢与什么样的人打交道，在各种社交场合所扮演的角色，可以了解应试者的人际交往倾向和与人相处的技巧。

(十二) 业余兴趣与爱好

通过询问应试者平时喜欢哪些运动，喜欢阅读哪类书籍，爱看什么样的电视节目，有什么的嗜好等，可以了解其兴趣与爱好，有益于录用后的工作安排。

（十三）其他问题

面试时，主考官还会向应试者介绍本单位及拟聘职位的情况与要求，讨论有关工薪、福利等应试者关心的问题，回答应试者提出的其他问题。

三、面试的类型

（一）结构化面试、半结构化面试与非结构化面试

根据面试的结构化（标准化）程度，面试可以分为结构化面试、半结构化面试和非结构化面试。

所谓结构化面试，是指面试题目、面试实施程序、面试评价、考官构成等方面都有统一明确规定的面试，正规的面试一般都为结构化面试，结构化面试包括三个方面的含义。

第一，面试程序的结构化。在面试的开始阶段、核心阶段、结尾阶段，主考官要做什么、注意什么、要达到怎样的目的，事前都有策划安排。

第二，面试试题的结构化。在面试过程中，主考官要考察应试者哪些方面的素质，围绕这些考察方面主要提问哪些问题，在什么时间提出、如何提，面试前都会做好安排。

第三，面试评判结果的结构化。从哪些角度来评判应试者的表现，等级如何区分，如何打分等，面试前都会有相应规定，并在主考官中统一尺度。

半结构化面试，是指只对面试的部分因素有统一要求的面试，如规定有统一的程序和评价标准，但面试题目可以根据面试对象而随意变化。

非结构化面试，是对与面试有关的因素不做任何限定的面试，也就是没有任何规范的随意性面试。关于面试过程的把握、面试中要提出的问题、面试的评分角度与面试结果的处理办法等，主考官事前都没有精心准备与系统设计。非结构化面试类似于人们日常非正式的交谈。除非主考官的个人素质极高，否则很难保证非结构化面试的效果。目前，非结构化的面试越来越少。

（二）单独面试与集体面试

根据参加面试的应试者的多少，可以分为单独面试和集体面试。

所谓单独面试，指主考官与应试者进行单独面谈。这是最普遍、最基本的一种面试方式。单独面试的优点是能提供一个面对面的机会，让面试双方较深入地交流。单独面试又有两种类型：一是只有一个主考官负责整个面试过程。这种面试形式大多在较小规模的单位录用较低职位人员时采用；二是由多位主考官参加整个面试过程，但每次均只与一位应试者交谈，公务员面试大多属于这种形式。

集体面试又称小组面试，指多位应试者同时面对主考官的情况。在集体面试中，通常要求应试者进行小组讨论，相互协作解决某一问题，或者让应试者轮流担任领导主持会议、发表演说等。这种面试方法主要用于考察应试者的人际沟通能力、洞察与把握环境的能力、领

导能力等。

无领导小组讨论是最常见的一种集体面试方法。在不指定召集人、主考官也不直接参与的情况下，应试者自由讨论主考官给定的讨论题目，这一题目一般取自于拟任工作岗位的专业需要，或是现实生活中的热点问题，具有很强的岗位特殊性、情景逼真性和典型性。讨论中，众考官们坐于离应试者一定距离的地方，不参加提问或讨论，通过观察、倾听对应试者从以下几个方面进行考核：领导欲望、主动性、说服能力、口头表达能力、抵抗压力的能力等。无领导小组讨论同时也是情景面试的一种。

（三）一次性面试与分阶段面试

根据面试进程来分，面试可以分为一次性面试和分阶段面试。

所谓一次性面试，是指用人单位对应试者的面试集中于一次进行。在一次性面试中，面试考官的阵容一般都比较"强大"，通常由用人单位人事部门负责人、业务部门负责人及人事测评专家组成。在一次面试情况下，应试者是否能面试过关，甚至是否被最终录用，就取决于这一次面试表现。面对这类面试，应试者必须集中所长，认真准备，全力以赴。

分阶段面试又可分为两种类型：一种叫"依序面试"；另一种叫"逐步面试"。

依序面试一般分为初试、复试与综合评定三个步骤。初试的目的在于从众多应试者中筛选出较好的人选。初试一般由用人单位的人事部门主持，主要考察应试者的仪容风度、工作态度、上进心、进取精神等，将明显不合格者予以淘汰。初试合格者则进入复试，复试一般由用人部门主管主持，以考察应试者的专业知识和业务技能为主，衡量应试者对拟任工作岗位是否合适。复试结束后再由人事部门会同用人部门综合评定每位应试者的成绩，确定最终录用人选。

逐步面试，一般是由用人单位的主管领导、处（科）长以及一般工作人员组成面试小组，按照小组成员的层次，由低到高的顺序，依次对应试者进行面试。面试的内容依层次各有侧重，低层一般以考察专业及业务知识为主，中层以考察能力为主，高层则是全面考察与最终把关。实行逐层淘汰筛选，越来越严。应试者要对各层面试的要求做到心中有数，力争每个层次都留下好印象。在低层次面试时，不可骄傲马虎、轻视大意，在面对高层次面试时，也不必胆怯拘谨。

（四）常规面试、情景面试及综合性面试

所谓常规面试，就是我们日常见到的主考官和应试者面对面以问答形式为主的面试。在这种面试条件下，主考官处于积极主动的地位，应试者一般是被动应答的状态。主考官提出问题，应试者根据主考官的提问做出回答，展示自己的知识、能力和经验；主考官根据应试者对问题的回答以及应试者的仪表仪态、身体语言、在面试过程中的情绪反应等对应试者的综合素质状况做出评价。

情景面试是面试形式发展的新趋势，是指给应试者创设一个实际情景，主考官通过观察应试者的语言交流和行为表现，评价其是否具有相关的实际能力的一种面试形式。在情景面试中，突破了常规面试主考官和应试者一问一答的模式，除无领导小组讨论外，还引入了公

文处理、角色扮演、演讲、答辩、案例分析等人员甄选中的情景模拟方法。在情景面试这种形式下，面试的具体方法灵活多样，面试的模拟性、逼真性强，能更充分、更全面地展示应试者的才华，便于主考官对应试者的综合素质做出更加全面、深入、准确的评定。

综合性面试兼有常规面试和情景面试的特点，而且是结构化的，内容主要集中在与工作职位相关的知识技能和其他素质上。

（五）基于网络的视频面试

视频面试有两种形式：一是在线视频面试；二是异步视频面试。

在线视频面试即通过即时聊天软件进行在线同步视频的面试方式。

异步视频面试是一种新型的面试方式。利用异步视频面试系统，HR只需要简单地用短信或者邮件将面试邀请发给应试者，应试者就可以通过智能手机、摄像头等设备录制并上传视频答卷；然后，企业HR就可以观看、评价、分享和比较视频，随时随地轻松完成对应试者的筛选。

四、几种面试的应对策略

（一）无领导小组讨论

如前所述，无领导小组讨论就是将应试者分组就某一与实际工作相关的问题进行讨论。例如，征收利息税问题、数据流量不清零问题等。要求讨论最后形成一致意见，以书面形式汇报讨论结果，每个组员都要在书面汇总上签字。

评分的依据是发言次数的多少，是否善于提出新的见解和方案；是否敢于发表不同的意见，支持或者肯定别人的意见，检查自己的意见是否正确；是否善于消除紧张气氛，能说服别人，调解有争议的问题，创造一个使不大开口的人也想发言的气氛，把众人的意见引向一致；是否尊重别人，是否倾听他人的意见，是否侵犯他人的发言权。还要看语言表达能力如何，分析问题、概括和总结不同意见的能力如何等。

作为应试者，在进行无领导小组讨论时要注意以下几点：

（1）自信。无领导小组讨论虽然是求职竞争者之间的"短兵相见"，但也不是特别难对付的事情，因为应聘者面对的是公平竞争。

（2）态度自然，有礼有节。及时表达与他人不同的意见；反驳别人言论，不要恶语相加，要做到一方面能够清楚表达自己的立场，另一方面又不令他人难堪。

（3）发言要有理有据。不可口若悬河、垄断发言；也不能沉默不语，处处被动。

（4）找机会成为小组讨论的主席。以展示自己引导讨论及总结的才能，尤其是对该问题无突出见解时，当主席实在是明智之举。

（二）角色扮演

让应试者在毫无准备的情况下做出抉择，以考察应试者能否胜任某项工作。角色扮演测试，就是设计一系列尖锐的人际矛盾和人际冲突，要求应试者分别扮演不同的角色，去处理各种问题和矛盾。

考官通过对应试者在扮演不同角色时所表现出来的行为进行观察和记录,测试应试者以下能力:一是角色把握能力;二是人际关系处理能力,如缓和气氛、化解矛盾的技巧、行为策略的正确性、情绪控制能力等;三是对突发状况的应变能力等。

以招聘推销员为例,应试者刚刚坐下,毫无心理准备,考官立即拿出该公司的一种产品,请应试者当场向他推销。

碰到这种情况,事前的准备就非常重要了,对该公司的产品不但要有总体的认识,而且要清楚产品的优点和缺点。除此之外,如果你对其产品确实不了解也不必紧张,应以坦诚的态度承认对该产品不了解,再巧妙地向他推销自己熟悉的另一种产品,反守为攻,有可能赢得更好的印象。

(三) 随便聊天

随便聊天测试,表面上看似乎与传统的一问一答面试方法相差无几,但实际上却有很大的区别。随便聊天测试,最大的特点是看上去很随和、应试者几乎感觉不到是在面试,而是在拉家常。考官就是在这种拉家常的轻松气氛中,将你考察个透。

随便聊天测试中"聊问"的内容很多,例如,考官会问应试者:"你是怎么来的?"假如回答:"自己开车来的。"他会接着问:"什么时候学的开车?是家里人凑钱帮你买的车吗?"假如是坐地铁来的,他会问:"在地铁里你常看些什么?"如果你回答:"翻翻报纸。"考官会再问:"你知道斯里兰卡的猛虎组织吗?""你对世界上的恐怖组织了解多少?如果你是政府的官员,你认为该怎样解决这些问题呢?"……总之,考官一直是在跟你聊天,通过轻松随便的聊天来考察你的反应能力、知识、素养、品质等。

第四节　面试技巧

巧妙展示自己的良好品德

毕业生小凡到B公司应聘财务会计职位,因为她没有工作经验,当即遭到拒绝。但小凡没有气馁,一再请求面试官让她参加笔试,面试官拗不过她就答应了。结果小凡以第一名的成绩通过了笔试。

人事部乔经理亲自主持复试,小凡坦言唯一的工作经验是在学校掌管过学生会财务,这让乔经理有些失望,只好敷衍说:"有消息我打电话通知你。"

小凡站起来并掏出一元钱双手递给乔经理:"不管是否录取,请给我打个电话。"乔经理问道:"我为什么要给你打电话?""请告诉我,我在什么地方不能达到你们的要求,我在哪方面不够好,我好改进。"

"那一元钱……"没等乔经理说完,小凡解释道:"给没被录用的人打电话不属于公司的正常开支,所以由我付电话费,请您一定要打。"乔经理马上笑着说:"请你把一元钱收回。我不会打电话,因为你被录用了。"

案例分析:小凡的成功,除了她的勇气和机智外,重要的是她对自己所应聘的岗位有充分的认识,并做了充分的准备,才可以在面试中将岗位所要求的优良品德展现出来。

(1)开始的拒绝,并未使小凡放弃,仍然要求参加笔试,说明她有坚毅的品格,财务工作十分繁杂,没有足够的耐心和毅力是不可能胜任的。

(2)对自己没有工作经验这一情况毫不隐瞒,显示了小凡诚信做人的一面,这对搞财务工作尤为重要。

(3)被拒绝后也能争取得到对方的评价,说明她有直面不足的勇气和敢于承担责任的信心。

(4)自掏电话费,说明小凡思维灵活,巧妙地展示了自己公私分明的良好品德,这更是做财务工作不可或缺的。

所以,在就业形势日趋严峻的形势下,大学毕业生如何利用有限的面试时间,全面又突出重点地介绍自己,给面试官留下良好而深刻的印象,既是自身综合素质的体现,也是面试技巧的灵活运用。所谓面试技巧,实际上就是面试过程中所掌握的方法手段,犹如过河的船,起着重要的桥梁作用。不懂面试技巧的人,其就业机会将大大降低。面试技巧并非花言巧语,而是应试者使自身才华充分展现,是使其形象鲜明突出的有效方法。

一、面试前准备

求职应聘,是一个了解自己、了解用人单位,向用人单位展示自己能力与素质的面对面的接触过程。只有做好了充分的准备,知己知彼,才能用特长和真才实学为自己铺就成功之路。事先有准备的人,表情和肢体语言比较笃定从容,且具备较好的回应能力。毕业生在求职面试前应该做好以下几个方面的准备。

(一)着装准备

服饰和仪表在面试中起着非常重要的作用,是一种直接又潜在的语言,悄悄地替你说出自己。面试时,要尽可能通过服饰与仪表让用人单位感觉到你是一个谨慎大方、精明能干、办事可靠、认真负责的人。

男生的服装搭配要注意细节,应给人庄重、大方、踏实、稳重的形象;女生可以追求时尚,但不能脱离学生本色,更不能追求奢华,显得浮躁。通过服饰搭配要给人端庄、自然、大方、得体的感觉。

一定要提前几天准备好面试的服装,先对着镜子看一下效果。万一出现大小或是其他方面的问题,还可以有时间做调整,以防到面试当天才发现问题,影响情绪和面试效果。

（二）信息搜集

1. 单位的需求

单位的需求即这个单位最需要什么样的人。每个单位的侧重点都不尽相同，一般的企业在选择毕业生时会考虑以下方面。

（1）为人是否诚信、亲和，做事是否专业、规范，有无良好的服务意识、工作心态，是否具有强烈的进取心，是否具备爱岗敬业和团队协作的精神。

（2）是否具有良好的职业意识与职业素养、较强的学习力与适应力，专业知识技能（包括办公自动化系统应用操作技能）是否适应岗位工作要求。

（3）是否具有一定的团队意识和竞争意识，并具有较强的应变能力。

2. 招聘岗位的基本要求

工作岗位有千万种，对应聘者的素质要求自然也多种多样、各有侧重。毕业生参加应聘面试前应仔细分析自己是否具备相关条件，自己的性格、能力、特长等是否符合招聘岗位的基本要求。为了做到这一点，可以采取如下方法：在一张纸的中央画一条线，在左边根据招聘启事列出用人单位的要求，在右边列出自己符合这些要求的素质，然后进行对照，看看是否符合。

3. 用人单位的相关信息

每个用人单位都希望所招录的员工对本单位有一定的了解，所以，在你面试时如果能够有目的地引用招聘单位的一些资料和数据，显然会使考官对你另眼相看，至少也表明对该单位很关注，也很了解该单位，这些资料包括：

（1）对所要应聘的公司、行业和它们所面临的竞争情况进行研究。

（2）概略性地了解用人单位的名称、单位结构、经营状况、单位规模、业务范围、企业文化、用人理论、行业发展状况等，发现该单位的优势和劣势，找到该单位发展中的瓶颈或战略重点，并对其应对策略有较充分的准备。

（三）材料准备

1. 准备适当的自我介绍

自我介绍是每个面试官都会问的问题，一方面，面试官想借此了解应聘者的基本情况；另一方面考察应聘者的口才、应变能力和心理承受能力、逻辑思维能力等。自我介绍是推销自己的好机会。所以，一定要好好把握，自我介绍时要注意以下几点：

（1）接到面试通知后，最好先打个自我介绍的草稿，然后试着讲几次。

（2）自我介绍开始时先做一个礼貌的开场白，并向全部面试官致意。

（3）自我介绍的时间不宜过长，3分钟较为合适。

（4）自我介绍应该更多地谈一些跟你所应聘职位有关的工作经历和取得的成绩，以证明你确实有能力胜任你所应聘的职位。

（5）自我介绍时，眼睛最好多注视面试官，尽量少用手势。

（6）自我介绍结束后，要说声"谢谢"。

2. 最近更新的简历至少两份，多多益善

即使求职者的简历已使自己获得面试机会，面试官仍有可能另收取一份简历，准备完整的简历有两个目的：第一，在公司填写申请表时，可随时取出参考；第二，面谈后可直接留公司。多准备几份的目的在于如果不止一个面试官的话，可以表现出求职者的仔细完备。

3. 文凭和各种证书

俗称"敲门砖"，如果担心丢失，就带复印件。

4. 照片和身份证（有可能用不着，但有备无患）

5. 报纸或者杂志一份

有时等候面试的时间很长，可以用来打发时间和稳定情绪。不过千万不要携带"八卦"报纸杂志，最好携带相关专业杂志，可以显现出求职者始终关注这个领域的动向。

6. 公文包一个

若要携带以上物品，可能要准备一个适合自己的公文包，手袋既放不下这些东西，也显得过于随便，况且其中有些文件是不能折的。

7. "秘密武器"

如果求职者有工作成果的证明或者作品甚至专利证明，请务必带上，这可是证明自己的最好的"秘密武器"！

准备这些材料时要注意两点：一是要与应试者自己所谋求的职业岗位要求相适应；二是要尽可能简洁明了，装订成册，便于用人单位查阅和使用。材料要真实，切忌弄虚作假，否则只会适得其反。

（四）心理准备

第一次求职面试，心情紧张是必然的。眼见周围高手如林，前来应聘的竞争对手个个气度不凡，越发使自己产生一种不安的心理，这对面试是极为不利的。

面试前之所以紧张，最关键的因素就在于你不自信。你不知道面试官会问你什么问题，你也不知道自己会不会回答得得体，你不知道你前后的应聘者会不会表现得比你更优秀。

确实，对于刚接到面试通知的毕业生来说，一切都是未知数。但是，记住一点，把你所能够掌控的准备到最充分，那么和其他的面试者相比，你就有了更大的胜算，你也就会更自信。"机会是给有准备的人的"，这句话永远也不会错。从以下几点出发进行心理调适，将有助于做好心理准备，帮助大家在面试中出色发挥。

1. 树立信心

面试时的心态特别重要，参加面试前考生要树立信心，不要紧张，尽量放松。要明白"尺有所短，寸有所长"，清楚自己的长处和短处所在，考虑好在面试时怎样才能扬长避短，巧妙地避开或者弥补自己有所欠缺的地方，更好地展现出自己的长处。对自己有信心，才能在面试时在保证正常发挥的基础上争取超常发挥。

具体的实施过程应该做到一高一低：士气上高——我肯定比对手强；目标上低——把期望值降低；把一定要上调整为不一定上，尽力而为。过程比结果重要，参加面试权当锻炼自我，这样就能丢掉包袱，轻松上阵。

2. 期望值不要太高

淡化成败观念，丢掉面子，放下架子。有一种说法是"求上得中，求中得下"，意思是说无论对什么事情，期望值都不要太高，因为面试的结果往往和所预想的有一定差距，要从最坏处着想，向最好处努力。如果期望值过高，势必会对较不理想的结果过分担心而产生不必要的紧张，当然也就无法正常发挥了。事实证明，适度的紧张是有益无害的，它可以使你更加严肃认真，注意力更集中，而过度的紧张只能破坏心理平衡，使头脑迟钝、思维混乱、发挥失常而导致失败。

3. 放松身体

俗话说"身体是革命的本钱"，在面试这一关，身体放松也是一个重要的环节。面试前，做做深呼吸，先慢慢吸气，然后再慢慢呼出，每当呼出的时候在心中默念"放松"。或者闭上眼睛，去想象一些恬静美好的景物，如蓝色的海水、金色的沙滩、朵朵白云、高山流水等。

同时要坚信"天生我材必有用""此处不识君，自有识君处"。即使应聘不成，也只不过是"大路朝天，各走半边"。只要是千里马，何愁遇不见伯乐！只有坦然地面对求职面试，才能在应试中举止得体、思维敏捷、妙语连珠。

4. 不要把招聘者看得过于神秘

不要以为面试官都是能洞察一切的，都是初次见面，你不了解对方，对方对你也不了解。不要妄自菲薄，不能自己先乱了方寸。应考虑在茫茫人海之中没有十全十美的人。每个人都不可能是全能的，每个人都各有所长，各有所短。在心理上战胜自己的标志是不害怕、不紧张、泰然自若、轻松自如。

5. 不要羞怯

羞怯是许多人都曾有过的一种情绪体验。羞怯感较强的人，在面试官面前会感到有一种无法言表的压力，他们不敢迎视对方的目光，缺乏表现的信心和勇气。面试时常会出现脸红、冒汗、语无伦次等现象。他们对自己的神态和言语过分敏感，生怕自己在别人面前出丑。

那么，如何克服羞怯心理呢？除了增强自信心，还要注意以下几点：

（1）不要太计较别人的评价。要知道，被人评论是正常的事，每个人都是被评论的对象，要把被评论当成一种动力，而不是负担。

（2）学会控制自己。面试时，把面试官想成自己的熟人或朋友，把面试当成普通的聊天。

（3）模拟情景练习。在正式面试前，把为面试准备的衣服、道具都用上，对着镜子里的你进行"面试"，看看自己的外表、姿势、态度和言辞如何。也可以把朋友叫来充当招聘者进行"演习"。

（五）答题准备

一般来说，初试是由人力资源部来进行的，他们会问你关于学历、个性、能力、价值观等问一些常规问题,以帮助他们判断是否要向你未来的主管推荐你。所以,你不妨对着镜子对某些必问问题进行自问自答。例如,对你的经历做一个简单的介绍,对自己作一个简要的评价,你最感到自豪的事情是什么,你觉得你最大的缺点是什么,你为什么认为你适合这个职位等。

在准备答题的时候,切记千万不要长篇大论,要抓住面试官感兴趣的内容,即你的背景是否适合这份工作。所以,在准备这些问题的时候,紧抓住他们的职位描述和企业文化。平时多积累自己的成功案例库,以便面试时备用,对于自己的缺点无须回避,但要让他们看到你的改进,并且不会对完成工作造成负面影响。

(六)问题准备

问题准备是非常重要的。因为并不仅仅是公司在单方面选择你,你同样也是在选择合适的公司。所以,对于公司的发展趋势、市场开拓情况、为什么要招聘这个职位、公司的用人标准、管理风格等你觉得对你的发展有影响的实际情况,也不妨进行询问,以帮助你进行判断。

二、面试的技巧

一旦踏入招聘单位的大门,即使没有进入正式的面试考场,招聘单位对你的考察就已经开始了,所以你的一举一动、一颦一笑,都影响着你面试的最后结果。因此,要格外注意。

面试"无间道"

这是一次航空公司面试空中乘务员的现场。在宽敞的大厅内,人头攒动,漂亮的女孩子如蝴蝶般在人群中穿梭,一个个按捺不住心中的兴奋,仿佛很快就将冲向云霄。

已经过了通知面试的时间,但仍然没有人安排面试,也无人告知有关事项。有人焦急了,有人愤怒了,有人安静地看着手中的英文书默念着,还有人挤在门口保安的身边大声地询问。

殊不知,此时面试早已经开始,进门时每个应试者的身上都已经贴着序号牌,混迹在人群中的考官,就是按照号码为她们的行为打分的。毕竟空中乘务员是一个对综合素质要求较高的职业,文化知识和英文交流能力固然重要,而一个人起码的行为规范、道德规范显然更为重要。

大厅里提供了三台饮水机给应试者,考试题目也就由此开始。

第一,考察你能否排队。区区三台饮水机肯定不能同时满足那么多人的需求,所以,排队当然是快捷而文明的方式。

第二,考察在接热水时,你会使用几个一次性纸杯。事实上,真的有人会用三个纸杯来接一杯热水,唯恐烫着自己,而最为普遍的是使用两个纸杯。其实,尽管纸杯导热较快,但只要水盛得不是过满，一个纸杯是不会烫到手的，在考试之前就已对此做过试验。

第三，考察你能否节约用水。你在按下出水开关后，能否在接完水后及时将其关闭。你能否将杯子里的水全部喝掉，有的人接满一杯水，但喝完半杯后便将其扔掉。

第四，考察你在喝完水后将杯子放在了哪里。在面试人群进来一个小时后，大厅已经颇为混乱了，很多不引人注意的角落里都有被丢弃的用过的杯子。尽管两个大垃圾箱就赫然立在大厅两侧。

第五，考察你在洗手池旁的表现。洗手池旁有一个擦手纸箱，有的人一次拽出五六张纸来擦手，而擦手纸的设计足以确保一张纸即可擦干净整个手掌，在擦完手后将纸揉成一小团扔进垃圾桶就可以了，而往往五六张纸用过后仍然大部分是干燥的，造成了一定程度的浪费。

很多单位的面试，都是从应聘者抵达单位的那一瞬间就开始了。所以，应聘者也应该从到达的那一刹那就开始调节自己的情绪、表情，并要注意自己的行为。否则，将会给面试结果带来不利影响。

（一）面试正式开始前

进入面试室之前要稍微整理一下自己的服装，调整好自己的状态，然后轻轻地敲一下门，听到里面让你进去的声音之后再进去，进到屋里之后，转过身去正对着门，用手轻轻地将门合上。回过身来将上半身前倾30°左右，向面试官鞠躬行礼，面带微笑说一声："老师好！"等对方说"请坐"之后，自己才能就座，并说声"谢谢"，然后徐徐向面试官轻轻点头示意，等候面试的开始。

（二）面试中的技巧

在面试的时候，应聘者首次与未来上司面对面接触，一方面要尽展所长令对方相信你是最理想的人选；另一方面也是你认识、了解和评估这个单位及未来雇主的机会。面试是主试者与被试者的一次邂逅，一次短兵相接，一次促膝谈心，一次外交谈判……然而，客观现实又使被试者因为"求"而处于劣势地位，因此应掌握必要的面试技巧。

1. 面试中的语言技巧

在面试中，求职者能恰当地运用语言来表达，标志着其成熟程度和综合素养。因此，对于求职应试者来说，掌握语言表达的技巧无疑是重要的。

（1）口齿清晰，表达流利。交谈时，要注意发音准确，吐字清晰。要注意控制说话的速度，以免磕磕绊绊，影响语言的流畅。为了增添语言的魅力，应注意修辞优美，忌用口头禅，更不能有不文明的语言。

（2）语气平和，语调恰当，音量、语速适中。面试时，要注意语音、语调、语气的正确运用。讲话时应注意音调的高低起伏、抑扬顿挫以增强讲话效果。打招呼时，宜用上语调，加重语气并带拖音，以引起对方的注意。自我介绍时，最好多用平缓的陈述语气，不宜使用感叹语气或祈使句。声音过大令人厌烦，声音过小则难以听清，音量的大小要以每个面试官都能听清为主。讲话速度快慢适中。讲话时，要依据实际情况调整快慢，讲话速度最好不要过快，应尽可能娓娓道来，给他人留下稳健的印象，也给自己留下思考的余地。

（3）语言要含蓄、幽默、机智。说话时，除了表述清晰以外，适当的时候可以插进幽默的语言，为谈话增添轻松愉快的气氛。这会展示自己的优雅气质和从容风度。尤其是当遇到难以回答的问题时，机智幽默的语言会显示自己的聪明智慧，有助于化险为夷，给人留下良好的印象。但使用也要适度，避免给对方留下"随意调侃"的印象。

（4）注意对方的反应。求职面试不同于演讲，它更接近于一般的交谈。交谈中，应随时注意听者的反应。比如，听者心不在焉，可能表示他对自己这段话没有兴趣，必须设法转移话题；侧耳倾听，可能说明由于自己音量过小使对方难以听清，需要提高音量；皱眉、摆头则可能表示自己言语有不当之处。要根据对方的这些反应，适时地调整自己的语音、语调、语气、音量、修辞等，包括陈述内容。这样才能取得良好的面试效果。

（5）尽量不要用简称、方言、土话和口头语，以免对方难以听懂。当不能回答某一问题时，应如实告诉对方，含糊其辞和胡吹乱侃会导致惨败。

2. 面试中的问答技巧

问答技巧包括应答技巧和提问技巧两个方面。

（1）应答技巧。

①先说论点后谈论据。应试者在回答问题时，要考虑自己所说内容的前后连贯，用尽可能短的时间组织好说话的顺序。一般情况下，回答问题要结论在先，谈论在后，先将自己的中心意思表达清楚，然后再做叙述和论述。否则，长篇大论，会让人不得要领。面试时间有限，神经有些紧张，多余的话太多，容易跑题，反倒会将主题冲淡或漏掉。

②讲清原委、避免抽象。面试官提问总是想了解应试者的一些具体情况，切不可简单地仅以"是""否"做答，针对所提问题的不同，有的需要解释原因，有的需要说明程度。不讲原委、过于抽象的回答，往往不会给面试官留下具体的印象。

③确认提问的内容，切忌答非所问。面试中，如果对面试官提出的问题，一时摸不着边际，以至于不知如何回答或难以理解对方问题的含义时，可将问题复述一遍，并先谈自己对这一问题的理解，请教对方以确定内容。对不太明确的问题，一定要搞清楚。这样才会有的放矢，不致答非所问。

④扬长避短、显示潜力。每个人都有自己的优势与不足，如何在有限的时间内使你的优势充分体现，扬长避短，显示潜力是一种艺术，是一种灵活性与掩饰性技巧的体现。一般情况下不要打断面试官的问话或拒绝回答问题，对重复的问题也要有耐心，不要表现出不耐烦。面试遇到自己不知、不懂、不会的问题时，回避闪烁、默不作声、牵强附会、不懂装懂的做法均不可取，诚恳坦率地承认自己的不足之处，反倒会赢得面试官的信任和好感。

（2）提问技巧。提出的问题要视面试官的身份而定。面试前你最好弄清楚面试官的职务，要知道面试官是一般工作人员，还是负责人，是哪一级的负责人。例如，如果你想了解求职单位共有多少人、职称结构、主要业务方面的问题，就不要向一般工作人员提问，而要向单位负责人提问。

①一般情况下，应试者可向面试官提以下几个方面的问题：一是单位性质、上级部门、组织结构、人员结构、成立时间、产品和经营情况等；二是单位在同行业中的地位、发展前

景、所需人员的专业及文化层次和素质要求；三是单位的用工方式、内部分配制度、管理状况、经济效益和社会效益等。

②要把不同的问题安排在谈话进程的不同阶段提出。不要毫无目标地乱提，更不可反复提那么几个问题。因此在面试之前，要把所要提的问题一一列出，按照谈话的进程编出序号，反复看几遍，以便在谈话时头脑清醒，知道提问的顺序。

③要注意提问的方式和语气。有些问题可以直截了当地提出来，有些问题要婉转、含蓄一点。另外在询问时，一定要注意语气，给人以诚挚、谦逊的感觉，千万不可以用质问的语气向对方提问，这样会引起反感。

④不提模棱两可、似是而非的问题。特别是与职业、专业有关的问题，一定要确切，不要不懂装懂，提出幼稚可笑的问题。因为从提问中可以看出提问者的知识水平、思维方式、个人价值观等。

3. 面试中的随机应变技巧

面试中会遇到许多意想不到的事情，面试官会提出你没有准备、没有事先考虑到的问题，甚至回答起来很棘手的问题，因此要求应试者在面试中要反应灵活，随机应变，下面介绍几种随机应变的方法。

（1）怎样应对尴尬局面。面试场是一个竞技场，气氛紧张，而面试官又要想方设法对应试者做全面的考察，加之面试过程中情况变化多端，因此出现困难尴尬的局面在所难免。应试者若没有充分的准备，就不能镇静自若，沉着应对，从而影响自己的整个面试表现。

①过度紧张。面试对于应聘成败，乃至个人前途可能影响极大，又是在陌生的地方被陌生的人"盘问"。任何人都可能紧张。适度的紧张对面试不但无妨，反而有所帮助；但慌慌张张、诚惶诚恐、思维混乱、张口结舌、面红耳赤、不知所云就不行了。这样不但会给面试官留下不好的印象，还会无法集中注意力回答问题，因此必须学会控制。

阅读资料

控制紧张情绪的方法

转化控制。不要把一次面试得失看得太重，要洒脱些；同时暗示自己，其他的面试者也同样会紧张；最后要想到，此处不留人，自有留人处。

冷化控制。挺直腰，身体微微前倾，四平八稳地坐在椅子上，做深呼吸；或用机械的方法自控，如咬紧嘴唇，手捏皮肤等，这样的触觉刺激在大脑皮层引起强烈的兴奋，对已有的情绪兴奋起到诱导作用，从而达到冷化控制的目的。

缓解控制。面试前，可进行自我鼓励，心里默念："我能行，我能行……"同时可以在手掌上写下"我不紧张"的字样，这样会使你紧张的情绪得到缓解。

环境控制。可预先到达面试场所，熟悉环境可增强信心，或找亲朋好友搞几次模拟面试。做好充足准备，可消除临场的紧张感。

节奏控制。一是不要急着回答问题，面试官问完后，不妨稍等两秒再开口回答；二是掌握说话节奏，不能太快，会出错会乱了阵脚，造成心理紧张；也不能太慢，太慢会引起面试官听得不耐烦,既而又引起你的慌乱。

泄露控制。经过以上努力,仍不能缓解紧张,最明智的办法是坦白告诉面试官,例如说:"对不起,我确实有些紧张,可不可以让我先冷静一下,再回答您的问题?"通常面试官都会同情你,并因你的诚实真诚留下良好的印象。而你也因为讲了出来,觉得舒服多了,因而紧张程度大大减轻。

②说错了话。人在紧张的时候说错话是难免的,尤其是初次参加面试的人经常遇到这种情况。往往应试者此时懊恼万分、心慌意乱、越发紧张。接下来的表现就可想而知了,有人干脆就停下来默不作声;这些都是不成熟、不庄重的表现,明智的做法应该是保持镇静。此时就想人人都会出错,没有必要紧张,既然已经说错了,着急也没有用。

如果说错的话无碍大局,也没有失礼,就不必担心什么,用人单位不会因为一次小错而错过合适的人才,而且主考官也会谅解你因为紧张而出的错,因此可以不必理会,继续小心应对后面的问题。如果是说的话比较重要,或者因此会得罪人,就应该立即纠正错误,给对方道歉,面试官通常会欣赏你的坦白态度和打圆场的高明手法。

③沉默。面试中,沉默有两种情况:一种是组织程序衔接不好,出现沉默;另一种是为检查应试者的反应能力,面试官故意设置的情景。对此,可以这样处理:在面试前就应该准备些合适的话题,以便在此时提出来打破沉默,但此时要结合当时的气氛和谈话的内容,不要风马牛不相及。也可以顺着先前的谈话内容,继续谈下去,如"刚才您问我……其实,我觉得还可以这样看这件事……"或者借此机会展示自己与招聘职位有关的能力。

④遇到不懂或不明白的问题。人不是全知全能的。俗话说"隔行如隔山",即使在你本行内,也不可能完全懂得,因此,面试中遇到不懂的问题并不奇怪。再有,在面试中也可能出现由于主试的问题组织得不好,或讲得太简单、太急速,而使应试者不明白的问题。此时,千万不要不懂装懂,硬着头皮乱讲一通。孔子说过:"知之为知之,不知为不知,是知也。"正确的做法应该是对不懂的问题,应该坦白承认。回答不上来就说,"对不起,这个问题,我不懂,请原谅",或说"对于这个问题,我还认识不够,看来今后得加强这方面的学习"。

对于不明白的问题,如果没有听清楚,就请对方再讲一次。如果你明白是面试官问得不妥,就应该婉转表明自己不太明白问题。

(2)怎样应付面试官的非常规举措。

①怎样应对多位面试官。目前,大多数正规面试都是由好几位面试官组成面试团,一起进行面试,最普遍的有3~5人,其中一个当主席。应付多位面试官通常比应付一位面试官困难。你要令一组背景各异、好恶及想法都不同的人产生好印象,相信你是最适合的人选。你面对几个初次会面的人,被他们轮流"盘问",并知道自己回答某人的问题时,其他人都在不停观察自己的一举一动。这一切都自然会令你特别紧张。

通常面试开始时都会有人先介绍各位面试官的姓名及职位,你至少应记得面试团主席的名字,以及其他面试官的职位,以便应对时知道轻重及取舍。若申请的职位需要专门技能,通常最好望着发问者,自己发问时可向主席提出。假如你希望某一面试官回答,可面向他或眼睛注视着他发问。

各面试官之间一般都较默契，但有时也不尽然，所以他们在面试过程中可能会以传阅纸条或互投目光等方式交换信息，应试者无须因此而紧张，这些举动绝大多数与你的表现无关，不会影响你面试。如果其中一个面试官对人特别挑剔或表示不满，也无须惊慌失措。通常多位面试官中总有一人会特意去充当这样的角色，你只需从容应付便可。每个面试官都可能有偏见，你都得小心应对，要是你出言不慎得罪其中一人，可能会令全体面试官产生反感。

②面试官表现出"攻击性"姿态。有些面试官故意在某一时间内用比较具有攻击性（侵略性）的态度对待应试者，提出特别尖锐的问题或有意令应试者感到尴尬，借此考察应试者的情绪控制能力、应付困难是否得体、胸襟是否开阔等。也有些面试官故意提出一些令人难堪甚至荒诞无稽的论点，来判断应试者是否立场坚定，敢于坚持自己的正确主张。在这种情况下，应试者千万不要以为面试官故意针对自己，于是发怒，应试者应保持风度和礼貌，沉着从容地与面试官讨论问题的核心。在任何面试情形下，动怒或失礼都非明智之举，因为即使你只对其中一位面试官无礼，也常会让其他面试官反感，而使你错失获选机会。而且"山不转水转"，你不知道日后会在什么时候跟这个机构或这些人来往。

③面试官"漫不经心"。有些面试官装出漫不经心的样子，好像对这一面试不大重视，特别是那些经验丰富的面试官，通常会采用自然发展式的面试方式。但千万不要掉进这些常见的"圈套"，以为自己也一样可以随便谈天说地。记住，你这次面试是经他们精心安排的，而且面试官都是些很忙碌的人，他们不会拿你开玩笑打发时间，所以你应该以一贯态度应对他们提出的那些好像无关痛痒的问题。

④面试官过分亲切友善。在面试过程中，有些面试官故意做出轻松、亲切而友善的样子，应试者有时候会不自觉地掉入"陷阱"。遇到这种情形，应试者要特别注意保持谦虚有礼的态度，给予面试官稳重的印象，这样被录取的机会才会更大。

⑤面试官之间不协调。在多个面试官进行面试时，面试官们常会扮演不同的角色，有人"唱红脸"，有人"唱白脸"，故意扰乱应试者的心情。那些"唱白脸"的面试官往往提出尖锐的问题，为难应试者。有时面试官们假装彼此不协调，刻意制造混乱场面，令应试者不知所措。碰到这类情形，应试者千万不要烦躁不安，更不能无礼，明智的做法是镇静沉着，以不变应万变，以免自己给主考官的印象大打折扣。

⑥面试官的其他非常规举措。

下面列举六种面试过程中的非常规情形，并提出应对策略供毕业生参考。

情形1：面试官口若悬河，滔滔不绝，使你总找不到机会说话。

对策：你可以寻找机会打断他的话，说你理解他所谈的意思，或者提出一个恰当而重要的问题，然后问他："您看我的工作能力能达到这项工作的要求吗？"

情形2：面试官突然提出一连串的难题让你回答。

对策：面试官是要看你在紧张的压力下能否沉着冷静地独立思考。你应该先思考，然后逐一回答。对回答不了的问题，如实告诉对方，并说明自己将再作考虑。

情形3：面试官很赏识你的能力和资格条件，但又说你的情况并不太适合目标工作的需要。

对策：先同意面试官的看法，然后说你的背景虽然并不同他们正好需要的一致，但你仍最有可能是他们的一个明智的选择——因为只要录用了你，一年之后，你肯定会达到他们所期望的水平。

情形4：面试官把与你会面的时间推迟了45分钟，而你在半小时之内要回到你的学校，因而，你感到很着急。

对策：如果你能晚点回去而又无不适之感的话，就等着进行这次面谈。否则，就如实告诉对方，建议取消这次面试，另外再约定一个时间。

情形5：面试官表现出厌烦情绪，对你的回答毫无反应，甚至妄加否定。

对策：面试官可能是想观察你对难堪场面如何反应。切记不要因焦急和失望使自己失去心理平衡而做出任何消极性的反应。一定要继续保持正面的、积极的态度，也可以换一个话题。这些策略能使你们的谈话按你的思路讲行下去，而不致让你消极被动。

情形6：面试官告诉你，目前他们没有你要寻找的空缺职位，但你可以临时做一份职位较低的工作。

对策：当你很难保证自己什么时候和怎样才能升职时，你要尽可能劝说面试官给你提出一份与你寻找的空缺职位水平相近的工作。若是已有别的单位愿意给你提供类似工作，不妨告诉面试官。如果这些战术都不奏效，就保持观望，不表态。

（三）面试将近结束的注意问题

很多应试者在面试将近结束时，或因成功的兴奋，或因失败的恐惧，往往会语无伦次，表现不佳。这无疑会给面试结果带来不良的影响。所以，面试结束时，应聘者应该表达对应聘职位的理解；充满热情地告诉面试官你对此职位感兴趣；面带微笑地感谢面试官的接待。

（1）再次强调你对应聘该项工作的热情，并感谢对方抽时间与你进行交谈。

（2）表示与面试官的交谈使你受益匪浅，并希望今后能有机会再次得到对方进一步的指导。

（3）询问公布面试结果的途径和时间。例如，"请问招聘结果大概会在几天内出来？"

（4）握手告别。告别时可以主动与面试官们握手，通常以三五秒为宜，注意把握好力度，要双目注视对方，面带笑容，同时应配以适当的敬语，如"再见""再会""谢谢您"等。

（四）面试禁忌

要找到一份好工作，必须备齐天时、地利、人和的条件。但在实际中，我们却常常发现，一些条件很好的人，却始终无法顺利地通过最后一道面试的关卡。其原因就在于求职者面对招聘单位时，总是忽略了一些重要的细节，无意中犯了禁忌。

1. 忌迟到失约

迟到失约是面试中的大忌，这不但会表现出面试者没有时间观念和责任感，而且会令面试官觉得面试者对这份工作没有热忱，印象分自然大打折扣。守时不但是美德，更是面试时必须做到的事情。如果因有要事迟到或者缺席，一定要尽早打电话通知该单位，并预约另一个面试时间。此外，如果应试者匆匆忙忙赶到公司，心情还未平静便要进行面试，那么面试的表现也会大失水准。

2. 忌有人陪同

有些人因为习惯或者胆怯，总是喜欢带着一个陪同的人一起前往，这也是面试大忌。因为还没开始面试你就传递了一个错误的信息给对方，你上班的时候难道也会带着一个人？你有没有独立行为和思考的能力？有没有面对困难的心态？所以应试者千万不要这样，以免输在起跑线上。

3. 忌不善于打破沉默

面试开始时，应试者不善"破冰"，而是等待面试官打开话匣。应试中，应试者出于种种顾虑，不愿主动说话，结果使面试出现冷场。即便能勉强打破沉默，语音语调也极其生硬，使场面更显尴尬。实际上，无论是面试前或面试中，面试者都应该主动与面试官致意与交流，这样才会留给面试官你热情和善于与人交流的良好印象。

4. 忌与面试官套近乎

具备一定专业素养的面试官是忌讳与应试者"套近乎"的，因为面试中双方关系过于随便或过于紧张都会影响面试官的评判。聪明的应试者可以列举一至两件有根有据的事情来赞扬招聘单位，从而表现出你对这家公司的兴趣。

5. 忌准备不充分

无论你学历多高，资历多深，工作经验多丰富，当面试官发现应聘者对申请的职位知之不多，甚至连最基本的问题也回答不好的时候，那么面试官不但会觉得你的准备不足，甚至还会认为你根本无志于在这方面发展。所以，面试前一定要做好充分的准备工作。

6. 忌急问薪资福利

有些应试者会在面试快要结束时主动向面试官打听该职位的薪资福利等情况，结果是欲速则不达。谈论报酬待遇无可厚非，只是要看准时机，一般在双方已有初步意向时，再委婉地提出。

7. 忌长篇大论，喋喋不休

虽说面试是在推销自己，不过也不要说起话来就滔滔不绝、喋喋不休。面试官最怕面试者长篇大论、无始无终。其实，回答问题只需针对重点回答。相反，有些应试者十分害羞，不懂得把握机会表现自己，无论回答什么问题，答案往往只有一两点，甚至只回答"是、有、好、可以"等，这也是不可取的。如果应试者性格胆小害羞，则应在这方面多加练习。

8. 忌没有明确目标

面试时，千万不要给面试官留下没有明确目标的印象。虽然一些应试者的其他条件不错，但工作没有目标就会缺少主动性和创造性，会给招聘单位带来损失。面试官情愿聘用一个各方面表现虽不算突出，但有远大目标和热忱的面试者。

9. 忌孤芳自赏、态度冷漠

有的面试者平时性格孤僻、对人冷淡、心事较重，并把这种个性带进了面试场上。面试者表情冷漠、不能积极与面试官配合，缺乏必要的热情和亲切感。其实所有用人单位的领导都希望自己的员工能够在工作中与同事和睦相处、与人为善、团结互助，这样才能使人感到轻松愉快，进而提高工作效率。因此即使应试者平时性格孤僻，在面试的过程中，也要加以克服，否则气氛一定很沉闷，回答机械呆板，这样你很难有中选的希望。

10. 忌面试时过多小动作

有的人在面试时，表情木然，神情紧张或过于严肃，目光散乱；行为举止不当，过分谦恭，弯腰躬背，两手下意识地揉搓，点头哈腰；回答问题时辅助性的手势很零碎，频度过高，让人觉得滑稽可笑；坐姿不正，出现摇头晃脑、抖腿、跷二郎腿等下意识的动作。这些习惯性的毛病经常会让本来优异的表现大打折扣。所以，在平常的生活中，求职者应该有意识地去克服改正，争取在面试官面前展现出自己的素养和完美仪态，为自己的形象和表现加分。

（1）自己独处的时候对着镜子练习，在心理上多给自己暗示，提高自己对于这些不良小动作的注意，有意识地避免。

（2）与朋友合作练习，相互监督，改正不良的手势语。

（3）让家人和朋友充当考官，指出你经常性地小动作。有针对性地加以改正。在练习的时候，最好能与家人、朋友保持"陌生"，这样更有效果。

（4）为自己制造心理阴影，一做小动作就惩罚自己，加深自己的印象，提高注意力。

自负而失败

毕业生小乔口才不错，在与用人单位代表面谈时自我感觉良好，一番高谈阔论以后，当对方问他的个人爱好是什么时，他竟得意扬扬地宣称是游山玩水，结果被用人单位毫不犹豫地拒之门外。

分析：小乔的失败是典型的自负心理造成的结果，在心理学上指过高地估计个人的能力，从而失去自知之明；在这种心理的支配下，不少毕业生在求职择业过程中总是自以为是、自负、自傲，自以为自己什么都懂，什么都夸夸其谈、胡吹海侃。结果留给用人单位的是浮躁不踏实的印象，试想有哪家单位肯要一个不知天高地厚、自命不凡、眼高手低的毕业生呢？

经典面试问题的回答思路

问题一：请你自我介绍一下。

思路：

1. 这是面试的必问题目。
2. 介绍内容要与个人简历一致。
3. 表述时尽量口语化。
4. 要切中要害，不谈无关、无用的内容。

5. 条理要清晰，层次要分明。

6. 事先最好以文字的形式写好背熟。

问题二：谈谈你的家庭情况。

思路：

1. 介绍家庭情况对于了解应聘者的性格、观念、心态等有一定的作用，这是招聘单位问该问题的主要原因。

2. 简单地罗列家庭人口。

3. 宜强调温馨和睦的家庭氛围。

4. 宜强调父母对自己教育的重视。

5. 宜强调各位家庭成员的良好状况。

6. 宜强调家庭成员对自己工作的支持。

7. 宜强调自己对家庭的责任感。

问题三：你有什么业余爱好？

思路：

1. 业余爱好能在一定程度上反映应聘者的性格、观念、心态，这是招聘单位问该问题的主要原因。

2. 最好不要说自己没有业余爱好。

3. 不要说自己有那些庸俗的、令人感觉不好的爱好。

4. 最好不要说自己仅限于读书、听音乐、上网，否则可能令面试官怀疑应聘者性格孤僻。

5. 最好能有一些户外的业余爱好来"点缀"你的形象。

问题四：你最崇拜谁？

思路：

1. 最崇拜的人能在一定程度上反映应聘者的性格、观念、心态，这是面试官问该问题的主要原因。

2. 不宜说自己谁都不崇拜。

3. 不宜说崇拜自己。

4. 不宜说崇拜一个虚幻的，或是不知名的人。

5. 不宜说崇拜一个明显具有负面形象的人。

6. 所崇拜的人最好与自己所应聘的工作能"搭"上关系。

7. 最好说出自己所崇拜的人的哪些品质、哪些思想感染着自己、鼓舞着自己。

问题五：你的座右铭是什么？

思路：

1. 座右铭能在一定程度上反映应聘者的性格、观念、心态，这是面试官问这个问题的主要原因。

2. 不宜说那些易引起不好联想的座右铭。

3. 不宜说那些太抽象的座右铭。

4. 不宜说太长的座右铭。

5. 座右铭最好能反映出自己的某种优秀品质。

6. 参考答案——"只为成功找方法，不为失败找借口。"

问题六：谈谈你的缺点。

思路：

1. 不宜说自己没缺点。

2. 不宜把那些明显的优点说成缺点。

3. 不宜说出严重影响所应聘工作的缺点。

4. 不宜说出令人不放心、不舒服的缺点。

5. 可以说出一些对于所应聘工作"无关紧要"的缺点，甚至是一些表面上看是缺点，从工作的角度看却是优点的缺点。

问题七：谈一谈你的一次失败经历。

思路：

1. 不宜说自己没有失败的经历。

2. 不宜把那些明显的成功说成是失败。

3. 不宜说出严重影响所应聘工作的失败经历。

4. 所谈经历的结果应是失败的。

5. 宜说明失败之前自己曾信心百倍、尽心尽力。

6. 说明仅仅是由于客观原因导致失败。

7. 失败后自己很快振作起来，以更加饱满的热情面对以后的工作。

问题八：你为什么选择我们公司？

思路：

1. 面试官试图从中了解你求职的动机、愿望以及对此项工作的态度。

2. 建议从行业、企业和岗位这三个角度来回答。

3. 参考答案——"我十分看好贵公司所在的行业，我认为贵公司十分重视人才，而且这项工作很适合我，相信自己一定能做好。"

问题九：对这项工作，你有哪些可预见的困难？

思路：

1. 不宜直接说出具体的困难，否则可能令对方怀疑应聘者不行。

2. 可以尝试迂回战术，说出应聘者对困难所持有的态度——"工作中出现一些困难是正常的，也是难免的，但是只要有坚韧不拔的毅力、良好的合作精神以及事前周密而充分的准备，任何困难都是可以克服的。"

问题十：如果我录用你，你将怎样开展工作？

思路：

1. 如果应聘者对于应聘的职位缺乏足够的了解，最好不要直接说出自己开展工作的具体办法。

2. 可以尝试采用迂回战术来回答，如"首先听取领导的指示和要求，然后就有关情况进行了解和熟悉，接下来制订一份近期的工作计划并报领导批准，最后根据计划开展工作。"

问题十一：与上级意见不一致，你将怎么办？

思路：

1. 一般可以这样回答："我会给上级以必要的解释和提醒，在这种情况下，我会服从上级的意见。"

2. 如果面试你的是总经理，而你所应聘的职位另有一位经理，且这位经理当时不在场，可以这样回答："对于非原则性问题，我会服从上级的意见，对于涉及公司利益的重大问题，我希望能向更高层领导反映。"

问题十二：我们为什么要录用你？

思路：

1. 应聘者最好站在招聘单位的角度来回答。

2. 招聘单位一般会录用这样的应聘者：基本符合条件、对这份工作感兴趣、有足够的信心。

3. 可以这样回答："我符合贵公司的招聘条件，凭我目前掌握的技能、高度的责任感和良好的适应能力及学习能力，完全能胜任这份工作。我十分希望能为贵公司服务，如果贵公司给我这个机会，我一定能成为贵公司的栋梁！"

问题十三：你能为我们做什么？

思路：

1. 基本原则是"投其所好"。

2. 回答这个问题前应聘者最好能"先发制人"，了解招聘单位期待这个职位所能发挥的作用。

3. 应聘者可以根据自己的了解，结合自己在专业领域的优势来回答这个问题。

问题十四：你是应届毕业生，缺乏经验，如何能胜任这项工作？

思路：

1. 如果招聘单位对应届毕业生的应聘者提出这个问题，说明招聘单位并不真正在乎"经验"，关键看应聘者怎样回答。

2. 对这个问题的回答最好要体现出应聘者的诚恳、机智、果敢及敬业。

3. 可以这样回答："作为应届毕业生，在工作经验方面的确会有所欠缺，因此在读书期间我一直利用各种机会在这个行业里做兼职。我也发现，实际工作远比书本知识丰富、复杂。但我有较强的责任心、适应能力和学习能力，而且比较勤奋，所以在兼职中均能圆满完成各项工作，从中获取的经验也令我受益匪浅。请贵公司放心，学校所学及兼职的工作经验使我一定能胜任这个职位。"

问题十五：你希望与什么样的上级共事？

思路：

1. 通过应聘者对上级的"希望"可以判断出应聘者对自我要求的意识，这既是一个陷阱，又是一次机会。

2. 最好回避对上级具体的希望，多谈对自己的要求。

3. 如："作为刚步入社会的新人，我应该多要求自己尽快熟悉环境、适应环境，而不应该对环境提出什么要求，只要能发挥我的专长就可以了。"

问题十六：你是否认为大学的学习成绩能决定你在本企业的成功程度？

思路：

1. 问这个问题有两个目的，如果求职者在学校成绩很好，那么面试者希望通过这个问题让求职者知道，工作上的成功与学习上的成功并不一样。如果求职者在学校成绩不佳，那么面试者希望通过这个问题了解，求职者是否认为自己解决问题的能力有所欠缺。

2. 如果你成绩不佳，你可以这样回答："我认为有能力取得好成绩是很重要的，然而，并非所有人都能在每一个科目上取得优异成绩。对我来说，重要的是在个人学习成绩中要有一些突出的地方，因为这些地方代表着一个人的潜力……"

3. 如果你成绩较好，你可以这样回答："虽然规划学习不会像从事高难度工作那么复杂，但是我认为两者之间存在联系。我认为，取得优异的学习成绩的最大意义是它可以反映一个人追求卓越的决心……"

问题十七：你能够在压力较大的状态下工作得很好吗？

思路：

1. 这个问题是要直接了解求职者对压力的反应。

2. 比较经典的回答是："在从事有价值的工作时，任何人都会在工作中遇到压力。我能够应付一定量的压力，甚至在有些情况下还可以承受极大的压力。在我看来，我应对压力的关键是找到一种方法控制形势，从而减轻自身的压力。"

3. 这种回答很有说服力，但又没有对压力表现出过度热情。求职者的表述还说明他（她）在过去曾经应对过压力，而且还制定过策略有效地处理了工作中的压力。

问题十八：你在找工作时最看重的是什么？

思路：

1. 通过这个问题，面试官可以了解你的关注重点，通过这个关注点又可以反映出你的理性思考能力。

2. 回答这个问题时一定要表明自己对未来工作的看法，说明哪些方面能给自己带来最大程度的满足，这是回答问题的关键。

3. 回答问题的方法也同样重要，比如，"我希望找到的工作能发挥我长处（说出具体技能）"，"我认为还有一件事情也很重要，那就是我在企业中的作用要与企业目标联系在一起。如果工作中偶尔有些挑战，让我超越自己目前的技能水平，那就再好不过了。"

4. 这种回答简洁地实现了三个目的：第一，突出了求职者的能力；第二，表明了求职者明白个人与企业的关系；第三，同时也说明求职者理解变化与发展的重要性。

问题十九：上下级之间应该怎样交往？

思路：

1. 通过这一问题，面试官可以了解求职者在企业等级结构中的沟通方式。

2. 通过对这一问题的回答，求职者可以展示自己在复杂领域工作的技能水平。比如，"我认为，能在企业各个层面上清楚地进行交流，这对企业的生存至关重要，而且我已经在这个方面具备了很强的能力。从上下级关系来说，我认为最重要的是我们应该意识到每个人以及每种关系都是不同的；最好的交往方式就是始终不带任何成见地来对待这种关系的发展。"

3. 这种回答表明，求职者理解人际关系的复杂性以及多样性。而且求职者明确地表达了高效沟通技能的重要性，同时也显示了自己在这方面的自信。

问题二十：你的期望薪资是多少？

思路：

1. 在回答之前，应聘者应该明白每个公司都有自己的薪酬体系，你不可能就薪酬问题有太多讨价还价的余地，只要你对自己和本岗位做出正确的估价即可。

2. 在面试前，你可以对其岗位的平均薪酬水平做一下市场调查，以期获得比较公平的薪酬。

3. 比较能打动面试官的回答是："我想贵公司对什么职务应享有什么待遇一定有完善的规章，基本上我尊重公司的规定。当然有关我所应征的职位的报酬及其他福利，我也很想了解一下。"或"我认为重要的是对工作有明确的了解，只要我们彼此肯定我能胜任这个工作，薪酬问题自然迎刃而解。"

（文章来源：毕业生就业网）

三、面试后注意事项

主动出击，获得职位

小徐在大学学的专业是中文，但对营销很感兴趣，大学四年"蹭"了不少商学院的课，还在两家公司兼职做过营销企划，可以说既有理论知识又有实战经验，不比商学院科班出身的差。

但在第一次面试之后就没有回音了，小徐估计是对方对非营销专业的有"系别"歧视所至。于是在拨出"第一百〇一次"电话之后，小徐终于找到了公司老总。

小徐告诉老总虽然自己专业不对口，但大学期间自学了不少营销方面的知识，并且有丰富的实践经验。还将他在兼职期间做过的一些案例的思路分析给老总听，并谈了自己对一些营销理念的理解。那位老总果然对小徐产生了兴趣，并答应重新考虑。此后不久，他们又进行了一次电话交谈，小徐最终赢得了这份工作。

因此，面试没有回音，不代表你没希望了，更不代表你不行。许多求职者只留意面试时的礼仪和技巧，却忽略了应聘后的工作。事实上，面试结束并不意味着求职过程的完结，求职者不应该"守株待兔"。有些事情还必须加以注意。

（一）面试结束，应聘未完

在一般情况下，每次面试结束后，招聘主管人员都要进行讨论和投票，然后送人事部门汇总，最后确定录用人选，这个阶段可能需要3~5天的时间。求职者在这段时间内一定要耐心等候消息，不要过早打听面试结果。

（1）如果你同时向几家公司求职，在一次面试结束后，则要注意调整自己的心情，准备全身心投入第二家面试考验当中去。因为，在接到聘用通知之前，面试结果还是个未知数，不应该放弃其他机会。

（2）如果在面试的两周后，或面试官许诺的时间到来时还没有收到对方的答复，就应该写信或打电话给招聘单位，询问面试结果。

（3）如果是应届毕业生参加的校园招聘会，招聘单位一般会将录取名单告诉学院就业指导中心，因此参加面试后应关注就业中心的信息公告。

（二）给招聘单位写封感谢信

案例导读

小张和小赵一起到 A 公司参加面试，在众多求职者中他们两人在个人的知识、技能和能力方面都很接近。面试回来的第二天，小张主动给 A 公司人力资源部的面试官李经理发了一封电子邮件，适当表达了自己的感谢和对应聘成功的希望。

结果 A 公司在随后的复试中通知了小张，而没有通知小赵。

面试官对面试人的记忆是短暂的，感谢信是你最后的机会，它能使你显得与其他求职者有所不同。因为从用人单位的角度来看，应聘者写感谢信既表达出了对公司和面试官的尊重，也体现出自己到公司工作的迫切愿望，而这种愿望正是公司所需要的。

感谢信要简洁，最好不超过一页。感谢信的开头应提及你的姓名及简单情况；然后提及面试时间，并对面试人员表示感谢。中间部分要重申你对该公司、该职位的兴趣，增加一些对求职成功有用的新内容。结尾可以表示对能得到这份工作的迫切心情以及为公司的发展壮大做贡献的决心，下面是小张的感谢信。

尊敬的李经理：

您好！

我是昨天下午到贵公司应聘服装设计的张晗，非常感谢您为我提供应聘 A 公司设计师职位的机会，与您交流我感到非常高兴，您幽默的语言及渊博的知识让我深深折服，特别是您对 2016 年世界女装流行趋势的预测，更让我受益匪浅。

我在简历以及我们的讨论中一再说到我对服装设计的热爱，我相信我有能力胜任这份工作，并将用自己的实力来证明这一点。另外，我上个月参加了"中国网络服装设计大赛"，昨天晚上收到组委会的通知，说我的一件作品获得了比赛二等奖，我想其中肯定有一些不足之处，希望有机会当面向您请教。

事实上，我对设计师这个职位非常感兴趣，这个职位也很适合我。希望未来能有机会与您一起工作，期待与您再次见面！

此致

敬礼！

张　晗

2015 年 10 月 8 日

感谢信是所有求职战略的必要工具，但是应该发送电子邮件还是传统信件？是手写信还是打印信函？答案是具体问题要具体分析。

1. 发送电子致谢函

应聘公司开始如果是通过电子邮件与你约见，那你面试回来后要立即用 E-mail 发送感谢信，并一定要在标题中表明你并非不速之客。电子邮件感谢信有鲜明的优势，即你可以在面试的当天，或者在几小时之内，把你的名字再次置于面试官面前。

2. 传统信件

如果你面试的是一家正规的、传统的公司，请用传统寄信方式寄出感谢信。是手写还是打印呢？打出来的信比较标准。你不仅能表示喜欢的业务，也能证明你会正确使用称谓、格式和签名。也许为你老板书写信件是你将来工作的重要组成部分。

如果你想向办公室里那些帮助过你的人致谢，那最好是手写。如果一名接待员、助理、办公室经理或其他与面试有关的人员对你有过帮助——就是说他们带你去吃午餐或在面试时为你引过路，那么，手写的感谢信是表达你谢意的最好方式。

（三）收拾心情，整装再发

应聘中不可能个个都是成功者，万一在竞争中失败，也不要灰心丧气。这次失败了，还有下次，就业机会不止一次，关键是要总结经验教训，找出失败的原因，并针对这些不足重新准备，以待"东山再起"。

多说几句并非多余

毕业生小张只身来到深圳闯荡，由于自身条件还不错，到人才大市场递上几份简历之后，很快就收到几份面试通知。令小张意外的是，与招聘者交谈时感觉他们对小张的表现颇为满意，但事后却又杳无音讯，小张知道有问题但不知道问题出在哪里。那天小张又接到一家上市公司的面试通知，和往常一样，小张一路上都在盘算，如何从容应答，并做好了各种突发事件的应急处理，到目的地后，小张发现好几个应聘者已在等候了，从这家公司井然有序的面试程序上看，小张预感此番竞争定将更为残酷，终于进入面试的关键环节，轮到老总对小张发问了。

这是一位很有亲和力的老总，经验告诉小张越是这样的氛围，就越要格外小心；老总的问题平淡无奇，无非是让小张谈谈对所竞聘岗位的打算，在听小张述说的过程中，小张看不出他的表情有多大变化，知道自己的表现在他心目中肯定还达不到最高分，而只有获得最高分者才有资格被录用，小张发言完了，老总略作沉思后抬头望望小张，"今天就到这里，回去等通知吧"，而这句话之前小张已听过 N 遍了，从他平淡的眼神中，小张知道老总是在以一种妥善的方式下逐客令。

小张实在不愿意失去这次机会，就认真盯着他的眼睛说："其实我更注重实干，这份工作对我而言轻车熟路，就看您能不能给我机会。"老总看小张一眼，疲惫的眼神里闪过一丝稍纵即逝的亮色，随即点点头示意小张可以走了。三天后，小张接到上班通知，事后小张从人事部的一大堆求职简历中发现比小张条件优越者大有人在。

面试时间很短，老总不可能全面了解每一位面试者的真实内心，但小张最后那句充满自信的话给他的印象无疑是最深的。

第五节　面试难点与应对方法

尽管应聘人面试前做了大量的准备工作，但是还会有可能出现一些意想不到的情况，若处理不好会直接影响面试的结果。这里介绍几种常见情况，以利于毕业生有针对性地加以准备，走出困境。

一、精神紧张及克服的办法

几乎95%以上的大学毕业生都承认自己在面试时精神紧张，精神紧张是大学毕业生面试时需要战胜的最大敌人。陌生的环境，被陌生的人提问，事关自己今后一段时间的发展前途，大学毕业生不可能不紧张，适度的紧张可以促使大学毕业生更加集中注意力投入面试。若紧张过度，则对面试极为有害，不仅使应试人注意力不集中，甚至可能将事先准备的内容忘得干干净净，头脑一片空白。这里，有必要提供几种克服紧张的方法。

1. 做好准备，从容镇定

预计到自己临场可能会紧张，应事先请有关教师或同学充当主试人，举办模拟面试，找出可能存在的问题与不足，增强自己克服紧张的自信心。不要将一次面试的得失看得太重。要知道，虽然你自己紧张，你的竞争对手也不轻松，甚至可能不如你。同等条件下，谁克服了紧张情绪，大方、镇定、从容地回答每一个提问，谁就会取得胜利。

2. 不要急着回答问题

主试人问完问题后，应试人可以考虑五至十秒钟后，再作回答。对某些一时难以回答的问题，可用比较委婉的语气避开，这也是一种诚实机智的表现。

3. 掌握语速

在回答提问时，语速不可太快。快了容易使思维与表达脱节，也容易表达不清。而你一旦意识到这些情况，会更紧张，结果导致面试难以取得应有的效果。所以切记，面试时从头到尾，讲话要不急不慢，逻辑严密，条理清楚。

二、遇到不清楚的问题及解决办法

有时主试人提出的问题，应试者不知怎么回答，此时可以婉转地问主试人是否指某方面的问题，不可胡乱猜测，信口开河。如果真是一点也不清楚怎么去回答，就应实事求是地告诉主试人，这个方面的知识未接触过。作为主试人，他可以理解你的回答，因为世界上没有人什么都懂，况且，这样的问题该不该提出来还是个疑问。

三、讲错了话及改正的办法

人在紧张时很容易说错话。若讲错的话无关大局，无伤大雅，就不要太在意，继续专心应付下一个提问，而不必耿耿于怀，提心吊胆，不能因一个小错误而影响了大局。若应试人感觉说错的话比较重要，则应该及时道歉，并表达出你心中本来要讲的意思。对主试人而言，他可能更欣赏你坦诚的态度，或许你会因此而博得主试人对你的好感。

四、几位主试人同时提问时的回答方法

遇到几位主试人同时提问，一些经验不足的应试者会胡乱地选择其中问题之一或部分加以回答，结果自然不能让所有主试人都满意。在这种情况下，既要逐一回答，又要显得有礼貌。你可以说："对不起，请让我先回答甲领导的提问，然后再谈乙领导的问题，可以吗？"回答哪位领导问题在先，哪位在后，一般应先回答主考官的问题。当然，你也可以按发问的先后次序回答。回答问题时，应试人的目光主要和发问的主试者进行交流，但也要适当顾及其他领导，让他们觉得，你是和所有主试人在交流。同时，还应逐一观察提问者的反应和面试室内的气氛，以便随时调整谈话的策略和方式。

总之，面试时不论遇到什么情况，应试人都应沉着冷静，镇定自若地加以处理，千万不能惊惶失措。只要认真对待，定能化险为夷。或许这就是你获得主试者欣赏的契机。

案例导读

1. 面试不能诋毁竞争者

某知名公司招聘，应聘者云集，竞争异常激烈，为了能够被选中，应聘者"八仙过海，各显其能"。经过学校推荐、笔试和心理测试，小李、小王和小赵"过五关，斩六将"，进入最后面试。他们三人既是一个专业的，又是一个寝室的，平时互相了解较深。如今成为竞争对手，在迈向成功的最后一步时，三人的心情各异。小李首先进入面试的房间，被考官问及若不能被录用，将有何想法。小李回答："若未被录用，说明自身离贵公司招聘条件有差异，他将继续努力提高自己并寻找新的机会，同时，祝愿另外两名同学能够如愿到贵公司工作。"接下来，小王走进了面试的房间，考官问："听说你和小李是一个寝室的，你感觉他怎样。"小王回答："小李成绩不如我，为人处世不如我，我们同学认为我绝对比他强。"小王出了面试房间，最后小赵进入房间，被考官问及同样的问题："听说你和小李、小王是一个寝室的，你对他们评价如何。"小赵对照自己，将小李和小王长于自己的优势和劣于自己的不足，一一做了说明。最后通知录用结果，小李和小赵被这家知名公司录用。

2. 就业应聘考试现场实录

（1）应聘宾馆职员。

王部长（以下简称"王"）："陈先生，欢迎你参加面试，请说说你的情况，好吗？"

陈先生（以下简称"陈"）："谢谢王部长给我参加面试的机会。我叫陈刚，今年28岁。我现在是南湖宾馆销售部的经理，负责一个4人的部门，在这个部门工作已两年多了。我是1990年从××大学英语系毕业的，先在中学教了两年英语。1992年，我应聘到了南湖宾馆当接待员，半年后，由于成绩表现颇佳，被提升为前台经理。"

王："你为什么离开中学到宾馆工作？"

陈："我喜欢挑战性的生活，喜欢与人打交道。在旅馆业工作，可以与五湖四海的宾客直接接触，使我时时触摸到生活的脉搏，开阔我的视野。在向这些宾客提供优质服务的同时，得到客人们真诚的答谢，使我感到劳动的快乐与价值。心理学家说过，如果你在干某种工作时感到心情愉快，那就说明你找到了合适的职业。我觉得我很适合从事旅馆业工作。"

王："你为何辞去现在的工作？"

陈："王部长，您对本市的旅馆业十分熟悉，您知道我们宾馆是三星级宾馆，没有进一步发展的打算，我的自身发展受到了限制，我觉得再待下去就是浪费时间。在南湖宾馆工作的两年多时间里，我学到了有关宾馆业管理的知识与经验。现在，我还想学点别的，一个五星级酒店，以其一流服务，以及在专业氛围中学习、培训的机会，对我更具吸引力。"

王："谈谈你过去工作中的成绩，好吗？"

陈："好的。去年冬天，我策划了一个促销计划，您知道，这几年高级宾馆越来越多，空房比率很高，竞争日趋激烈。去年冬季旅馆业的气候更是不佳，我和我的同事们按照新的促销计划，第一次完成了冬季销售任务，与上年同期相比，客房住客率上升了20%，这是近来我们宾馆一直期望而没有实现的，我因此也受到了嘉奖。"

王："（有兴趣地）这确实不错，陈先生，你能谈得具体些吗？"

陈："这计划主要是在全面调研客户需要基础上制订的。我们在原来旅游团体、长包房合同价的基础上做了新的改进，突出了特殊服务。最起作用的是，我们销售人员竭尽全力去争取旅游公司和中小型公司的客户，由于销售宣传和客房服务相互配合，质量与信誉保证了计划的完成。"

王："你刚才提到客房部，如果安排你到那里，你觉得怎样？那里急需要人。"

陈："王部长，我乐意接受新的挑战，既然我已决定投身旅馆业，我就珍惜在不同部门工作的所有机会，特别是在您这样一个举世闻名的酒店里。能否请问，那个部门的前任怎么了？该职位要求干些什么？"

王："职位是客户经理助理。这工作十分费力，而且工作不定时。现任助理因个人原因将要辞职。"

陈："哦，是这样。正如王部长所说，这份工作的确不那么轻松，认真负责、吃苦耐劳是我一贯的风格，我想我会尽力干好的。"

王："陈先生，你是已婚还是未婚？"

陈："已婚。我的夫人是中学教师，很理解、支持我的工作。"

王："你现在有没有孩子？"

陈："有。小孩子两岁多了，上全托幼儿园。我的母亲现在和我们生活在一起，帮助我们料理家务和照顾孩子。我之所以能轻装上阵，得感谢我的母亲和我的夫人。"

王："目前，你还考虑去其他单位就职吗？"

陈："不考虑。我的目标就是一家有国际声誉的宾馆。如果能到这里任职，我将不胜荣幸。"

王："陈先生，你想要得到一份什么样的薪金？"

陈："我对你们的薪金一无所知。王部长，我现在的薪金是每月1 500元，外加保险和奖金。我希望到这里比原来增加300～500元，然后根据工作业绩和酒店的定级规定定期加薪。"

王："可以考虑。请问你什么时候可以来上班？"

陈："如果只涉及我个人，我会说马上开始，但还要考虑手头工作交接问题。能否请问王部长，我可以有多少时间办理移交手续？"

王："一般来说有两周时间。陈先生，我想我希望与你面谈就是这些问题。具体决定，我会让有关人员及时通知你。"

陈："感谢您给我面试机会。"

王："今天与你谈得很愉快，谢谢你来参加面试。"

陈："谢谢您，再见。"

（2）应聘秘书。

史密斯："李小姐，你想应聘秘书工作，请你就秘书工作方面具备的专业技术作一简要说明，好吗？"

李小姐："好的。我在打字、速记、个人电脑、文书处理以及档案处理各个方面都接受过专业训练。以打字来说，无论打Print和Draft，电脑或用手操作，每分钟都在60个字左右。就文书处理来说，像一般的Fax、Telex、Correspondence等也能独立作业，并且处理得很好。"

史密斯："我知道你在贸易公司当了几年的秘书，能否告诉我，你为什么要到我们公司应聘秘书呢？"

李小姐："在那儿我是一个初级秘书，我的工作是接电话和打印信件，我觉得我现在能做更富于挑战性的工作。"

史密斯："我想这就是你要求变动的原因了。李小姐，我们这次是招聘行政秘书，这方面你有什么专业知识？"

李小姐："我刚学完秘书培训班的课程，包括会计、簿记、行政管理、商务写作、进出口常识、人力资源管理、公共关系等，结业分平均87分。现在我又在学'秘书实务与当代英语'这门课程。每星期听两次课，我觉得这些课程对我的职业可能会有帮助。"

史密斯："那很可能。李小姐，你认为一个合格的秘书应该有哪些特质？"

李小姐："丰富的学识、熟练的专业能力、良好的风度、端庄的外表、亲切动人的魅力、应付自如的协调能力等都是作为一个好秘书应有的特质。但我认为最重要的是她的勤奋、积极的工作态度，如果她能以勤奋、积极的主动精神去工作，那么她就能发挥很好的协调作用。"

史密斯："你认为秘书应如何与上司处理好关系？"

李小姐:"我很欣赏'秘书和上司一起工作'的新概念,而不是'秘书为上司工作'的旧观念。秘书和上司为了公司的共同利益,彼此之间应相互尊重,为提高工作效率而尽职。秘书要协助上司应付日常事务,处理信函,并和办公室同事们一起工作,尽职尽责地完成上司交给的各项任务,当好助手。"

史密斯:"你如何看待你以前的工作?"

李小姐:"我对秘书工作是很热爱的。虽然秘书工作显得比较复杂和枯燥,但它对公司无疑是非常重要的。客户们从秘书那里得到了对于公司的第一印象,因而我在工作时总是充满活力,对人热情、耐心、细致、周到,我们部门经理对我的工作表现评价很高,并且,他为公司里没有提拔我而感到十分遗憾。"

史密斯:"对,我从你的推荐信里看到这一点。你认为你的缺点是什么?"

李小姐:"我习惯于当配角,也就是说,我的宏观决策能力不太令人满意。"

史密斯:"其实,我们公司也不苛求完美无缺的职员。你对薪金有何看法?"

李小姐:"我希望你会考虑我的经验和培训,给我一份高于初级秘书的薪金和其他福利待遇。如果在试用期后,根据我的工作表现定薪金,我也会同意。"

史密斯:"可以考虑。请问你对加班有何看法?"

李小姐:"没有什么问题。我知道什么叫承担更多的责任。其实,以前我也从不拒绝加班。反正我晚上的唯一活动是夜校,我想我能想办法解决的。"

史密斯:"李小姐,我想今天我们面谈的就是这些问题,有关决定,我会及时通知你的。"

李小姐:"谢谢您抽时间和我面谈,再见,史密斯先生。"

思考题

1. 大学生毕业有哪几种选择?
2. 简述大学生的择业程序。
3. 面试有几种?简述其特点。
4. 参加面试时要注意的礼貌举止有哪些?
5. 假设你参加了一次应聘面试,请给面试主持者写一封感谢信。

实训项目一:已就业毕业生面试经验调查访谈

一、实训概述

【目的及要求】

通过对已就业毕业生的调查访谈,增强对面试相关知识的认识,加深对面试的理解,提高面试成功概率。

二、实训内容

【项目内容】

进行一次已就业毕业生面试经验调查访谈,调查 8 名已就业对象,了解社会不同职业、不同岗位的工作内容、对员工的要求、面试注意事项。

【训练步骤】

1. 课后个人调查采访。
2. 完成如下表所示的已就业毕业生面试经验调查表。

已就业毕业生面试经验调查表

调查对象	岗位名称	工作内容	对员工的要求	面试注意事项
调查对象 1				
调查对象 2				
调查对象 3				
调查对象 4				
调查对象 5				
调查对象 6				
调查对象 7				
调查对象 8				

三、实训结果

调查结束后,完成一份 500~800 字的调查感受。

实训项目二:模拟面试

一、实训概述

【目的及要求】

通过模拟面试,使毕业生了解面试的程序、步骤以及面试注意事项,增强毕业生信心,提高面试成功率。

二、实训内容

【项目内容】

毕业生 8 人一组,其中 7 人为面试官,1 人为求职者(其他 7 人轮流扮演求职者,求职者所应聘的岗位都不相同),进行模拟面试。

【训练步骤】

1. 应聘岗位：文秘

第一步：应聘者在面试场地外等候，听到指令，轻敲门进入。

第二步：走到面试官桌前站立。

第三步：向全体面试官问好，并点头致意。

第四步：待主考官示意"请坐"时，缓缓坐下。

第五步：进行1分钟左右的自我介绍。

第六步：回答主考官提出的问题。

第七步：面试结束时，向所有面试官致谢、道别，退出面试场地。

2. 其他7人轮流扮演求职者，步骤如上。

3. 对8名求职者的仪容仪表、自我介绍、回答问题等环节分别进行点评，指出其优缺点，并提出改进意见和建议，完成下表。

面试表现	糟糕	一般	非常好	建议
仪容怎样？				
坐姿怎样？				
微笑了吗？				
表达自信吗？				
面对压力时，表现冷静吗？				
每个问题的回答时间掌握如何？				
回答清晰吗？				
回答中恰当地使用事例了吗？				
声音洪亮吗？				
能与面试官保持目光接触吗？				

第四章

就业权益和就业手续

心灵咖啡

从前,有一位爱民如子的国王,在他的英明领导下,人民丰衣足食、安居乐业。深谋远虑的国王却担心当他死后,人民是不是也能过着幸福的日子。于是他召集了国内的有识之士,命令他们找出一个能确保人民生活幸福的永世法则。三个月后,这班学者把三本六寸厚的帛书呈给国王说:"国王陛下,天下的知识都汇集在这三本书内,只要人民读完它,就能确保他们生活无忧了。"国王不以为然,因为他认为人民都不会花那么多时间来看书。所以他再命令这班学者继续钻研。又两个月后,学者们把三本书简化成一本。国王还是不满意,再一个月后,学者们把一张纸呈献给国王,国王看后非常满意地说:"很好,只要我的人民都真正明白及奉行这宝贵的智慧,我相信他们一定能过上富裕、幸福的生活。"说完后便重重地奖赏了这班学者。原来这张纸上只写了一句话:天下没有白吃的午餐。

大多数的人都想快速发达,但是却不明白做一切事都必须老老实实地努力才能有所成就。毕业生在求职过程中,也要放弃投机取巧的心态,不要急于求成,既要展示自身实力,又要防范求职陷阱,成功地从学校步入社会,实现人生的重要转折。

随着我国市场化经济体制的调整,毕业生就业方式也发生了很大的转变,也越来越依靠市场的变化,市场经济是法制经济,毕业生就业也就必须走法制化之路。因此,毕业生必须了解和掌握与就业相关的法律法规、政策制度等,并且通过学习这些法律、政策和规定,逐步把自己培养成能够用法律意识思考问题,进而能在这种意识的指导下,真正做到懂法律、守法律并能够使用法律。

第一节 就业权益

毕业生就业权益保护的学习是一项系统工程,在强调从法律和制度层面营造一个良好的背景和氛围的同时,也必须加强对于毕业生就业权益自我保护的指导和教育,这种指导和教育要贯穿于学生的整个大学生活,必须很好地体现在学校的职业生涯规划教育中。

一、就业权益的内涵

在我国经济飞速发展的今天,关于大学生就业难这个问题,已成为一个不争的事实。在大学生就业的过程中,一些单位肆无忌惮地随意侵犯大学生应有的权益,再加上初入社会的毕业生缺乏相应的法律意识,导致大学生的合法权益被用人单位侵犯的事件屡屡发生。因此,大学生在就业的过程中都有哪些权益、如何行使自身的权益以及如何维护自身权益等这些问题就显得尤为重要，让大学生能够在就业的过程中合理运用自身权益，就要先明确就业权益的内涵。

国家对于就业方面的法律、法规以及政策的规定指出，大学生在就业时作为一个普通的劳动者，应当享有劳动者应有的权益。具体权益包含平等就业的权利、选择职业的权利、取得劳动报酬的权利、休息休假的权利、获得劳动安全卫生保护的权利、接受职业技能培训的权利、享受社会保险和福利的权利、提请劳动争议处理的权利以及法律规定的其他劳动权利。

二、大学生的基本权益内容

大学生作为一个特殊群体，在就业过程中除享有普通劳动者所享有一般权利外，还享有作为大学生这一特殊群体的权利。

（一）就业信息知情权

就业信息是大学生成功就业的前提和关键的因素，只有在对招聘信息充分掌握的基础上，才能够在结合自身优缺点的情况下有选择地筛选，进而挑选到适合自身今后发展的用人单位。当代大学生信息来源非常丰富，比如校园招聘会、社会招聘会、网络、电视媒体、亲戚、朋友、同学等，针对以上多渠道就业信息，毕业生获取就业信息权，应包括以下三方面含义。

（1）信息公开。即任何团体、组织和个人不得隐瞒和截留用人单位的招聘信息。目前各地区的高校就业服务中心已建立了需求信息登记制度，但凡需要招聘高校毕业生的单位，须到各省、市级的就业服务中心办理信息登记，并由市高校毕业生就业指导中心通过高校向毕业生发布各类用人需求信息。

（2）信息及时。即要将用人单位的招聘信息及时有效地传递给毕业生，注意招聘信息的时效性，否则毕业生拿到手的招聘信息将是失去价值的。

（3）信息全面。即向毕业生发布的信息必须是全面的、完整的，就业信息残缺将会影响毕业生对用人单位的了解和判断，完整的就业信息可使毕业生对用人单位有全面的了解，从而做出符合自身要求的选择。

（二）接受就业指导与服务权

接受就业指导与服务是每个大学生应有的权利。就业指导工作直接影响着学生的职业生涯规划、就业方向及求职技巧等，学校在对学生就业指导方面占有重要的地位，根据国家相关规定，学校应成立专门的就业指导机构，并开设专门课程，安排专门人员对毕业生进行就业知识方面的指导与服务。包括向毕业生宣传国家最新关于毕业生就业的方针和政策；对毕业生进行求职的方式和技巧的指导；引导毕业生根据国家和社会的需要，结合自身专业和社会的实际情况进行就业。使毕业生能够通过校方老师的专业指导，进行准确的、合理的就业。

同时，毕业生也可以通过合法的途径寻求社会上的专业机构进行就业指导，这种市场指导可以是有偿的。

(三) 被推荐权

向用人单位推荐毕业生是高校就业工作的一项重要内容。同时学校的推荐往往对用人单位在选择毕业生上起着很大的作用，毕业生享有被学校公平、公正、如实推荐的权利，包含以下三方面内容。

（1）如实推荐，即高校就业指导中心在对毕业生进行推荐时，应实事求是，根据毕业生本人在校的实际情况，不夸大、不贬低、实事求是地向用人单位进行介绍、推荐。

（2）择优推荐，即高校根据毕业生的在校表现，在公正、公开的基础上择优推荐毕业生，使学生能够学以致用、人尽其才，并能够充分调动学生在学习、工作中的积极性和创造性。

（3）公正推荐，即高校在对毕业生进行推荐时应做到公平、公正，并且应当根据学生的在校表现及能力，合理地推荐每一位毕业生，公正推荐是学校的基本责任，也是毕业生享有的最基本的权益。

(四) 就业选择自主权

在国家就业方针和政策的指导下，高校毕业生可实现"双向选择，自主择业"。毕业生可按照自己的意愿自主地选择用人单位，有权决定自己从事何种职业、是否就业、何时何地就业。学校及其他单位和个人均不得进行干涉。任何将个人意志强加给毕业生，强令毕业生到某单位就业的行为是侵犯毕业生自主选择就业权的行为。

(五) 平等就业权

平等就业权是指任何劳动者在就业机会上平等的权利。它包含三层含义：一是任何公民都平等地享有就业的权利和资格，不因民族、性别、年龄、文化、宗教信仰、经济能力等而受到限制；二是在应聘某一职位时，任何公民都需平等地参与竞争，任何人不得享有特权，也不得对任何人予以歧视；三是平等不等于同等，平等是指对于符合要求、符合特殊职位条件的人，应给予他们平等的机会，而不是不论条件如何都同等对待。

用人单位录用毕业生的过程中，也应公平、公正、一视同仁。但在当前，毕业生的平等就业权受到很大的冲击，也最为毕业生所担忧。由于我国关于就业方面的法律和措施还不够完善，完全开放、公平的就业市场尚未真正形成，用人单位录用毕业生时还存在不同程度的不公平、不公正的现象，如女生就业难仍然是困扰女毕业生就业的一大问题。平等就业权是毕业生最为迫切需要得到维护的权益。

(六) 违约及求偿权

用人单位、毕业生和学校三方，一经签订就业协议后，任何一方不得擅自毁约和违约，如果用人单位无故解除协议，或不按照协议内容履行，毕业生有权要求用人单位承担违约责任。在现实就业过程中，毕业生出于谋求更好的就业机会等原因，主动向用人单位提出解除协议的情况不在少数，毕业生大多也都承担了自己的违约责任。同时也有主动向毕业生提出解除协议的情况，甚至个别单位在招聘时提供虚假信息，当毕业生到单位就业后则不能履行对毕业生的承诺，对于这些情况毕业生有权向用人单位提出赔偿要求。

（七）择业知情权

毕业生在与用人单位签订就业协议以及劳动合同前，有权了解用人单位的主体资格、劳动岗位、劳动条件、劳动报酬以及规章制度等情况，用人单位应当如实说明和介绍，不能回避或故意隐瞒某些职业危害，也不能夸大单位规模和提供给毕业生的待遇。

（八）户口档案保存权

毕业生自毕业之日起两年择业期内如果没有联系到合适的工作单位，没有和用人单位签订就业协议，也没有因回生源地自主择业、出国等情况而办理人事代理手续，有权将档案和户口保存在学校，学校应当对毕业生的学籍档案和户口关系进行妥善保管，不能向毕业生收取费用。择业期满后，学校就不再承担此义务。

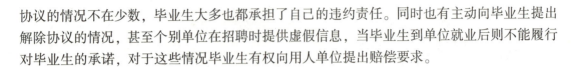

2009年2月，季小莉获悉江苏省海门市升海空调设备有限公司（以下简称升海公司）欲招收一名办公室文员后，持××建筑职业技术学院发给的《全国高等学校毕业生就业推荐表》前去报名应聘，双方于2009年2月27日签订了《劳动合同协议书》一份。协议约定季小莉担任职务为办公室文员；合同期限一年，从2009年2月27日至2010年2月27日止；其中试用期三个月，从2009年2月27日至2009年5月27日止；试用期月薪1 000元，试用期满后，按季小莉的技术水平、劳动态度、工作效益评定，根据评定的级别或职务确定月薪等。合同订立后，季小莉即在升海公司上班。此时，季小莉的毕业论文及其答辩尚未完成。2009年4月21日，季小莉发生交通事故，之后未到公司上班。季小莉在治疗和休息期间，经学校同意，以邮寄方式完成了论文及答辩，并于2009年7月1日正式毕业。

2009年11月8日，季小莉向劳动部门提出认定劳动工伤申请，同时升海公司也向劳动部门提出仲裁申请，要求确认劳动合同无效。海门市劳动争议仲裁委员会于2010年4月20日做出了仲裁裁决书，认为季小莉在签订劳动合同时仍属在校大学生，不符合就业条件，不具备建立劳动关系的主体资格，其与升海公司订立的劳动合同协议书自始无效。遂裁决升海公司与季小莉于2009年2月27日签订的《劳动合同协议书》无效。季小莉不服此裁决，诉至法院，要求确认双方签订的《劳动合同协议书》有效。

季小莉对劳动争议仲裁委员会的裁决不服，遂向海门市人民法院起诉，要求法院确认自己与公司签订的《劳动合同协议书》合法有效。季小莉认为，自己已年满20周岁，已具有就业的权利和行为能力，学校已经向其发放了双向选择推荐表，则具有到社会上就业的资格，推荐表中已载明了自己的情况，包括尚未正式毕业的事实，公司录用时予以了审查，不存在隐瞒和欺诈，法律也没有禁止在校大学生就业的规定，因此自己具备劳动主体资格，签订的劳动合同应当有效。

公司辩称，季小莉在签订劳动合同时仍是在校大学生，其应受学校的管理，不可能同时具有劳动者的身份，不可能成为企业成员，不具有劳动关系的主体资格，作为一个自然人不能同时拥有职工和学生两种身份，所以双方签订的劳动合同是无效的。季小莉之所以要求确认劳动合同有效，其目的是交通事故后要求公司办理劳动保险，而根据有关法律法规规定，劳动部门不可能为学生进行投保，所以劳动争议仲裁委员会的裁决完全正确，请求法院驳回季小莉的诉讼请求。

法院认定合同有效，海门法院经审理认为，原告季小莉已年满20周岁，已符合《劳动法》规定的就业年龄，其在校大学生的身份也非《劳动法》规定排除适用的对象，何况，原告已取得学校颁发的《2006届毕业生双向选择就业推荐表》，已完全具备面向社会求职、就业的条件，被告公司在与原告签订劳动合同时，对原告的基本情况进行了审查和考核（面试），对原告至2006年6月底方才正式毕业的情况也完全知晓，在此基础之上，双方就应聘、录用达成一致意见而签订的劳动合同应是双方真实意思的表示，不存在欺诈、隐瞒事实或威胁等情形，双方签订的劳动合同也不违反法律、行政法规的有关规定，因此，该劳动合同应当有效，应对双方具有法律约束力。原告季小莉持《2006届毕业生双向选择就业推荐表》与被告公司签订的《劳动合同协议书》不具备法定无效的情形，因此，原告的诉讼请求，法院予以支持，依法判决原告季小莉与被告公司签订的《劳动合同协议书》有效。

公司不服一审判决，向南通市中级人民法院提出上诉。中级法院认为：季小莉具备订立劳动合同的主体资格，其与公司订立的劳动合同合法有效。上诉人公司的上诉理由不能成立。判决驳回上诉，维持原判。

案例分析：该案例中的季小莉与公司订立劳动合同时已年满20周岁，已具备与用工单位建立劳动关系的行为能力和责任能力，其虽未毕业，但其学生身份并不限制其作为普通劳动者加入劳动力团体，且学校没有禁止学生在即将毕业前与单位订立劳动合同，而是发给毕业生双向选择就业推荐表，鼓励其就业，故季小莉为适格的劳动合同主体，她与公司存在劳动合同关系，该劳动合同合法有效。

三、进入职场试用期的基本权益

试用期，顾名思义就是在建立劳动关系的试用阶段，试用期是用人单位与劳动者为了相互考察而约定建立的期限。在试用期内用人单位可以考察员工的工作能力和办事效率，员工同时也可以考察用人单位的各项情况，属于双方相互试用的一个过程。虽然在试用期内，劳动者的权益依然受法律保护，不能因为在试用期而忽略了自己应有的合法权益，试用期的权益具体如下。

（一）履行就业协议权

就业协议书是用人单位、毕业生、学校三方协定签署的，具有法律效力，在用人单位无故拒不履行就业协议时，毕业生有权向用人单位提出赔偿。就业协议一经签订就应严格履行，不得无故更改。用人单位必须依照协议书接收毕业生，并按照约定为其妥善安排岗位。

案例导读

2012年，作为西安本地的一名专科院校的毕业生，小张从激烈的竞争中脱颖而出，被某知名企业录取。此时，小张发现还有一家发展前景更好的单位也在招聘，于是他匆匆和这家公司签订了就业协议书后又应聘了那家更有前景的单位。他认为反正就业协议也不是劳动合同，对自己没有约束力。

当小张兴冲冲地跑到原来签订就业协议的公司，请求解除就业协议时，该公司告知小张，解除就业协议可以，但小张必须按照就业协议的约定向公司交付违约金。面对不菲的违约金，初出校门的小张真为自己法律意识的缺乏懊悔不已。

案例分析：毕业生就业协议与劳动合同确实不一样。学生签订毕业生就业协议的时候，仍属于在校学生的身份，学生和招聘单位之间的关系还不是《劳动法》意义上的劳动关系，但这并不意味着就业协议就没有约束力。事实上，作为一般民事协议，毕业生就业协议虽然不受《劳动法》调整，但却属于《民法通则》的调整范围，在平等、自愿等基础上建立起来的毕业生就业协议受法律保护，任何一方无正当理由任意违反都要承担相应的违约责任。因此，大学生在决定签署就业协议前，要认真对待就业协议的约定，特别是其中的违约条款，以免给自己造成损失。

（二）签订劳动合同权

根据《劳动法》，劳动合同是用人单位与劳动者建立劳动关系的法律依据，用以明确双方的权利和义务。双方一旦建立了劳动关系，就要签订书面劳动合同，试用期也不例外。签订劳动合同是劳动者实现劳动权益的重要保障；同时它也是减少和防止发生劳动争议的重要措施。对于不签合同的单位或个人，劳动部门有权责令其补签或施以处罚。劳动者应充分重视合同的作用，在自己的正当权益受到损害时，更要勇于向法律寻求帮助和保护。

案例导读

应届毕业生王某与某私企达成工作意向，双方签订了就业协议。一个月后，王某毕业，并顺利进入用人单位开始工作。但该企业始终不愿意与小王签订劳动合同，催促几次后单位解释说，双方在就业协议书中并没有明确要求何时签订劳动合同，更何况关于工资、劳动期限等条款在就业协议书中已有约定，双方没有必要为此再另行签订劳动合同。王某觉得双方确实没有约定什么时候签订劳动合同，而单位不签劳动合同似乎也有道理，就不再向单位提起此事。不料一日忽被裁员，公司一分赔偿金也没给。王某后悔莫及。

案例分析：就业协议书与劳动合同存在着不同，就业协议书作为一份简单的格式文本，很多诸如工作岗位、工作条件等劳动合同必备条款并不在就业协议书中直接体现。因此，单凭就业协议书对于学生正式报到就业后的劳动权利无法全面保障。

(三) 劳动报酬权

毕业生有按照劳动的数量和质量取得劳动报酬的权利，法律同时也规定了"最低工资"和"同工同酬"制度为这项权益做保障。在试用期间，由于对工作的熟练程度、技能水平都与其他工作人员相比存在差距，因此在试用期的工资与其他人也有差距，但是只要劳动者在法定时间提供了劳动力，用人单位就应该支付其工资。

目前，很多用人单位为了节省工资成本，在试用期将满的时候寻找各种理由解聘大学生拒绝续约，还有的在招聘时就宣称试用期不发工资，只有在试用期满后双方签订正式劳工合同才发放工资。遇到这种情况，劳动者可以向劳动监察部门反应。试用期的工资较正式工资都相对较低，但是低也有个标准，一般不低于当地最低工资标准。

(四) 休息休假权

根据我国有关法律的规定，劳动者在参加一定时间的劳动、工作之后有权享受休息休假。从目前来看，很多用人单位利用大学生初入社会很有激情和干劲的特点，故意延长这些大学生的工作时间，或者长时间加班不支付费用，实际上这种现象侵犯了其休息休假权。保障劳动者休息休假权，我们不缺法律法规，不缺政策规定，也不缺民意诉求。虽然劳动者的休息休假权的落实总体较好，但也是千疮百孔，不尽人意。比如，带薪休假权几乎沦为"纸上权利"；加班加点成为一种常态，且鲜见法律规定的加班费等，故多年来，屡遭公众诟病。

(五) 享有社保权

劳动者只要与用人单位建立劳动关系，用人单位就应根据社会保险的规定，按比例缴纳法定的各种社会保险。常说的就是五险一金，即医疗保险、养老保险、生育保险、失业保险、工伤保险、住房公积金。实际上，很多用人单位并不给毕业生办理社会保险，实际上侵犯了毕业生应有的权益，对毕业生而言，这些不给毕业生办理保险的就业单位，在其单位就业的风险就会很大。

案例导读

小吴毕业后到一家公司报到上班。工作一段时间后，发现公司存在无故克扣员工工资和无故不缴纳社会保险费的现象。员工们对公司的这一做法都非常气愤，但是考虑到自己的工作岗位和发展机会，没有人敢于站出来对此提出质疑。小吴知道公司的做法是违反劳动法的，强烈的维权意识使他认为一定要采取措施保护自己和同事的合法权益。于是他以匿名的方式向当地劳动监察部门举报了公司的恶劣行径。劳动监察部门接到举报后，马上在查证属实的基础上对公司进行了处罚，同时责令公司返还克扣的员工工资，并按规定补交社会保险费。小吴用自己的行动维护了自己和同事的正当权益。

这则案例提醒我们：毕业生在法律意识和契约意识的指引下，认识到自己的合法就业权益受到了侵害，是积极运用法律手段维护自己的合法权益还是息事宁人，不同的处理方法体现了维权意识的不同。具有强烈的维权意识，在碰到问题时能够拿起法律的武器维护自身权利，是毕业生走出权益自我保护的实质性的一步。毕业生只有养成了维权意识，才能够平等地与用人单位对话，据理力争，切实保障自己的合法权益。当然维权意识要求毕业生应当知道可以采用下列途径维护自己的就业权利：学校出面调解，向劳动监察部门申诉、举报，向劳动仲裁机构申请仲裁，向人民法院提起诉讼等。

（六）解除劳动合同权

在试用期间，劳动者可以向用工单位提出解除劳动合同，并不需要附加任何条件。用人单位不得要求其支付技能培训的费用，并且还应该按照其实际的工作天数支付相应的工资。

据我国劳动法规定，用人单位在试用期辞退毕业生时，必须有证据证明毕业生不符合用工条件，才可辞退，而劳动者只需要通知单位即可以解除劳动合同，不需要提供理由。合同一经签订，用人单位不能随意解除合同。

（七）拒绝收费权

用人单位在招聘录用时，不得扣押劳动者的身份证、驾照等证件，不得以提供担保或其他名义向劳动者收取费用。现实中有很多单位在招聘时，要求毕业生交报名费、面试费、培训费等，还有在签订协议后要求毕业生提供保证金或抵押金，或者将毕业生在试用期的工资作为押金拒绝支付，毕业生对这些费用都可以依法拒绝。

案例导读

小王和小赵是即将面临毕业的大学生，通过网络应聘，两人相约来到一家房地产广告公司应聘市场部的助理。面试、笔试各个环节进行得都非常顺利，最后，面试负责人通知小王和小赵他们被录用了，试用期的主要工作是联系相关写字楼的承租客户，同时，试用期小王和小赵每人必须交纳3 000元的押金。交押金的目的是保证公司利益不受损失，试用期结束后公司将退还押金。初露锋芒的成功让小王和小赵兴奋不已，两人并未多想，就从银行取款交纳了押金，开始着手完成他们试用期的工作任务。接下来一个月的时间，按照公司指定的几座写字楼联络计划，小王和小赵分头忙碌起来，每天从学校到写字楼往返奔波。然而一个月下来，小王和小赵竟然没能联系到一家客户。他们只好如实向公司有关负责人说明了情况。经过一番交涉，公司有关负责人遗憾地表示，由于小王和小赵未能完成任何公司交办的任务，两人不能被最终录用，并且，在一个月内两人因涉及公司业务发生的部分费用支出要从当初交纳的押金中扣除。没能完成公司交办的业务，固然让小王和小赵感到愧疚，但当初交纳的押金因各种原因被部分扣除，也让小王和小赵感觉难以接受。

案例分析：初涉职场的大学生对社会的复杂性往往缺乏必要的认识和了解，一些用人单位甚至不法之徒也正是利用了大学生这种急于找到工作但又缺乏必要社会经验和知识的弱点，侵害大学生的就业权益，甚至利用大学生进行违法犯罪活动。大学生们必须了解和掌握自身应有的权益，并学会运用法律的武器维护自身的权益。

第二节 大学生就业权益的法律保障

目前，毕业生就业过程中或多或少地都存在就业权益被侵犯的现象，出现这种问题毕业生可以通过多种途径进行解决，例如联系学校就业指导部门出面进行解决，毕业生自己解决等。这些方式都需要毕业生熟悉和掌握国家有关法律、法规，强化自己的维权意识。

一、大学生就业过程中的侵权现状

在当前大学生的就业市场中，关于大学生就业法律的不完善、用人单位的观念、就业权益援助的渠道不通畅等原因，导致大学生就业权益被侵犯的现象非常普遍。据不完全统计，每10个大学生中的6人都在就业过程中，受到过权益被侵害的现象，主要方式表现在以下几个方面。

（一）大学生与用人单位地位的不平等

毕业生在与用人单位签订就业协议的时候，处于弱势地位。首先，总的就业市场供过于求，导致用人单位招聘时具有较多的选择权，而毕业生能够选择的单位很少。其次，双方在签订了就业协议后，属于管理与被管理的地位。最后，毕业生到用人单位就业后，单位会变相地降低毕业生的待遇，或是延长试用期。

（二）大学生在就业中的歧视现象

毕业生在就业过程中，就业歧视现象尤为严重，这种现象的存在严重地破坏了大学生的就业市场。主要表现在：

外貌歧视。很多用人单位在招聘时，要求员工的长相、身材、身高、体重等，这些要求都违反了我国《劳动法》的相关规定。

性别歧视。女性的身体素质较弱，并且要完成生育和照顾家庭的重担，所以很多用人单位在招聘初就制定了严格的男女录用比例的问题。

（三）大学生就业中的合同欺诈

有些用人单位违反国家规定，无故延长大学生的试用期，收取押金或培训费。更有甚者在公司毫无资质的前提下，招聘大学生从事传销等非法活动。

（四）用人单位违约

现今的就业市场上用人单位处于强势地位，导致用人单位随意更改协议书内容、不实际履行协议书条款，甚至无故解除协议等现象。比如，有些单位给毕业生承诺的优厚待遇，在毕业生到岗后，不完全兑现承诺或根本不兑现承诺。还有违反国家规定，不给大学毕业生缴纳"五险一金"，使得大学生的就业权益受到侵害。

案例导读

【案例一】

小程是陕西某高校新闻专业的大学生，在学院里被称为"才女"的她文笔好，新闻实践经验也很丰富，毕业时被同学和老师一致看好。

去年11月，她参加了西安某报业集团的招聘考试，并以优秀的笔试成绩进入复试。面试时她觉得自己发挥得不错，可之后她却没有等到任何通知。更让她不解的是，进入笔试的同学里男女生的比例是差不多的，甚至女生稍多一点，可最后被录用的名单里，却清一色全是男生。她回忆说，自己当时认识了一些同进入复试的女生，大多面试分很高、综合表现也很优秀。"现在很多单位并不写明只招男生，却在淘汰的过程中先推女生出局，这不是变相的性别歧视吗？"小程说，还有太多像她一样的女同学，面对用人单位的性别歧视，根本没有抗争的力量。

一项关于"进入职场男女是否平等"的调查结果显示，性别不平等依然存在。究其原因可分为三个方面：一是传统社会性别意识的影响；二是女性自身平等就业意识不强烈；三是保障男女平等就业权的法律不明确。

【案例二】

"一个月1 500元，不要经常换工作，用人单位不用异样眼光看我们，这就是2013年最大的心愿。"

冯丽娜，去年七月从陕西某学院艺术与设计专业毕业，此前在大学期间边打工边学习获得的经验，让她比其他残疾同学更有信心，别人每月拿到800元的月薪，她"敢"向用人单位提出1 500元。然而在走过近半年的求职历程后，语言交流有障碍的冯丽娜当初那点"雄心壮志"，也已被渐渐浇灭了。她已将底线降至1 000元，只要有合适的工作，符不符合专业不要紧。

她说："正常大学生都求职难，留给你（残疾人）的岗位更是所剩无几，无奈只能是低端的、重体力的职位，而给出的薪水也只有八九百元。在当今这个物价高涨的时代，多数人因为挣钱太少，只能选择跳槽。但跳来跳去，还是逃不出这个'恶性循环'的状况，为了生计要工作，找到工作却因薪水低无法养活自己，跳槽后仍具失业的风险"。

残疾人大学生就业难，一直困扰着这个特殊的高学历群体。尽管官方在政策与行动上持续加温，但效果似乎并不显著。招聘会上，残疾人大学生因为遭遇"各种各样"的问题，困扰着他们的求职梦。在一次次求职受挫后，他们觉得，很多招聘单位对于残疾人的歧视仍然是来自"骨子里"的,招聘他们只不过是为了赚取免税的指标,成了拿到优惠政策的工具,事实上,用人单位的歧视行为已经成为一种侵权表现。

二、大学生就业相关的法律法规

毕业生要熟悉和掌握国家有关法律、法规,强化自己的维权意识。一旦在求职应聘、签订就业协议和劳动合同的过程中发现有权益受到侵害的现象时,能够积极运用法律武器,争取和维护自己的合法权益。主要的法律、法规有:《劳动法》《劳动合同法》《就业促进法》《劳动争议调解仲裁法》《普通高等学校毕业生就业工作暂行规定》等。

(一)《劳动法》

《劳动法》于1994年7月5日经第八届全国人民代表大会常务委员会第八次会议通过,自1995年1月1日起施行。它根据宪法制定,目的是"为了保护劳动者的合法权益,调整劳动关系,建立和维护适应社会主义市场经济的劳动制度,促进经济发展和社会进步"。

适用的范围是在中华人民共和国境内的企业、个体经济组织和与之形成劳动关系的劳动者,国家机关、事业组织、社会团体和与之建立劳动合同关系的劳动者。内容包括劳动者的基本权利和义务、促进就业、劳动合同和集体合同、工作时间和休息休假、工资、劳动安全卫生、女职工和未成年工特殊保护、职业培训、社会保险和福利、劳动争议、监督检查、法律责任。

1. 劳动合同和集体合同

劳动合同是劳动者与用人单位确立劳动关系、明确双方权利和义务的协议。毕业生与用人单位建立劳务关系就应当签订劳动合同,劳动合同依法签订具有法律约束力,当事双方应必须履行合同中规定的义务。当用人单位采取违反法律法规的形式,运用欺诈、威胁等手段签订的合同都视为无效劳动合同。同时,劳动合同应具备劳动合同期限、工作内容、劳动保护和劳动条件、劳动报酬、劳动纪律、劳动合同终止的条件、违反劳动合同的责任这些条款。

除这些必备条款外,劳动者与用人单位还可商议其他附加内容。劳动合同还可约定试用期,但是最长不得超过6个月。在试用期内,用人单位以暴力、威胁或者非法限制人身自由的手段强迫劳动的,和未按照劳动合同约定支付劳动报酬或者提供劳动条件的,大学生都可随时通知用人单位解除劳动合同,并通过法律手段保护自己的合法权益。

我国劳动法规定企业职工一方与企业可以就劳动报酬、工作时间、休息休假、劳动安全卫生、保险福利等事项,签订集体合同。集体合同草案应当提交职工代表大会或者全体职工讨论通过。集体合同由工会代表职工与企业签订;没有建立工会的企业,由职工推举的代表与企业签订。依法签订的集体合同对企业和企业全体职工具有约束力。职工个人与企业订立的劳动合同中劳动条件和劳动报酬等标准不得低于集体合同的规定。集体合同也是维护劳动者的具有法律效力的文件,劳动者也应重视其作用。

2. 工作时间和休息休假

我国《劳动法》第三十六条规定，国家实行劳动者每日工作时间不超过 8 小时、平均每周工作时间不超过 44 小时的工时制度。用人单位应保证劳动者每周至少休息 1 天。对于计件付酬的劳动者，应根据第三十六条的规定时间，合理地安排定额标准和计件报酬标准。对于元旦、春节、劳动节、国庆节等法律法规规定的其他休假节日，用人单位应该依法安排劳动者休假。

由于用人单位生产经营的需要，需经与工会和劳动者协商后方可以延长工作时间，一般每日不得超过 1 小时，因特殊原因需要延长工作时间的在保障劳动者身体健康的条件下延长工作时间每日不得超过 3 小时，但是每月不得超过 36 小时。用人单位安排劳动者延长工作时间的，需支付不低于工资的百分之一百五十的工资报酬，休息日安排劳动者工作又不能安排补休的，支付不低于工资的百分之二百的工资报酬，法定休假日安排劳动者工作的，支付不低于工资的百分之三百的工资报酬。当劳动者连续工作 1 年以上的，享受带薪休年假的权利。

3. 工资分配、劳动安全卫生、女性职工和未成年人特殊保护、社会保险和福利制度

工资的分配应当遵循按劳分配的原则，实行同工同酬。不得克扣或者无故拖欠劳动者的工资，并且应当以货币形式按月支付给劳动者本人。劳动者在法定休假日和婚丧假期间以及依法参加社会活动期间，用人单位应当依法支付工资。用人单位根据本单位的生产经营特点和经济效益，依法自主确定本单位的工资分配方式和工资水平。国家实行最低工资保障制度。

用人单位必须建立、健全劳动卫生制度，严格执行国家劳动安全卫生规程和标准，对劳动者进行劳动安全卫生教育，防止劳动过程中的事故，减少职业危害。用人单位必须为劳动者提供符合国家规定的劳动安全卫生条件和必要的劳动防护用品，对从事有职业危害作业的劳动者应当定期进行健康检查。劳动者对用人单位管理人员违章指挥、强令冒险作业，有权拒绝执行；对危害生命安全和身体健康的行为，有权提出批评、检举和控告。

国家对女职工和未成年工实行特殊劳动保护，未成年工是指年满 16 周岁未满 18 周岁的劳动者。禁止安排女职工从事矿山井下、国家规定的第四级体力劳动强度的劳动和其他禁忌从事的劳动。不得安排女职工在经期从事高处、低温、冷水作业和国家规定的第三级体力劳动强度的劳动。不得安排女职工在怀孕期间从事国家规定的第三级体力劳动强度的劳动和孕期禁忌从事的劳动。对怀孕 7 个月以上的女职工，不得安排其延长工作时间和夜班劳动。女职工生育享受不少于 90 天的产假。不得安排女职工在哺乳未满 1 周岁的婴儿期间从事国家规定的第三级体力劳动强度的劳动和哺乳期禁忌从事的其他劳动，不得安排其延长工作时间和夜班劳动。

社会保险基金经办机构依照法律规定收支、管理和运营社会保险基金，并负有使社会保险基金保值增值的责任，任何组织和个人不得挪用社会保险基金。用人单位和劳动者必须依法参加社会保险，缴纳社会保险费，用人单位无故不缴纳社会保险费的，由劳动行政部门责令其限期缴纳，逾期不缴的，可以加收滞纳金。

4. 劳动争议及法律责任

劳动争议发生后，当事人可以向本单位劳动争议调解委员会申请调解；调解不成，当事人一方要求仲裁的，可以向劳动争议仲裁委员会申请仲裁。当事人一方也可以直接向劳动争议仲裁委员会申请仲裁。对仲裁裁决不服的，可以向人民法院提出诉讼。

用人单位有下列侵害劳动者合法权益情形之一的，由劳动行政部门责令支付劳动者的工资报酬、经济补偿，并可以责令支付赔偿金：克扣或者无故拖欠劳动者工资的；拒不支付劳动者延长工作时间工资报酬的；低于当地最低工资标准支付劳动者工资的；解除劳动合同后，未依照本法规定给予劳动者经济补偿的。用人单位违反本法对女职工和未成年工的保护规定，对女职工或者未成年工造成损害的，应当承担赔偿责任。

用人单位的劳动安全设施和劳动卫生条件不符合国家规定或者未向劳动者提供必要的劳动防护用品和劳动保护设施的，由劳动行政部门或者有关部门责令改正，可以处以罚款；情节严重的，提请县级以上人民政府决定责令停产整顿；对事故隐患不采取措施，致使发生重大事故，造成劳动者生命和财产损失的，用人单位强令劳动者违章冒险作业，发生重大伤亡事故，造成严重后果的，对责任人员依法追究刑事责任。

（二）《劳动合同法》

《劳动合同法》于2007年6月29日经第十届全国人民代表大会常务委员会第二十八次会议通过，自2008年1月1日起施行。《劳动合同法》从劳动合同的订立、履行、变更、解除到终止，明确了劳动合同双方当事人的权利和义务，重在对劳动者合法权益的保护，被誉为劳动者的"保护伞"，为构建与发展和谐稳定的劳动关系提供法律保障。作为我国劳动保障法制建设进程中的一个重要里程碑，《劳动合同法》的颁布实施有着深远的意义。因此，在与用人单位签订劳动合同前，应该对《劳动合同法》的相关规定进行了解，特别是订立阶段的有关注意事项，以更好地维护自身的合法权益。

《劳动法》与《劳动合同法》都是为了保护合法的劳动关系和双方的合法利益而制定的法律，《劳动合同法》是《劳动法》的特别法，在关于劳动合同的问题上，优先适用《劳动合同法》。《劳动合同法》突出了以下内容：一是立法宗旨非常明确，就是为了保护劳动者的合法权益，强化劳动关系，构建和发展和谐稳定的劳动关系；二是解决目前比较突出的用人单位与劳动者不订立劳动合同的问题；三是解决合同短期化问题。

目前，许多用人单位在招聘大学毕业生时，都要求先试用再签订劳动合同。由于应届毕业生并没有太多工作经验，在签订正式合同前都被要求先实习或者是见习，大多数单位并不会跟毕业生签订任何书面合同，只是口头约定。在试用期满后，被企业无故辞退，或拖着一直不签订正式合同的大有人在，导致毕业生错过最佳求职时期，陷入十分困难的境地。《劳动合同法》第十条规定，建立劳动关系，应当订立书面劳动合同。已建立劳动关系，未同时订立书面劳动合同的，应当自用工之日起一个月内订立书面劳动合同。用人单位与劳动者在用工前订立劳动合同的，劳动关系自用工之日起建立。这一规定的实施有效地改善了此类现象的发生。

试用期是用人单位与劳动者建立劳动关系后为相互了解、相互选择而约定的考察期，是毕业生工作的第一个阶段，也是和用人单位最容易出现纠纷的阶段。《劳动合同法》第十九条对试用期劳动者的权益保护进行了明确规定，劳动合同期限三个月以上不满一年的，试用期不得超过一个月；劳动合同期限一年以上不满三年的，试用期不得超过两个月；三年以上固定期限和无固定期限的劳动合同，试用期不得超过六个月。同一用人单位与同一劳动者只能约定一次试用期。以完成一定工作任务为期限的劳动合同或者劳动合同期限不满三个月的，不得约定试用期。劳动合同仅约定试用期的，试用期不成立，该期限为劳动合同期限。

毕业生在试用期内解除劳动合同的，需提前三日通知用人单位，可以解除劳动合同。有些用人单位在劳动合同中约定劳动者在试用期解除合同需承担违约责任，这实际上是侵害劳动者合法权利的行为。毕业生如果在试用期患上疾病不能坚持正常工作的，用人单位不能随意将其辞退。《劳动合同法》规定，劳动者患病或者非因工负伤，在规定的医疗期满后不能从事原工作，也不能从事由用人单位另行安排的工作的，用人单位提前三十日以书面形式通知劳动者本人或者额外支付劳动者一个月工资后，可以解除劳动合同。

（三）《就业促进法》

《就业促进法》于2007年8月30日经第十届全国人民代表大会常务委员会第二十九次会议通过，自2008年1月1日起施行。制定的目的是促进就业，促进经济发展与扩大就业相协调，促进社会和谐稳定。人们普遍关心的禁止就业歧视、扶助困难群体、规范就业服务和管理等就业问题在这部法律中都有体现。

毕业生在就业中常常遭遇就业不平等、就业歧视等问题，《就业促进法》给毕业生提供了明确的法律依据，应引起毕业生的特别关注。《就业促进法》第二十五条规定，各级人民政府创造公平就业的环境，消除就业歧视，制定政策并采取措施对就业困难人员给予扶持和援助。这一条对用人单位多年以来根深蒂固的就业歧视行为进行了明确否定。第二十六条规定，用人单位招用人员、职业中介机构从事职业中介活动，应当向劳动者提供平等的就业机会和公平的就业条件，不得实施就业歧视。这一条规范了用人单位和职业中介机构的招聘行为。

此外，《就业促进法》中对于保障妇女、少数民族、残疾人、传染病患者等劳动权利都做了明确规定。第二十七条规定："国家保障妇女享有与男子平等的劳动权利。用人单位招用人员，除国家规定的不适合妇女的工种或者岗位外，不得以性别为由拒绝录用妇女或者提高对妇女的录用标准。用人单位录用女职工，不得在劳动合同中规定限制女职工结婚、生育的内容。"第二十八条规定："各民族劳动者享有平等的劳动权利。用人单位招用人员，应当依法对少数民族劳动者给予适当照顾。"第二十九条规定："国家保障残疾人的劳动权利。各级人民政府应当对残疾人就业统筹规划，为残疾人创造就业条件。用人单位招用人员，不得歧视残疾人。"第三十条规定："用人单位招用人员，不得以是传染病病原携带者为由拒绝录用。"

目前，社会上就业歧视现象仍屡见不鲜，用人单位违反《就业促进法》实施就业歧视的，毕业生可以拿起法律的武器，向人民法院提起诉讼，以维护自己平等就业的权利。

三、劳动争议的解决

劳动争议就是劳动纠纷，是指劳动关系双方当事人因劳动问题引起的纠纷。从这个意义上讲，劳动者与用人单位之间、劳动者之间、用人单位之间，劳动问题引起的争议，都可以叫作劳动争议。按照劳动争议主体的不同，可分为个别争议和集体争议。

个别争议的主体通常是指劳动者个人与用人单位。争议的内容涉及劳动者个人的权利及义务，并由劳动者个人提请处理。

集体争议是因集体合同的订立、履行而引发的争议，是建立在集体谈判的基础上的，它以一定数量的劳动者为基础，是劳动者代表与用人单位在谈判过程中发生的争议，实际是工会或劳动者代表作为一个整体与用人单位或其代表之间的争议。

掌握合法的维权手段是大学生解决合法权益受损最有效的途径。一旦在实际就业中合法权益受到侵犯，应该积极运用法律武器维护自己的正当权益。很多毕业生苦于维权无门，发生劳动纠纷不知道找什么部门，下面总结了六大维权途径。

1. 协商

协商是指劳动者与用人单位就争议的问题直接进行协商，寻找纠纷解决的具体方案。与其他纠纷不同的是争议的双方一方为用人单位，一方为单位职工，双方已经发生了一定的劳动关系，使双方相互之间有所了解。对于用人单位一般的违规行为或争议不大的问题，劳动者可与用人单位自行协商，达成新的协议，或者有过错的一方改正错误，消除争议。

2. 调解

调解是指劳动纠纷的一方当事人就已经发生的劳动纠纷向劳动争议调解委员会申请调解的程序。根据《劳动法》的规定，在用人单位内可以设立劳动争议调解委员会，负责调解本单位的劳动争议。调解委员会的人员由职工代表、单位代表和工会组成。发生劳动争议后，劳动者可以向本单位或是本地区的劳动争议调解委员会提出申请，请求调解。调解申请，应当自知道权利被侵害之日起30日内提出。

3. 仲裁

仲裁是劳动纠纷的一方当事人将纠纷提交劳动争议仲裁委员会进行处理的程序，是处理争议的必经程序。该程序既具有劳动争议调解灵活、快捷的特点，又具有强制执行的效力，是解决劳动纠纷的重要手段。大学生申请仲裁，应自争议发生之日起60日内向劳动争议仲裁委员会提出书面申请。劳动争议仲裁委员会受理的劳动争议范围包括：因企业开除、除名、辞退职工和职工辞职、自动离职发生的争议；因执行国家有关工资、保险、福利、培训、劳动保护规定发生的争议；因履行劳动合同发生的争议；因法律、法规规定的其他劳动争议等。

4. 诉讼

人民法院审理劳动争议案件是解决劳动争议的最后一道程序，我国《劳动法》第八十三条规定："争议当事人对仲裁裁决不服的，可在收到仲裁裁决书之日起15日内向人民法院起诉。一方当事人在法定期限内不起诉，同时又不履行仲裁裁决的，另一方当事人可向法院申请强制执行。"但需注意，未经劳动争议仲裁委员会仲裁的劳动争议案件，法院不予受理。

第三节 就业协议书和劳动合同

当顺利通过面试，毕业生们就顺利地获得了自己心仪的工作岗位，即将开始自己的职场生活。但是，在这之前，同学们还需要签订就业协议书和劳动合同，以确保今后的工作能够顺利地进行。本节内容向同学们介绍了签订就业协议的程序及注意事项、就业协议的解约及改签、劳动合同的签订、就业协议书与劳动合同的区别等相关知识，保障同学们能够顺利进入职场。

一、就业协议签约的程序

就业协议的全称是"全国普通高等学校毕业就业协议书"，是由国家教育部制定，省、市、自治区、直辖市就业主管部门印制的，通常称之为"三方协议"，主要明确毕业生、用人单位及学校三方面在毕业生就业上的权利和义务。就业协议以书面的方式进行签约，能够解决应届毕业生的档案、社会保险、公积金等一系列问题，当毕业生到用人单位进行报到后，此协议自动终止，需签订正式的劳动合同。

（一）协议签订的内涵

协议是指在组织之间或者个人之间，通过协商、洽谈、明确各自的权利和义务而达成意见一致的书面文书。签约是指两方或多方因利害关系而协商达成的盟约。当毕业生与用人单位之间通过双向选择而达成一致的意愿之后，需通过书面协议的方式将这种关系确定下来。毕业生与用人单位签订协议后，经学校就业主管部门签字盖章，即为签约。从毕业生的角度而言，签订该协议即意味着就业，所以该协议就称为就业协议。

随着我国高校毕业生就业制度改革的深化，毕业生的就业协议内容也在进一步规范化。目前，一些用人单位和学校为了保证毕业生的权益，已经在就业协议上附加了有关劳动合同的内容，进一步明确了毕业生与用人单位之间的权利与义务。其中包含劳动服务期、工作的岗位及内容、工资报酬和福利待遇、协议终止的条件及违反协议的责任等。协议书的签订是一种法律行为，一旦签约即视为生效合同，具有法律效力。同时签订就业协议也是确定双方权利与义务的必要程序，也是处理劳动纠纷的主要依据，毕业生应该正确认识和严肃对待就业协议书，慎重签订。

（二）各方的权利及义务

高校毕业生在就业的过程中，主要涉及毕业生、用人单位和学校这三方，各方的权利及义务主要有以下几方面。

1. 毕业生的权利及义务

毕业生作为就业协议签订的主体之一，清楚地了解自己的权利和义务是签订协议非常重要的一个环节。

毕业生有全面了解用人单位的权利。毕业生在与用人单位签约时，完全有必要也有权利对用人单位进行细致的、全面的了解。包括用人单位的工作环境、企业文化以及员工福利等。用人单位也有义务向毕业生和学校如实地介绍本单位的情况，并尽可能地提供能够证明这些情况的有关资料。

毕业生享有平等就业和自主选择职业的权利。《劳动法》规定，"劳动者享有平等就业和选择职业的权利"。对毕业生而言，在求职择业的过程中，选择哪一职业，或是哪一用工单位，都是毕业生应有的权利，任何单位和个人都无权干涉，即使是学生的家长也不能对毕业生选择职业进行干涉和强迫。当然作为学生在选择职业时，应当与家长和亲属进行沟通，听取他们的意见和建议，并且结合自身情况做出与实际情况相符合的选择。

毕业生有如实向用人单位介绍自身情况的义务。包括学习成绩、在校表现、社会实践经历以及健康状况等各方面情况，并且要如实地提供能够证明这些情况的材料，这是用人单位能够准确了解毕业生情况的重要基础。

毕业生有接受用人单位的测试和考核的义务。用人单位为了招聘到符合公司要求的毕业生，通常都会组织一下测试或者考核的手段来评测毕业生，从而进行比较和筛选。毕业生应该积极配合和准备，接受测试和考核，充分展现自身的能力，获得期望的工作。

2. 用人单位的权利及义务

用人单位是与毕业生签订就业协议的另一方主体，明确其权利和义务能够更好地减少劳动纠纷。

用人单位享有全面了解毕业生情况的权利。用人单位根据本单位对所需人员的要求，可通过学校有关部门或者毕业生所在院系以及毕业生本人了解情况，并对毕业生进行测试考核，最终确定是否录用。

用人单位有如实向毕业生及学校介绍本单位情况的义务。用人单位在招聘的时候，需对单位的具体情况做介绍，包括毕业生入职后的岗位、工作的环境、工作时间、薪资待遇等。

3. 学校的权利及义务

学校作为毕业生的培养单位，在毕业生就业过程中具有非常重要的作用，学校的权利及义务对毕业生本人和用人单位都有直接的意义。

学校有义务对毕业生进行就业指导，并且向用工单位推荐毕业生。根据国家有关规定，学校应成立专门的就业指导机构，开设专门课程，安排专门人员对毕业生进行就业知识方面的指导与服务，使毕业生能够通过校方的指导进行准确的、合理的就业。高校根据毕业生的在校表现，在公正、公开的基础上择优推荐毕业生，使学生能够学以致用、人尽其才，并能够充分调动学生在学习工作中的积极性和创造性。

学校有义务向毕业生和用人单位介绍学校情况和提供有关介绍资料。

学校应对毕业生、用人单位双方当事人的资格和学生相关材料的真实性、合法性进行鉴定,并根据国家有关政策和规定,对就业协议签署是否同意的意见。

(三) 签约的基本程序

就业协议是毕业生与用人单位供需见面、双向选择之后确立劳动关系,明确双方在毕业生就业工作中权利和义务的协议,同时也是作为毕业派遣的重要依据,一般需经过以下的程序。

(1) 由毕业生本人在协议书上以文字形式,明确表达自己同意到选定单位应聘工作的意愿,同时签署本人姓名。针对个人信息部分要如实填写,姓名、学制、学历等,专业名称、家庭地址要详细填写,避免造成不必要的麻烦,联系电话一定要填写清楚,电话号码变更要及时告知本班辅导员,一旦有事便于通知学院或用人单位。

(2) 由用人单位人事部门负责人代表单位签署同意接收该毕业生的文字意见,并签字盖章。如果该单位没有人事决定权,则还需要报送其上级主管部门签字盖章,予以批准认可。单位联系人、电话、通信地址及性质要写清楚;档案转寄地址一栏,一定要将人事档案保管单位的全称和地址填写清楚,有人事档案保管权的单位可填写单位地址,无人事档案保管权的单位应填写其委托保管档案的地址。关于用人单位公章,需检查用人单位名称是否与用人单位的有效印章名称一致,避免不必要的麻烦。

(3) 毕业生所在院系和学院主管部门签署意见并签字盖章。

完成上述程序后协议正式生效,随着毕业生就业制度改革的不断深入,国家和高校的审批权力将日益弱化,学校在就业协议上的签字已经不具有审批的意义,而是起鉴定作用。或许在不久的将来,在签订就业协议中,毕业生和用人单位将拥有完全的自主选择权,学校和政府主管部门将不再需要审批就业协议,而是只需要掌握毕业生的就业情况即可。

高校毕业生就业协议书一式三份,协议签订后,一份由学生自己保管;一份交由学校就业主管部门,作为列入学校就业建议方案的依据;一份由用人单位留存,作为接收毕业生的就业凭证,并以此做好相应的人事安排。

(四) 签约应注意的事项

从目前就业工作的实践来看,毕业生在与用人单位签约的时候,需要注意以下事项。

1. 明确就业单位的具体工作的部门和岗位

用人单位与毕业生签订就业协议,确定了双方互相接纳的一个关系。但是需注意的是,毕业生需提前了解清楚自己以后工作的部门和岗位,并在协议上注明。否则可能发生毕业生对用人单位安排的具体部门和工作内容感到意外,造成双方争执。

2. 明确毕业生考取专升本的处理办法

如果毕业生报考了专升本,是否被录取的结果还没有揭晓,毕业生则应如实向用人单位说明情况,并与用人单位协商考取后的处理方法并达成一致意见,在协议书上明确约定。违约的责任及违约金以及其他有关事项经协商达成的附加条款填写清楚,落实在协议书应聘意见或用人单位意见栏里，或者另备一份补充协议，避免将来出现麻烦。从实践来看，如果毕业生能够充分尊重用人单位，提前将报考情况向用人单位进行说明，那么在通常情况下，大多数用人单位对毕业生考取专升本会给予谅解并同意。不过，毕业生应及早将考取结果通知用人单位，以便他们能够重新招聘和补充毕业生。

必须注意，毕业生不要隐瞒报考事实。否则，录取结果揭晓后，就可能面临非常尴尬的局面。如果用人单位对毕业生隐瞒报考事实的做法非常不满，即使最后同意与毕业生解除协议，但一般也要求毕业生为此付出较大的经济赔偿，而且肯定会对学生和学校产生不良的看法和影响。

3．明确工作和生活条件

工作和生活条件是毕业生选择单位的重要因素，也是毕业生做出工作成就的必要基础。在双方签订协议时，不仅需要口头上达成一致，而且需要文字上予以明确。特别是用人单位应如实地向毕业生说明情况，双方均应严格遵守协议。

4．明确违反协议的责任

从毕业生就业的实践看，大部分就业协议都得到了认真履行，但是由于种种原因，每年总会有一些毕业生或用人单位违约。对违约行为，教育部在有关规定中，明确违约一方必须承担违约责任，并支付一定的经济赔偿，但并没有规定明确的数额。对此，毕业生在与用人单位签约前，除学校的规定外，还要与用人单位进行协商，对可能发生的违约责任予以确定，以便任何一方发生违约时，可以有据可依，避免无谓的损失。

二、劳动合同和人事代理

（一）劳动合同与就业协议的异同之处

就业协议与劳动合同均是用于与用人单位确立劳动关系，明确双方权利和义务的协议。那么，就业协议与劳动合同两者之间有什么样的相同与不同之处，其主要内容如下。

1．就业协议与劳动合同相同之处

就业协议是高校毕业生在毕业前与学校、用人单位三方签订的协议，目的在于约束毕业生和用人单位在毕业后建立劳动关系。就确立劳动关系这一点来说，就业协议与劳动合同是相通的，可以这样认为，就业协议的实质就是准劳动合同，是劳动合同的一种特殊表现形式，它们的相同之处表现在以下方面。

（1）合同的性质一致。用人单位对毕业生这类劳动者，与面向社会公开招聘的劳动者，在培养、使用、待遇等方面可能有所不同，但从确立劳动关系这一点来说，就业协议与劳动合同是一致的。

（2）主体的意思表达一致。签订就业协议的双方在表达主观愿望，意思表示的真实、无强制胁迫这一点上，与劳动者和用人单位之间签订劳动合同时，双方的主观意思表达所处的状态完全一致。

（3）法律依据一致。由于就业协议是确立劳动关系的一种协议，用人单位对毕业生录用、接收之后，要有见习期（试用期），最低劳动年限的规定，这与劳动合同的要求相一致，因此就业协议应当遵循《劳动法》中劳动合同等有关规定，发生争议纠纷，应依法解决。

2. 就业协议与劳动合同的不同之处

（1）适用主体不同。劳动合同是劳动者与用人单位之间确立劳动关系的协议，只要双方当事人协商一致，符合国家的法律、法规，无欺诈、胁迫等手段，经双方签字盖章，合同即生效。目前的就业协议除毕业生与用人单位双方签字、盖章外，还需学校介入。

（2）内容不同。就业协议是高校毕业生与用人单位签订的初次工作协议，其主要意义在于将毕业生与用人单位双方相互选择的关系确定下来，一般并没有详细规定双方具体的权利及义务；而劳动合同则指用人单位与劳动者确定关系之后签订的关于双方权利及义务的协议。劳动合同的具体内容包括劳动合同期限、工作内容、劳动保护和劳动条件、劳动报酬、社会保险和福利、劳动纪律、劳动合同终止的条件、违反劳动合同的责任等。

因此，毕业生与用人单位签订了就业协议不能等同于签订了劳动合同，毕业生与用人单位在签订了就业协议后，还必须签订劳动合同，以保护自己的合法权益。

（3）适用的人员不同。劳动合同可以适用于各类人员。凡是中华人民共和国公民只要有劳动能力并符合法律规定的条件经过供需见面，双向选择，一经录用都可以与用人单位签订劳动合同，而就业协议适用的人群相对单一，只适用于高校毕业生。

（4）发生争议问题处理的部门不同。在毕业生就业协议发生问题需要处理时，一般首先由毕业生和用人单位协商解决，如果取得一致意见，则报送毕业生所属学校主管部门，由学校主管部分审查后报送上级主管部门批准，予以调整。而劳动合同发生问题时，则毕业生和用人单位需向劳动争议调解委员会或劳动仲裁机构报送，请求处理。

（二）签订劳动合同的必要性

根据《劳动法》规定，建立劳动关系应当订立劳动合同。一般单位在毕业生报到后，都要及时与大学生签订劳动合同，但也有一些用人单位为了达到不缴或少缴社会保险费用（养老、失业和医疗保险费）、压低劳动者报酬（所谓试用期工资），常常通过拖延和逃避订立劳动合同、延长试用期等手法，侵害劳动者的合法权益，大学毕业生应当学会依法维护自身合法权益，明确签订劳动合同的必要性。

1. 劳动合同是劳动者实现劳动权的保障

劳动权是法律赋予劳动者最基本的权利，它是劳动者一切具有劳动权益的基础。劳动者没有工作，就不可能享受劳动报酬权，不可能享受休息休假权，也不可能获得劳动卫生安全保护，甚至劳动权不能实现，会危及劳动者的生存。毕业生作为刚参加工作的劳动者，也享有与其他劳动者同样的权利。

2. 劳动合同可以减少或预防劳动争议的发生

毕业生在与用人单位签订劳动合同后，双方的权利义务明确，用人单位和劳动者也都必须尽量履行义务，防止因违约而导致争议的发生。即便发生争议，由于合同约定的权利义务明确，相关部门能够迅速地判断劳动争议的责任主体，其争议也容易得到解决，从而降低解决劳动争议的成本,是保护劳动关系双方合法权益的法律文书。

【案例一】

2014年6月21日,即将走出校门的大学生凌芳芳,收到了一家公司发出的录用通知书,其中不仅写明了凌芳芳的工作岗位、工作时间、合同期限、岗位要求,还明确了工资报酬、福利待遇。凌芳芳一下子便陶醉了,便打电话给公司询问何时正式签订书面劳动合同,公司表示录用通知书就是劳动合同,无须再签,只要凌芳芳在一个月内前往上班便可。一周后,公司却突然宣布录用通知书作废,并不顾凌芳芳的一再质询,拒绝给予任何解释。面对同学们对自己的羡慕甚至是妒忌,转眼间变成了讽刺、挖苦和嘲笑,忍无可忍的凌芳芳以公司之举构成违约为由,诉请法院判令公司继续履行合同。不料,法院却没有支持其诉讼请求。

案例分析:法院的判决无可厚非。凌芳芳的错误在于把公司的录用通知书当成了书面劳动合同。录用通知书是用人单位想与特定的劳动者建立劳动关系的单方意思表示。劳动者对此有权接受或拒绝,如果接受,应与用人单位签订正式的书面劳动合同;反之或未作答复,则录用通知书自然失效。同时,用人单位也可以在劳动者做出答复之前撤回通知。劳动合同可以包含录用通知书中的内容,也可以在双方协商一致后进行变更,甚至重新确立。劳动合同签订后,可以让录用通知书失效,也可以将其作为劳动合同的附件继续有效。本案的关键在于,没有通过双方确认,将录取通知书转化为劳动合同,或者签订正式的书面劳动合同。

【案例二】

虽然疯狂地在网上投递了应聘简历,但邱婷婷却一直没有收到任何录用通知。眼看着同学们一个个都上班去,邱婷婷如同热锅上的蚂蚁。2014年6月4日,邱婷婷终于接到一家公司的录用电话,并"饥不择食"地前往。公司告诉邱婷婷,其只能根据邱婷婷推销产品价款的5%给予回扣,多则多给,少则少给,且不给予底薪及任何福利;市场与客源靠邱婷婷自行开拓和挖取,公司不对邱婷婷的具体工作进行管理、指挥、监督、考核;公司为方便邱婷婷工作,可以提供销售人员工作证,但不签订劳动合同。虽然条件有些苛刻,但邱婷婷还是接受了。岂料半个月后,邱婷婷在推销产品时遭遇车祸。而公司却拒绝给予任何工伤待遇。

案例分析:邱婷婷的确无法享受工伤待遇,因为认定工伤必须以劳动者与用人单位之间存在劳动关系为前提。虽然《关于确立劳动关系有关事项的通知》第二条第(二)项规定,"工作证"可以在用人单位未与劳动者签订劳动合同时,作为认定双方存在劳动关系的参照凭证,但核心必须是"用人单位依法制定的各项劳动规章制度适用于劳动者,劳动者受用人单位的劳动管理,从事用人单位安排的有报酬的劳动",可公司给予邱婷婷工作证,只是为了方便邱婷婷推销产品，并不具备劳动合同的功能，尤其是邱婷婷无须接受公司管理、指挥、监督、考核，则进一步说明邱婷婷只是公司销售业务的承揽者，彼此并不具备劳动关系的特征。

（三）人事代理制度的内容

1. 人事代理的含义

人事代理是指政府人事行政部门所属的人才交流服务机构，即人才交流服务中心，接受用人单位或个人的委托，代理人事管理和人事关系，提供人才人事社会化服务的一种新型的管理制度。人事代理又包括人事工作的代理和人事关系的代理。

人事工作的代理是指用人单位将其全部人事工作或部分人事工作委托社会法定的人事中介组织代管和代办的一种新型的人事管理模式。包括为用人单位制订人才规划、优化机构设置、创新用人机制、开展人才评价、科学配置人才、完善管理制度和办理日常人事服务等诸多项目的人事代理工作。

人事关系代理按委托者不同分为集体代理和个人代理。集体代理是指用人单位将其单位全部或部分人员的人事关系委托法定人才交流组织代为管理，并同人才中心签订《人事关系代理合同书》。明确双方权利与义务的一种新的人事管理模式。

被代理的员工与用人单位本着平等、自愿、协调一致的原则签订聘用合同，明确双方的责、权、利关系，保证双方的合法权益。单位和职工之间只存在聘用合同基础上的劳务用工关系，而不具有人事上的依附关系。

2. 人事代理的服务对象

（1）外商投资企业、乡镇企业、民营科技企业、私营企业、外国企业驻本区代表机构、外省（直辖市、自治区）驻本区办事机构，非国有控股的股份企业等单位中的专业技术人员和管理人员；

（2）律师、会计、审计、资产评估等社会中介机构和社会团体中的专业技术人员和管理人员；

（3）辞职或被辞退的机关工作人员、企事业单位专业技术人员和管理人员；

（4）与用人单位中止或者解除人事、劳动关系的专业技术人员和管理人员；

（5）企事业单位见习期间的高校、大专学校毕业生，暂未落实工作单位的高校、大专学校毕业生；

（6）自费出国（境）留学人员；

（7）自主择业的军队转业干部；

（8）经县级以上人民政府人事部门确认具有技术职称的农村人才；

（9）通过人才市场招聘的各类专业技术人员和管理人员；

（10）国有、非国有单位需要代理的各类专业技术人员和管理人员。

3. 人事代理的服务内容

人事代理制度是一种人事管理和人员使用相分离的新型人事管理制度，如果毕业生前往需要办理人事代理制度的单位工作，则可以与当地的人才服务中心签订委托代理合同，获得以下代理服务内容：

(1) 人事档案保管。

(2) 鉴证聘用合同和负责代理单位接收的应届毕业生见习期转正手续。

(3) 按照有关规定代办养老保险并计算工龄。接受人事关系、党团组织关系及户口关系的挂靠。

(4) 按国家政策规定代办档案工资定级、调资手续。

(5) 代办专业技术职务任职资格初定、申报手续。

(6) 办理人才流动手续。

(7) 办理挂靠人员考研、出国、出境的政审（签署意见）。

(8) 协助推荐尚未落实就业单位的代理人员就业。

(9) 商定其他人事代理事项。

人事代理制度的实行，改变了以往毕业生单一的就业模式，为毕业生提供了更为宽松的就业环境，解除了毕业生的后顾之忧，便利了人才流动。毕业生在人才服务中心办理人事代理手续后，便可办理户口关系落户手续。

第四节　就业手续办理

毕业生们在正式踏入职场前，大学的生活也就接近尾声了，但毕业前夕还有很多的手续需要办理。本节内容主要介绍毕业生离校手续的办理和档案管理，以便同学们妥善、正确地办理好离校手续和档案问题。

一、离校手续的办理

毕业生办理离校手续，主要有以下几个方面的环节。

(1) 在班主任和班委会的组织下，妥善处理好班集体的共有财产。在处理班集体共有财产的过程中，应本着集体协商、少数服从多数的原则。

(2) 在学校规定的时间内，到系部或本班主任处领取"离校清单"，按照"离校清单"所列出的部门办理离校手续。

(3) 在办理离校手续的过程中应重点注意要做好的工作有：向学校后勤部门交清由自己保管并使用的财产，如宿舍的床、桌、椅子、钥匙等，如有遗失或者损坏，应按照学校的规定自觉赔偿；清退在校期间借阅的书籍、借用的学习工具、体育用品等物品，如有遗失或者损坏的，需按学校规定自觉赔偿。

(4) 到学校指定部门领取应退还的费用，比如多交的书费（多退少补）。同时要缴清毕业生所欠的费用，比如学费、杂费等。

所有离校手续办理完毕后，将"离校清单"交回学校有关部门或班主任处，再继续办理有关证件，领取毕业证、报到证、户籍关系迁移证、党团关系等。

二、毕业证件的办理

（1）毕业证由学校主管部门负责统一办理及发放。获得毕业证的学生必须是完成学业，操行成绩合格者。没有完成学业的学生或考核不合格的学生不能发放毕业证，只能领取结业证。

（2）报到证由学校就业主管部门根据当年毕业生的就业情况，统一到省主管毕业生调配部门审核盖章后，发放给毕业生本人。对于办理了择业代理（缓派）的学生，报到证暂不发放，待以后需要时再发。

（3）户籍迁移证由学校保卫处，根据毕业生的报到证到学校户籍所在地的公安部门开出户籍迁移证后发给毕业生本人。其户籍迁移地址为报到证所注明就业单位所在地的地址。

（4）党员关系由学校党委组织部开出党组织关系介绍信。

三、报到证及其他手续办理

毕业生在办完离校手续，办齐相关证件后，即在报到证规定的时间内到就业单位和部门报到就业，派回原籍的毕业生也需要在规定时间内到当地的人才交流中心或人力资源和社会保障部报到。

到非公有制单位就业的毕业生，其人事档案和户籍关系可以采用人事代理。具体程序为毕业生落实非公有制单位，由单位在毕业生就业协议上盖章并同意招聘录用，然后毕业生本人将就业协议送到非公有制单位所在地的人事行政部门所属的人才交流服务中心，经审核后盖章，由毕业生反馈给所在院校，列入就业计划。毕业生凭报到证到人才交流服务中心报到，学校将其户籍关系、人事档案关系派遣至该人才交流服务中心，由该机构进行人事代理。也可结合毕业生意愿派遣回原籍，毕业生持报到证到当地人力资源与社会保障局报到。

自主创业和从事个体经营的毕业生，其人事档案可由学校派遣回原籍，也可自己联系当地人才交流服务中心办理人事代理。

四、改派

改派可分为两种形式：一种是毕业生和用人单位签约后，在两年内改变工作单位，重新办理派遣；另一种是在学校上报就业方案和主管部门核发报到证后，毕业生正式到用人单位报到前进行单位及地区调整的一种做法。通俗地说，就是指将派到原单位的报到证、户口迁移证和档案等人事关系重新派到新的用人单位或其上级人事主管部门。一般来说，无特殊原因，毕业生不得随意办理改派。但毕业生如果已改变就业意向、更换单位，就需及时办理改派手续，否则会影响其人事关系的落实和解决。

按教育部门的要求，对已经落实就业单位并领取就业报到证的毕业生，原则上两个月内不予受理改派手续，而且各高校对办理改派手续也都有一定的时间要求。因此，要办理改派手续，必须要原单位同意解除协议，原单位上级人事主管部门同意，新单位同意接收，新单位上级人事主管部门同意，再按照学校改派程序和时间期限办理相关改派手续。

（一）什么情况下可办理改派

毕业生就业是一项严肃的工作。派遣计划的形成是由毕业生本人和用人单位"供需见面""双向选择"之后报学校主管部门批准的。毕业生的派遣需按政策进行，派遣手续一经办理，毕业生不得随意变动。但遇下列情况时可以申请改派。

（1）错派（改错）。用人单位名称出错，用人单位已经撤销或用人单位隶属关系发生了变化的，可申请报到证上单位名称的调整。因此，在毕业派遣前需毕业生认真核对的内容，毕业生务必准确核对，避免因疏忽造成的错误，导致改派。

（2）毕业生违约。毕业生在去单位报到前找到更中意的就业单位，而提出与原单位违约的，此类情况毕业生需与原就业单位进行协商，缴纳违约金，并由原单位出具书面的解约函，并携带与新就业单位签订的就业协议，到学校就业主管部门进行审核，方可改派。

（3）用人单位违约。用人单位由于各种原因违约的，也需及时与毕业生取得联系，经过与毕业生协商和赔偿后，毕业生可领取新的就业协议。

（4）未就业毕业生在两年内找到接收单位的。此类毕业生在毕业后两年内，找到可接收人事档案、党团关系和户籍关系的单位，学校可给予改派。毕业生需携带与新单位签署的劳动合同等相关证件，到学校就业部门申请办理。

（5）毕业后更换单位且人事档案关系派遣回原籍的。此类毕业生由于毕业时与非公有制单位签订就业协议，并且单位没有人事接收权力，毕业后人事关系派遣回原籍。毕业生两年内找到新单位可以接收人事档案关系的可提出申请改派至新单位，需要毕业生提供与原单位的解约函、新单位的接收函或者劳动合同，并持原报到证可向学校申请改派。

（6）毕业生本人遭受不可抗拒的因素或其他特殊原因。

碰到以上特殊情况需要学校帮助解决的可先向学校提出书面申请报告，反映情况和要求，由学校调查核实处理。

如因毕业生违法违纪被用人单位开除或辞退的，或者已就业的毕业生未经单位同意主动提出辞职的，不能办理调整改派手续。

（二）改派的部门

应届毕业生报到证改派分以下四种情况。

（1）在省、自治区、直辖市就业，在毕业后一年内跨地市调整用人单位，由省主管毕业生调配部门审批并办理改派手续（由学校就业中心统一办理）。

（2）在本地市内调整用人单位的，由本地市人事部门审批并办理改派手续。

（3）对已落实就业单位的毕业生，逾期2年不再办理有关调整改派手续，需调整就业单位，按社会从业人员有关规定办理。

（4）对尚未落实就业单位、毕业时派回生源地的毕业生，在择业期内（三年），凭签约的协议书与原就业报到证到省主管毕业生调配部门办理改派手续（由学校就业指导中心统一办理）。

专科升入本科学生就业。凡专科学生通过专升本统一考试录取到本科院校继续学习的，不再签发就业报到证。个别专科学生录取本科且本人自愿放弃继续本科学习参加就业的，由录取学校出具未报到证明或退学证明，方可办理专科毕业生就业手续。

五、择业代理（缓派）

择业代理是部分省毕业生就业制度改革的一项新举措。由于各种原因，在毕业后一定期间内未落实就业单位的毕业生，通过办理"择业代理"可以获得更为广阔的择业空间与充足的择业时间。择业代理毕业生的户口暂转其生源所在地，其档案由学校就业主管部门管理。

对毕业生还未落实工作单位又不愿意派遣回生源地的毕业生，或者已经找到一个临时工作单位又不愿将档案关系派遣到该单位的毕业生，可以到学校的就业部门办理择业代理（缓派）手续。

办理了择业代理手续的毕业生，档案人事关系仍然保留在学校，待以后落实好工作单位后，需要派遣时，可以申请停止缓派，按当年毕业生资格办理派遣手续。择业代理有效期最长两年，最短三个月。有需要的毕业生可以先办理三个月的择业代理，三个月后若还没落实好就业单位，依据本人要求，可以取消择业代理，将报到证开出，也可以继续延长，三个月到期后是否需要继续延长，最好与学校就业部门联系，到期没有联系的视为自动延长择业代理期。待以后再次办理时再补交手续和费用。

毕业时如果未落实就业单位又不愿办理择业代理的，学校按规定会将该毕业生的档案及人事关系派遣至该生的生源所在地，一般是当地的人力资源和社会保障局，档案也随之寄往当地，再由当地就业部门推荐考核毕业生落实就业单位。

六、档案管理

人事档案是我国人事管理制度的一个重要特色，它是个人身份、学历、资历等方面的证据，是记载人生轨迹的重要依据。过去，个人只能对人事档案所决定的命运无条件接受，随着劳动、人事和分配制度的改革，大学生毕业后由国家统一分配改革为毕业生本人与用人单位"双向选择"，用人单位接收人员方式由被动接收转变为主动择优录用，高校毕业生档案的存废去留也在社会上引起了极大的争论。其实，高校学生人事档案作为国家人事档案的组成部分，是大学生在校期间的生活、学习及各种社会实践的真实历史记录，是大学生就业及其今后各级组织选拔、任用、考核的主要依据。目前，我国高等教育逐步迈向大众化，社会正步入知识经济时代的情况下，做好高校毕业生人事档案管理，对于充分发挥人事档案作用，促进大学生就业，把人才输送到社会最需要的岗位上有着深远的意义。

（一）毕业生档案的作用

尽管现在大学生个人档案的作用比计划经济时代弱化了很多，但依然有其重要作用，轻视甚至遗弃档案对国家、单位和个人都是不负责任的。

（1）就国家而言，管理好大学毕业生人事档案是促进人才合理流动、合理配置和合理使用，保证人才队伍素质的重要保证。

（2）就用人单位而言，认真审阅大学生人事档案是全面考察了解、正确评价和使用人才的重要依据。档案是历史的真实记录，通过人事档案，可以清楚地了解大学生过去的学业成绩及思想表现情况。现代企业要做到知人善任、选贤举能，严把人才进口关，降低劳动成本，减少劳动风险，就需要将考察现状与查阅档案材料中的思想道德表现、业务水平、个人素质等原始材料有机结合，尽可能全面、准确地了解员工。

（3）对于大学毕业生个人而言，档案是自己从学校到各个工作单位的珍贵历史证明。由于档案的真实性、原始性，决定了其他任何材料不可替代的依据和凭证作用，具有极强的法律效应。对于大学毕业生来说，无论是就业、专升本、考研、公招，还是职称评审、社会保险、退休手续办理以及各项证明的出具等手续都将以档案材料的审核为重要依据。因此，大学生的人事档案无论对国家、单位和个人都有不可替代的作用。不妥善处理好个人档案，最后只能给自己造成麻烦。

（二）毕业生档案存在的问题

（1）大学生对人事档案性质、地位、作用认识模糊，档案观念淡薄，自动放弃档案，使档案遭遇冷落。

随着大学生就业压力的不断增加，多数毕业生为获取就业机会，往往先就业再择业，而烦琐的人事档案调取程序及档案对工作调动的限制，阻碍其择业自由，于是很多学生主动放弃个人档案。还有不少高校毕业生对档案抱着"鸡肋"心态，保管吧，觉得没有必要；丢掉吧，又怕万一要用到。于是，干脆来个"先保再弃"，在办理就业报到手续时先让档案有个"家"，然后就不闻不问，用时再考虑补交费用，要是用不着就不再理了。根据全国人才流动中心及各省人才交流服务中心的不完全统计，全国各级人才流动中心为国有和非国有单位代为管理保存的数百万份人事档案中，有近三分之二与主人失去联系。

（2）部分高校对毕业生档案重要性缺乏清醒认识，管理不到位，对学生档案观念教育缺失。

过去实行统包统分的时候，高校对学生档案非常重视。随着劳动、人事和分配制度的改革，部分高校认为人事档案的重要性减弱了，于是只关注学生学籍档案，而轻视学生人事档案的建设和管理，在给学生建档时往往流于形式，归档内容不全、建档质量不高。在对毕业生档案的管理上存在疏漏，部分学校甚至将毕业生档案随意长期搁置在本校各部门，最后导致毕业生人事档案遗失。此外，部分学校忽视对学生档案意识的教育，导致学生档案意识淡薄。

（3）企业忽视人事档案作用，录用大学生时不调阅原始档案，轻视人事档案建设，档案管理薄弱。

现在多数企业在选人时一看毕业证是否符合要求，二看人才是否适应岗位要求，并不调取档案。这就造成高校毕业生只顾就业，毕业时除了毕业证能引起他们的重视外，根本不会在意档案对于他们潜在的作用。更突出的问题是用人单位对人才档案管理缺乏规范，忽视档案建设，很多大学生工作了很长时间，档案里却只有大学期间的材料，没有反映自己工作期间的档案资料，档案材料没有因为自己工作阅历的增长而丰富，造成自己人生经历记录的缺失。

（三）毕业生档案的归属

（1）毕业生档案原则上跟随毕业生的报到证走，也就是指报到证开到哪，档案就寄到哪。

（2）办理了择业代理（缓派）的毕业生，档案最长可在学校保管两年，两年后还不取走的按照要求收取保管费用。

（3）与人才交流服务中心办理了人事代理的毕业生，毕业后档案寄往人才交流服务中心。

（4）与国家企事业单位签订正式就业协议的毕业生，其档案被寄往该单位。

（5）考取专升本、公务员或研究生的毕业生，其档案寄往被录取的单位。

（6）签订临时协议或者劳动合同的，档案寄往毕业生的生源所在地的人力资源和社会保障局。

（7）未签订任何就业协议和劳动合同的，档案寄往毕业生的生源所在地的人力资源和社会保障局。

七、毕业生户口迁移

上学时将户口随之迁入学校的学生，毕业时一般将户口再随之迁出，原则上不保留户籍，由学校保卫处根据毕业生的报到证到学校户籍所在地的公安部门开出户籍迁移证后发放给毕业生本人。

（一）户口迁出形式

（1）迁往工作单位。户口在学院的应届毕业生，已落实工作单位并且工作单位解决人事关系的（接收户口和档案关系），可将户口由学院迁移到工作单位所在地，具体办理手续应咨询接收工作单位的人事部门。

（2）挂靠在人才市场。户口在学院的应届毕业生，工作单位无法接收户口，但本人户口又不想迁回原籍的，可以通过人事代理的方式把户口转至正规的人才市场，具体办理手续应咨询人才市场。

（3）继续保留在学院。户口在学院的应届毕业生，既未落实工作单位，但本人户口又不想迁回原籍的，可向学院就业指导中心申请办理暂缓就业，通过审批后户口在就业暂缓期内（最长不超过两年）仍可继续保留在学院，就业暂缓期结束前需选择户口去向。

（4）迁往原籍（即生源地）。户口在学院的应届毕业生，不符合或没有办理上述三种迁移方式的，只能将本人户口由学院迁回原户口所在地，凭本人毕业证、就业报到证、户口迁移证到原户口所在地户籍部门办理。

（二）户口迁移手续办理

（1）户口在学校的毕业生，落实工作单位的，应将户口由学校迁移到工作单位所在地。工作单位所在地公安机关凭省毕业生就业主管部门签发的就业报到证和用人单位主管部门的接收证明及学校所在地公安机关签发的户口迁移证办理入户手续。

（2）户口不在学校的毕业生，落实工作单位的，凭省毕业生就业主管部门签发的就业报到证和用人单位主管部门的接收证明，就可将户口由原籍直接迁至工作单位所在地。户口迁出地公安机关凭就业报到证和用人单位主管部门的接收证明，直接办理户口迁移证，工作单位所在地公安机关不需发准予迁入证明。

（3）户口在学校的毕业生，要求将户口迁回原籍的，公安机关凭毕业生本人的毕业证和户口迁移证办理恢复户口手续。

户口问题 20 问

1. 问：档案和户口是一回事吗？

答：不是。户口与档案不同，档案在一般情况下不能本人携带。而户口不同，它必须是本人或委托人来办理迁出手续，再由本人或委托人到迁往地落户，是个人行为。

2. 问：毕业生户口是否可以申请保留在学校？

答：不可以。

3. 问：学校不是说到时候户口给我们打回原籍吗？

答：这是一个误解。户口所谓"打回原籍"是指户口迁移证的迁往地址栏里写上你的原籍，而并不是给你寄回去。户口迁移证必须是本人或委托人来办理带回原籍落户。

4. 问：你们是否能把户口给我寄回原籍派出所？

答：不邮寄。户口是非常重要的个人证件，必须是个人来校办理迁出并到迁往地派出所落户。

5. 问：我暂未就业，毕业时户口迁回原籍，是否影响以后就业？

答：不影响。未就业毕业生的户口关系迁到生源地后，在规定时间内落实就业单位的，跨地域就业需转移户口关系的，公安部门凭毕业生就业报到证、接收单位证明信办理户口转迁手续。

6. 问：我原籍是农村，户口迁回原籍是否还是农业户？

答：未落实就业单位的户口关系一律迁至毕业生生源所在地，保留非农业户口，当地公安机关凭毕业生户口迁移证办理落户手续。

7. 问：我毕业时户口迁出了，但未在原籍落户，户口迁移证自己拿着，现在就业了，户口怎么办？

答：持就业报到证和户口迁移证来保卫处户籍室办理改迁至就业单位手续，同时更改迁出日期（改派有效期一年）。

8. 问：我毕业两年了户口怎么还没有给我打回来？

答：这是理解上的错误，所谓"打回去"是指户口迁移证的迁往地址写上原籍，如你入学时户口是天水市迁来的，毕业迁户口时迁往地址也写上天水市。户口迁移证必须是本人或委托他人来校保卫处户籍室办理迁出手续，然后回原籍落户。

9. 问：改迁户口迁移证是怎么回事？

答：是指毕业时户口已迁出（迁往原籍）且户口未在原籍落下，户口迁移证一直在手里拿着。择业期一年内就业了，凭就业报到证，改迁户口迁移证至就业单位，同时更改日期。

10. 问：毕业生迁户口时，户口迁移证不写迁往地址可以吗？

答：不可以。不写迁往地址的户口迁移证是无效的。

11. 问：户口迁出后，可以在自己的手里拿多长时间？

答：户口迁移证有效期是60天。也就是从户口迁出之日起，60天之内必须到迁往地落户。

12. 问：户口迁移证过期了怎么办？

答：可以在迁往地的派出所所在的主管公安分局办理户籍迁移过期手续，不过现在很多地方都放宽了时间限制，建议你还是应该尽快落户以减少不必要的麻烦。

13. 问：想把户口落在我西安市的亲戚家怎么办？

答：有两种情况可以落户：（1）有在西安市就业的就业报到证。（2）有西安市公安局开出的准迁证。否则不能在亲戚家落户。

14. 问：我是2009届毕业生，爱人是西安市的户口，那么我的户口可以迁往我爱人家吗？

答：不能。毕业生户口是集体户，户口必须迁回原籍，然后根据国家婚姻有关政策，户口可迁在一起。

15. 问：我的户口迁移证丢失了，可以补办吗？怎么办？

答：可以。在丢失的户口迁移证的迁往地址所在派出所开证明信，证明你没有在该派出所落户，证明信必须加盖户口专用章。例如，丢失的户口迁移证的迁往地址是西安市城关区东岗派出所，证明信就在西安市城关区东岗派出所开具，证明你未在该派出所落户。然后持证明信以及本人申请、院系证明、本人身份证、报到证复印件和报纸挂失来保卫处户籍室办理相关手续。

16. 问：我在外地，让朋友去代办户口可以吗？

答：可以。每一个毕业生迁户口都要登记，代办人要出示其身份证或其他有效证件方可办理。

17. 问：没有就业报到证，单位开证明可以把户口迁往单位吗？

答：不可以。户口想迁到单位必须凭就业报到证。

18. 问：我是在校生，明年毕业，户口现在想迁回去可以吗？

答：不可以。在校生迁户口有两种情况可迁：①退学；②毕业。

19. 问：我退学了，户口怎么办理？

答：持教务处出具的"退学文件"证明，再加盖学院公章及财务处未欠费证明来保卫处户籍室办理。

20. 问：我的居民身份证编号为：62010219780112014X，和我以前的编号620102780112014不一致，编号中的"X"是什么意思？

答：你的两个编号都是正确的，62010219780112014X为解决"千年虫"升为18位后的编号，其中的"X"和阿拉伯数字1、2、3表示的意思是一样的，它表示一个数字，不表示性别。倒数第二位表示性别。在以后的使用中两个编号都可以使用，而18位数编号主要用于计算机管理。

第五节　求职陷阱与应对措施

现在个别不良企业和不法分子，通过利用大学生求职心切、经验不足等特点，在大学生求职原本并不平坦的道路上设下重重陷阱。不少大学生表示，现在找工作不但"难"而且"险"，对此，初涉职场的毕业生们要擦亮眼睛，提高警惕，掌握攻克这些陷阱的基本策略，让自己在求职路上少走弯路，避免经济和精神的损失。本节内容总结了目前常见的招聘陷阱的特征和解决办法，为毕业生的求职提供借鉴。

一、求职陷阱的表现特征

大学生就业陷阱是指招聘单位、其他机构或个人，利用大学生的弱势地位，以提供就业机会为诱因，与大学生达成权利与义务不对等的各类就业意向，以期侵害大学生合法权益的现象。当前大学生就业陷阱主要表现出四个典型的特征。

欺骗性。主要表现为招聘单位以虚假宣传、信誓旦旦的不实承诺、热情有加的伪善行为来取得大学生的信任和较高期望，然后在协议中提出苛刻条件，隐藏各种不法目的。

诱惑性。主要表现为招聘单位夸大事实，并以单位各种招牌、荣誉、待遇和发展前景蛊惑大学生，一旦大学生被其所诱骗上钩，则脸色突变。

隐蔽性。违法用人单位的各种伎俩都有十分华丽的诱人说辞，听起来入情入理，面面俱到，句句都令人心动，其实处处布下陷阱。涉世不深的大学生十分单纯，难辨真伪，很快成为猎取的对象。

违法性。就业中的违法目的各有不同。一类是违法违规留人才。有些企业为留住人才而扣留大学生的户口、证件等使大学生欲走难行。有些软硬兼施，一方面大开空头支票，另一方面强迫工作，迫使大学生逐渐接受不公正、不合理的现实。另一类就是坑蒙拐骗，使大学生掉进自己挖下的高薪陷阱、培训陷阱、中介陷阱，甚至诱骗大学生入股、推销、传销等，还有些用人单位给大学生设置了协议陷阱、合同陷阱或试用期陷阱，使大学生权益深受侵害，求助无门。

二、求职陷阱的主要类型

（一）虚假招聘谋取其他利益

此类形式多以招聘为幌，利用毕业生的求职心切，套取毕业生的其他信息，主要分为以下几种形式。

1. 利用招聘骗取钱财

某些招聘企业开出高工资、解决户口、出国培训等作为诱饵，要求应聘者缴纳一定数额的保证金或者押金。一旦交完保证金后，企业便以种种理由不让应聘者上班，并且钱还不能退还，或者是入职后，发现原本应聘时承诺的各项条件均未兑现，工作的职位也并不理想，只要辞职主动离开公司，先前所交的费用不能退还或者不全额退还。还有一些企业，以招聘为名收取报名费、面试费、服装费等，这些单位往往许诺丰厚报酬的职位，利用应聘者急于求成的心理，达到行骗目的。等到收够钱便会溜之大吉，你再也联系不上他。对于此类陷阱其实很好识别，正规单位在招聘时是不会收取任何费用的，凡是在招聘时收取费用的都没有法律依据，毕业生对于此类单位都可以不予理睬。

2. 利用招聘盗取个人信息

在目前网络高度发达的社会中，网络招聘已成为企业招聘的一大主要途径，但是网络安全的相关法律法规还不完善，导致一些不法分子钻了空子。通过网络或是其他一些媒体发布诱人的招聘广告，要求投递简历，收到简历后，有些犯罪分子会与应聘者取得联系，想尽办法盗取应聘者的个人信息，如身份证复印件或号码、个人联系方式、家庭电话或者家庭详细住址等，然后进行非法活动。如直接盗用账户、冒名高额透支、向求职者家里行骗、倒卖个人信息谋取暴利等。毕业生在求职过程中，对于高薪诚聘此类招聘广告要严格审查，保持清醒的头脑，对于自己的专业和自身的能力应该有一个客观的认识和正确的评估，不要轻易被诱惑。同时，简历的制作也应注意保护自己的个人信息，避免被不法分子盗用，在面试过程中，面试官若不是关注你的能力，而是特别关注你的个人信息方面，则应及时终止面试。

3. 以宣传公司为目的的招聘

有些小企业或是刚刚成立的企业，会通过招聘来提高自身的知名度，宣传其品牌。这种以宣传自己品牌为主要目的的企业，参加招聘会时都会精心布置自己的展位，吸引眼球，更为明显的特征就是当求职者就应聘职位进行咨询时，招聘者会将话题转移到企业文化、产品或是其他服务等方面，还会赠送一些企业的宣传画册。如果应聘者细心观察，有些企业常年都在打广告招聘，大多都是在宣传自己的企业。在求职过程中，除了具备求职的基本素质外，还应能分辨用人单位是否真心招聘，以免浪费时间和精力。

4. 以窃取他人成果为目的的招聘

此类求职陷阱多为一些小规模的广告、设计、软件开发或是营销公司。此类企业多缺乏人才，但是资金不足，无法聘请高资质的专业技术人员来设计制作项目，所以就想通过招聘的模式来获取新颖的创意。他们会把公司遇到的问题以考题的形式让应聘者作答，或是针对公司的某个项目作为案例让应聘者分析。此类招聘结果往往是无一人通过。如果有的同学有优秀的设计或者发明，不要为了应聘而毫无保留地交给用人单位，要有意识地保护自己的科研成果，建议先跟用人单位进行协商，出具"未经本人允许不得随意使用本人的创意或是开发项目的书面约定"，防止用人单位窃取你的成果，却不录用你。

（二）对岗位和工资夸大其词

有些企业需要大量的人力，但是其岗位其实都是较为辛苦的工作，如果按照实情发布招聘信息，无法吸引大学生前来应聘。所以这类公司抓住了现在大学生比较虚荣的心理：一毕业就能找到一份听起来不错的工作，不用从底层做起，而且发展空间大等特点。毕业生带着对美好未来的憧憬，进入单位后发现，实际跟原本承诺相差甚远。例如业务经理就是产品推销员，行政专员就是打字业务员等。

还有的企业在招聘时开出大量优厚条件，大多都是口头承诺，让你怀揣希望为其卖命工作，等到发工资的时候，又以各种借口不发或者少发，与当时应聘的岗位工资相距甚远。一般在招聘时都会说工资分为月绩效与年底分红，这样可以让求职者为其工作满一年，因为等待着丰厚的年终奖金。如若招聘者夸夸其谈，反复强调招聘职位如何能够轻松赚取高薪，但当求职者问具体数额，或者要求将数额写进合同中，他们又会改口称要看业绩，基本也就是引诱你加入既辛苦薪资又低的工作中。

案例导读

24岁的小刘去年毕业于西安某高校经贸管理系，当年7月，他在一家公司应聘"市场部经理"成功。第一天去上班时，公司老总让小刘这个"经理"去推销产品，美其名曰"了解市场"。"我在那儿干了快一个月，天天出去推销。"小刘说，一名与他关系不错的员工偷偷告诉他，公司最初招聘时就是要招推销员，怕招不来人，故意说成是"市场部经理"，他这才发现上了当。典型的"粉饰岗位"的招数。因担心招不来业务员、推销员、代理员等，招聘单位就把职位"美化"成"市场部经理""事业部总监"等，以此来诱惑大学生。当应聘成功后，招聘单位便会以"先熟悉工作"或"到一线先锻炼锻炼"为幌子，欺骗求职者继续工作下去。

这类招聘信息一般比较简单，涉及细节方面的东西都未明确注明，比如没有岗位职责和应聘条件等。因此求职者应聘时要提前搞清楚职位的具体内容，询问工作细节，认真考虑后再做打算。

（三）延长试用期压榨劳动力

毕业生在求职过程中与就业单位签订就业协议或劳动合同时，关于试用期的内容尤为重要。此类陷阱的主要特征就是对于试用期时间及试用期权利及义务的约定。还有的企业以招聘为名,让毕业生来单位实习,或者是以试用的名义让毕业生来单位进行工作,在实习期或是试用期满后,以毕业生不符合用人单位要求为由,不与毕业生签订就业协议或是劳动合同,从而廉价地使用大学生劳动力。毕业生要清晰地认识到劳动法中关于试用期的规定,有意识地保护自己应有的权益,不让自己成为黑心企业的廉价劳工。

很多毕业生由于不满意用人单位提供的工作,而在试用期提出辞职,不法单位要求毕业生承担违约责任,给出的理由是已经签订了劳动合同,试用期在劳动合同期限内,应当给予单位赔偿。然而劳动法设立试用期的目的就在于用人单位与劳动者双方相互考察、相互了解,这个期限的特殊性就在于虽然劳动合同已经生效,但是在试用期内,双方由于不满意对方而解除劳动合同时,都不需要承担违约责任。所以毕业生在试用期内,可以随时向用人单位提出解除劳动合同的要求,并且不需要负担违约责任。

用人单位如果在试用期满后无故辞退毕业生,毕业生可向劳动仲裁机构提出申请维权。用人单位在试用期辞退毕业生是有相应条件的,即毕业生不符合该单位的工作要求,此理由必须是有证据能够证明的,如果用人单位不能够证明,就不能够随意解除劳动合同。毕业生也可申请劳动仲裁委员会或者人民法院裁定自己在试用期的表现是否符合该单位的用工要求,并进而裁定用人单位的违法行为。

(四)高回报做诱饵引导犯罪

用人单位对于岗位的要求如果是学历不限、专业不限,仅需要沟通能力较好,同时又可获得高回报,并且有些公司不惜花高价租用高档办公场所,之后便请专人对毕业生进行引诱和劝导,很多毕业生禁不住高额回报的诱惑,或在求职过程中屡次受挫,导致毕业生放弃底线,从事非法勾当。毕业生一定要坚持自己,不要因为几次的失败与挫折,而误入歧途,成了犯罪分子的工具。

目前,非法传销和变相传销违法活动不仅严重扰乱了正常的市场经济秩序,而且给社会稳定带来了巨大的安全隐患,国家有关部门一直在坚决打击,然而却屡禁不止,他们之所以能够行骗成功,究其根源在于:一是传销往往有一些非常诱惑人的虚假承诺,比如数年就可赚几百万,使急于发财的毕业生难辨真伪;二是传销常常是一些同乡、同学、亲戚、朋友等非常熟悉的人来拉拢加入,甚至使用帮忙找工作的名义,致使毕业生丧失警惕。毕业生一旦陷入传销,便被限制人身自由,传销组织头目采取扣押身份证、没收手机、派人监视等手段,不让毕业生离开,强迫他们联系亲友前来受骗。

毕业生们一定要坚信一分耕耘一分收获,不会有天上掉馅饼的这种好事落在你身上,不要因为几次挫折而丧失自己的底线,也要注意现在社会中的各种陷阱。结合自身特长并理性分析自己的能力,一步一个脚印,踏实地走好自己的职业生涯。

案例导读

小林是陕西某高校的应届毕业生,转眼就7月了,至今他还没有找到工作。7月28日他接到同班同学的电话,说在安徽芜湖有个好工作,做质检员,工资高,待遇好。小林听了很心动,就赶了过去。到了芜湖,那个朋友把他领到了一个很偏僻的宿舍,里面还住着男男女女十来个"同事"。其中几个同事特别热情冲小林招手:"哎,帅哥辛苦了!辛苦了!怎么样?一路上怎么样?有没有吃过饭?"当他们把小林的东西放好之后,就问小林:"借你的手机玩一下嘛。"就这样,对方要走了小林的手机,然后直言不讳告诉他,新工作不是什么质检员,而是传销。产品是2 800元一套,小林身上没有这么多钱,他们就要求小林以在这边学驾驶为名,从家里骗钱,或者骗同学或朋友过来。

三、求职陷阱的应对策略

大学生的就业问题近年来日趋严重,也是党和国家目前非常关注的问题,2014年高校毕业生达到727万人,2015年大学毕业生达到749万人,创历史最高,再加上往届未就业的毕业生,堪称"史上最难就业季"。针对目前就业困难的现象,毕业生更应该保持清醒,理智地分析在求职过程中遇到的陷阱,并且应该提前做好防范,谨防上当受骗。

(一)增强法律意识,签订就业协议

所有的劳动者无论是初入职场的应届毕业生,还是选择跳槽的职业人,只要与用人单位建立劳动关系,就应该签订劳动合同,无一例外。

就业协议是毕业生和用人单位在签订劳动合同前,双方确定就业意向和权益的依据。劳动合同是毕业生按照就业协议的约定,如期到用人单位报道后,由毕业生和用人单位签订的规范双方的权利与义务的文本。毕业生先与用人单位签订协议,毕业报到后再与用人单位签订劳动合同,此时毕业生的身份由学生变成劳动者。就业协议与劳动合同分别归属于不同的法律规范,前者适用于《民法通则》,后者受《劳动法》等相关法律法规的约束。

应当熟知《劳动法》中劳动者的权利及义务,在自身的权益遭受侵害时,应当主动拿起法律的武器来保护自己的权益。避免由于自身的不懂法,导致用人单位抓住毕业生的弱项而侵犯毕业生应有的权益,同时毕业生也应当自觉遵守有关就业规范,接受其制约,保证自己的就业行为不违反就业的规范,不侵犯其他人的合法权益。

(二)有效识破陷阱

毕业生在求职过程中会遇到各种各样、形形色色的人或事,不要因为单位的虚假承诺上当受骗,一定要擦亮双眼,保持清醒的头脑,巧妙地识破陷阱。有必要的情况下可及时向当地劳动监察部门举报,遏制不法分子的嚣张气焰。

(三)了解申请维权部门

无论是在试用期内还是试用期满,劳动者的权益都是受到保护的。如果权益受到侵害,申请维权主要有两个途径:一是向劳动监察部门举报,每个区县的劳动局都有劳动监察大队,遇到所有侵权行为都可以向他们举报。二是申请劳动仲裁,每个区县也设相应的劳动仲

裁委员会来为劳动者进行维权。这两个机构都有侧重点，遇到用人单位没缴纳社保的，我们可以向劳动监察部门举报，没有签订劳动合同的也可以向劳动监察部门举报。劳动监察部门处罚只是行政处罚，要求双倍工资的赔偿维权最好的途径是申请劳动仲裁。在申请维权时要提供相关的证据，因此，要保存好平时的相关证据，以确保在必要的时候能够用到。

（四）寻求法律帮助

市场经济是法制经济，在就业过程中，毕业生必须了解与就业相关的法律法规、政策制度，了解劳动用工的相关规定，树立法律意识，懂法、守法、用法，学会运用法律的思维来思考遇到的问题，学会运用法律的手段维护自身的合法权益。与毕业生就业紧密相关的法律，最主要的有《劳动法》《劳动合同法》《就业促进法》。

（五）寻求学校老师及亲友的帮助

毕业生在初入社会时，应该多向亲戚、长辈、老师或者师兄师姐们请教，请他们帮你甄别所遇到的事情。虚心接受他们的意见和建议，也许他们曾经遇到过的陷阱可以让我们规避损失，帮助我们顺利地走向职场道路。

实训项目：就业权益维护典型案例分析

一、实训概述

【目的及要求】

通过对就业权益维护典型案例的分析掌握相应的法律法规，能够识别就业过程中的侵权行为，需要时可以维护自身合法权益。

二、实训内容

【项目内容】

【案例一】

王静情况比较特殊，她找单位非常顺利，没有什么麻烦，在招聘会上一次成功就业，令同寝室的同学们羡慕不已。公司负责招聘王静的工作人员告诉她试用期三个月，并且一律没有试用工资，待转正后才有工资。公司多年来一直是这样安排用人的，"你可以选择不来，来了就得按照公司规定办"，迫于这句话的威力，王静莫名其妙地签订了协议。后来觉得面子上过不去，她编了一个试用期900元的谎话来告诉自己的朋友。但因为不懂法律，自己也没有向朋友和老师咨询，三个月试用期转眼就到了，像往常一样度过了周末后王静来到公司上班，却发现公司大门紧闭。有一个偶尔过来通知的人说："公司倒闭了。"三个月后，王静无意间路过这里，发现这里原来的单位在更换了名字之后依然在这里办公，包括招聘者都是当时招聘王静的人，当王静想上前问个究竟的时候，负责招聘的人却说没有见过王静。

【案例二】

李明是一个口才极好的男孩,并且也常常因为别人夸他口才好而沾沾自喜。但是即便再好的口才,在白纸黑字前也是哑口无言。学习装饰设计的他在找工作的时候没有前去招聘会或者人才市场,而是直接骑着车子在比较繁华的道路上寻找大的家装公司直接上门去求职的。在经过与四家公司的入门咨询和谈判后,他签了约,合同上说明试用期工资每月1 200元,转正后1 500元起。因为是老板亲自面试,还强调等他转正后另加每天8元的餐补和8元的交通补助,如果工作两年后还可报销一定数额的电话费等。说不定等到他结婚装修的时候,公司还能考虑半价给他进行装修,说得李明心里喜滋滋的。

但是当试用期满,公司留用他后,他并没有在自己的工资栏里看到承诺的餐补和交通补的内容。问财务的工作人员时,财务说合同中没有这些内容,李明马上说明是老板亲口说的,财务像看待怪物一样看着李明。回忆起当时的签约过程,自己还曾经问过劳动合同中没有这些内容,老板会不会反悔,老板说这么大的公司还在乎这几个钱。而现在,对于财务的解释,李明确实不知道该如何是好。

【案例三】

张燕被某连锁超市录用为员工,签订为期一年的合同,其中约定试用期3个月。该劳动合同履行完毕后,单位同意与张燕再续约一年,但是要求再签订3个月的试用期,张燕发现自己的岗位没有调整,还是做原先的工作,张燕非常困惑,却又不知如何与单位协商。

【案例四】

小王毕业后经人介绍被一家物业公司录用,工作一段时间后,他发现每个月的工资条上,只扣除了个人所得税和养老保险税,但他听说,社会保险有很多险种,为此不免产生困惑。结果他去询问其他同事,谁知同事却说,每个月扣除的费用不仅有养老保险,还有医疗险、失业险等。"那我的保险呢,单位到底给我上没上呢?"小王找到人事主管,人事主管告诉他说:"公司最近一年录用的员工,只给上养老保险。"小王听罢更糊涂了!

【案例五】

孙星毕业前与一家单位签订了就业协议书,并交纳了5 000元的保证金,孙星毕业后到单位上班。公司和他签订了劳动合同,规定试用期3个月。工作不久他就发现自己的身体状况很难适应单位高强度的工作,而且该工作也不适合他今后的职业发展定位。于是工作两个月后他向单位递交了解除协议的申请,单位答应了他的离职要求,但是以违约为由,扣留了他之前交的5 000元保证金。孙星想知道单位这种做法是否合法?

【训练步骤】

1. 每3~5人为一组,对案例中所涉及的问题进行讨论。
2. 明确案例中的毕业生或用人单位是否违规。
3. 结合所学知识指出违规的地方。

三、实训结果

讨论结束后,完成一份500~800字的案例分析。

第五章

创新教育

心灵咖啡

创新改变世界——乔布斯的创新法则（节选）

1979年夏天，乔布斯开始为快速发展的苹果募集外部投资，当时总共有16家美国知名风投公司以每股10.5美元购买了苹果的股份。这个名单包括了大名鼎鼎的施乐公司。

当施乐公司投资经理问乔布斯想做什么时，乔布斯这样回答说："我要改变世界。你们知道吗，在我19岁的时候，我曾经到印度朝圣。在那里，我看到那么多穷人还在使用几个世纪前的原始工具辛勤劳作，那时，我就告诉自己说，人们需要一种更高效的工具。工具革新是改变人们生活的最重要手段！在美国，无论是家庭还是办公室，人人都需要计算机。但以前的计算机要么太大太贵，要么太难用。苹果可以帮助人们实现这个梦想，让人人拥有一台好用的电脑！"

1979年年底，在施乐公司的帕洛阿尔托研究中心，乔布斯发现了一套名为Alto的个人电脑，与Apple II相比，这台电脑简直就是一个全新的梦境。Alto使用了施乐发明、外界无人知晓的图形用户界面技术！他一下子惊呆了，这电脑完全是外星科技！电脑居然可以这样操作！而且，这台电脑居然在1973年就已经问世了，比Apple I还早了3年。乔布斯和沃兹在人机界面设计上的不断创新，与这个"养在深闺人未识"的小家伙比起来，简直就是天壤之别！于是，在1984年苹果公司的第一台世界知名个人电脑麦金塔计算机（Macintosh）上，开始了图形用户界面在个人电脑中的广泛应用，而日后风靡世界的Windows系统无疑从中借鉴良多。

在"施乐圣地"，很多人都见过Alto的图形用户界面，但只有乔布斯对它有不同的理解，认为这项技术是计算机未来的发展方向。现在，人人都能拥有一台好用的电脑，电脑改变了我们的生活。

乔布斯的一生都与"创新"一词紧密相连，1995年，乔布斯的皮克斯工作室制作的世界首部完全电脑技术动画电影《玩具总动员》，再次引领了3D动画领域的新潮流。2007年，乔布斯重回苹果公司后设计发售的iPhone、iPad、iPod等系列电子产品更是大众耳熟能详，从第一代iPhone首次使用电容技术的多点触摸Multi-Touch技术，到其后历代产品如iPhone4的Retina视网膜显示屏和IPS屏幕技术，iPhone5s的Touch指纹识别传感器的首次配备等，无不引来整个手机行业的效仿和跟风。

乔布斯一生的每一步都迈在信息产业革命领域的最前端，掀起一场场产业界技术与创意运用的新风暴。美国总统奥巴马评价说，乔布斯是美国最伟大的创新家之一，他勇于从不同角度思考问题，敢于相信自己改变世界。

除了非凡的勇气，乔布斯身上有两点值得当代大学生借鉴和思考。一是他敏锐地发现人们都需要电脑，但是当时的电脑太大、太贵、太难用，并决心改变这一现状；二是乔布斯的创新并不在于他研发了最新、最高、最尖端的技术,而是他把实验室少数人使用的技术或者风马牛不相及的技术用到自己的产品上。苹果创造出紧贴客户需求,并能为客户使用带来完美体验的产品,从而赢得巨大的商业成功。乔布斯的创新之路是知识经济时代典型的创新体系,它丰富的理论和实践经验,对毕业生创新创业,有着极大的启示。

第一节 创新的内涵和类型

知识经济时代是一个创新的时代,我国在十七大时就提出了"自主创新"的概念,随后又提出建设创新型社会的国策,2015年更是号召大众创业,万众创新,同时实施大学生创业引领计划,支持新兴产业创业。当代大学生作为国家建设的后备军、生力军,在走向社会时不仅可以按部就班地去寻找"工作",实现就业,还可以尝试改变思路,进行创新创业实践,实现自主就业。

一、创新的内涵

(一)创新的概念

创新一词古已有之。《广雅》有云,"创,始也";新,与旧相对。创是始的意思,所以创造不是后造,而是始造,创新就是造出了一个前所未有的事物。《魏书》有"革弊创新",《周书》中有"创新改旧"。说的是用新的、好的代替和改造坏的、旧的。现代汉语"创新"一词来源于英语 Innovation(创新)的翻译。其起源于拉丁语,原意有三层含义:第一,更新,就是对原有的东西进行替换;第二,创造新的东西,就是创造出原来没有的东西;第三,改变,就是对原有的东西进行发展和改造。

现代社会,人们对创新有了明确的定义,,指人类为了满足自身需要,不断拓展对客观世界及其自身的认知与行为的过程和结果的活动。或具体讲,创新是指人为了一定的目的,遵循事物发展的规律,对事物的整体或其中的某些部分进行变革,从而使其得以更新与发展的活动。

这个概念包含了如下几种含义:

一是创新是一种有目的的活动,是为解决实践问题而发生的。

二是创新存在于经济、社会、文化、生活的方方面面;创新的主体包括国家、企业、大学、科研院所、团体、个人。

三是创新的结果是以取得实效为评价尺度的,必须有成效才能称之为创新。

四是创新具有时间和空间上的相对性。

(二)创新的核心是创新思维

创新是基于人类自身认知提高的基础上对客观世界的一种更新或改造,创新的无限性在于物质世界的无限性。人类能够创新的事物和法则原本客观存在,但思维和认知的局限常常会蒙住了人们的眼睛。人脑的正常思维在固定的运作秩序内活动,原有的概念、想象、记忆和经验等使人们不可避免地形成带有反刍、惯性、定向等特点的思维定式。打破这种思维定式，不断突破和超越原有观念，是取得创新成功的核心因素。

（三）创新的关键是理念创新

理念创新是指革除旧有的既定看法和思维模式，以新的视角、新的方法和新的思维模式，形成新的结论或思想观点，进而用于指导新的实践的过程。理念创新植根于客观实际，是在实践中不断总结经验教训，不断将感性认识上升为理想认识，进行理性的认知和概括，一方面指导实践，另一方面促进认识不断深化，它是实现创新的关键所在。

案例导读

数学家华罗庚先生讲过一个故事：

如果我们去摸一个袋子，第一次，我们从中摸出一个红玻璃球，第二次、第三次、第四次、第五次，我们还是摸出了红玻璃球，于是，我们会想，这个袋子里装的是红玻璃球。

可是，当我们继续摸到第六次时，摸出了一个白玻璃球，那么我们会认为，这个袋子里装的是一些玻璃球罢了。

可是，当我们继续摸，又摸出了一个小木球，我们又会想，这里面装的是一些球吧。

可是，如果我们再继续摸下去……

人们在一个有限的范围内，接触了一定的类似的概念后，往往会形成一种思维的定势，即这是什么，并且在一定的范围内似乎也是非常合理的。可是如果跳出了这个范围会怎样？这个故事讲的是人的思维有经验定式，但现实世界其实有无限种可能，所以，人们在思考问题时，应该养成大胆突破、破旧立新的思维习惯。

测测你是否已经被自己所掌握的知识束缚住了。

题目：请挪动其中一个数字（0、1或者2），使"101 - 102 = 1"这个等式成立。

注意：只是挪动其中一个数字，只能挪一次，而且不是数字对调。

如果以前没有看到过这道题，相信你是很难"思考"出答案的，因为我们思考问题的方式本身就是受限的——思想是已知的"知识"的产物。

本题答案为将102中的2上移，变成10的平方，则等式就变成"$101 - 10^2 = 1$"。

创新就是要打破思维上的定向、从众、机械、经验等定式，不断在实践中形成新的视角、新的方法、新的理念，并进一步指导实践，从而使人类认识行为获得更为丰富更为完善的结果。人类认识和改造自然促进社会不断向前发展的过程，都可以看作是不断创新的过程。创新是人类特有的认识和实践能力，是人类主观能动性的高级表现形式，是推动民族进步和社会发展的不竭动力。

二、创新的类型

从不同角度来分，创新的类型很多。下面介绍几种。

（一）理论创新

理论创新是指人们在社会实践活动中，对出现的新情况、新问题，做新的理性分析和理性解答，对认识对象或实践对象的本质、规律和发展变化的趋势做新的揭示和预见，对人类历史经验和现实经验做新的理性升华。理论创新是创新活动的核心和精华。

（二）科技创新

科技创新是原创性科学研究和技术创新的总称，是指创造和应用新知识、新技术、新工艺，采用新的生产方式和经营管理模式，开发新产品，提高产品质量，提供新服务的过程。知识社会环境下的科技创新包括：知识创新、技术创新和现代科技引领的管理创新。

（1）知识创新的核心是科学研究，是新的思想观念和公理体系的产生，其直接结果是新的概念范畴和理论学说的产生，为人类认识世界和改造世界提供新的世界观和方法论。

（2）技术创新的核心内容是科学技术的发明和创造的价值实现，其直接结果是推动科学技术进步与应用创新的良性互动，提高社会生产力的发展水平，进而促进社会经济的增长。

（3）管理创新既包括宏观管理层面上的创新——社会政治、经济和管理等方面的制度创新，也包括微观管理层面上的创新，其核心内容是科技引领的管理变革，其直接结果是激发人们的创造性和积极性，促使所有社会资源的合理配置，最终推动社会的进步。

（三）文化创新

文化在交流的过程中传播，在继承的基础上发展，都包含着文化创新的意义。文化发展的实质，就在于文化创新。文化创新，是社会实践发展的必然要求，是文化自身发展的内在动力。

第二节 创新思维

一、创新思维的定义

创新思维是指以新颖独创的方法解决问题的思维过程，通过这种思维能突破常规思维的界限，以超常规甚至反常规的方法、视角去思考问题，提出与众不同的解决方案，从而产生新颖的、独到的、有社会意义的思维成果。

创新思维的本质在于将创新意识的感性愿望提升到理性的探索上，实现创新活动由感性认识到理性思考的飞跃。它具有独创性、超前性、变通性、敏感性的特征。

创新思维是创新的核心和基础，对创新成功有着非同寻常的意义。大量实验表明，进行专门性、创造性思维训练，可以使人们的创造性思维水平提高10%~40%。了解创新思维，掌握创新思维训练方法，对提高人们的创造能力有重要意义。

二、创新思维的类型

创新思维的类型多种多样，主要介绍以下几种。

（一）发散思维

1. 发散思维的概念

发散思维又称"辐射思维""放射思维""多向思维""扩散思维"或"求异思维"，是指从一个目标出发，沿着各种不同的途径去思考，探求多种答案的思维。不少心理学家认为，发散思维是创造性思维最主要的特点，是测定创造力的主要标志之一。

发散思维是大脑在思维时呈现的一种扩散状态的思维模式，比较常见，它表现为思维视野广阔，思维呈现出多维发散状。可以通过从不同方面思考同一问题，如"一题多解""一事多写""一物多用"等方式，培养发散思维能力。

2. 发散思维的类型

（1）立体思维。思考问题时跳出点、线、面的限制，立体式进行思维。

立体绿化：屋顶花园增加绿化面积、减少占地改善环境、净化空气。

立体农业、间作：如玉米地种绿豆、高粱地里种花生等。

立体森林：高大乔木下种灌木、灌木下种草，草下种食用菌。

立体渔业：网箱养鱼充分利用水面、水体。

立体开发资源：煤、石头、开发产品。

（2）平面思维。平面思维是指人的各种思维线条在平面上聚散交错，也就是哲学意义上的普遍联系，这种思维更具有跳跃性和广阔性，联系和想象是它的本质。我们通常所说的形象思维属于平面思维的范畴。

我国古代著名人物诸葛亮，擅于用"兵"是众所周知的，一般人可能认为只有"人"才可以当"兵"用，但在诸葛亮的思维中，水、火是"兵"，草、木皆"兵"，更可以借东风以作"兵"用，他可以想到比"人"更多的事物当"兵"来用，这就是平面思维的效果。

阿基米德浮力定律的产生正是阿基米德联想到了用"水"的方法来解决皇冠之谜。

用一支笔一张纸一笔可以画出圆心和圆周就是一种平面思维。

将纸折起，在圆心位置骑正反面两张纸画圆心，在纸背画出圆的半径，绕半径画圆，将纸展开则成。

目标图　　　折起画　　　展开后

（3）逆向思维。悖逆通常的思考方法。从相反方向思考问题的方法，也叫作反向思维。因为客观世界上许多事物之间甲能产生乙，乙也能产生甲。如化学能能产生电能，据此意大利科学家伏特于 1800 年发明了伏打电池。反过来电能也能产生化学能，通过电解，英国化学家戴维于 1807 年发现了钾、钠、钙、镁、锶、钡、硼等七种元素。

如说话声音的高低能引起金属片相应的振动，相反金属片的振动也可以引起声音高低的变化。爱迪生在对电话的改进中，发明制造了世界上第一台留声机。

如何进行逆行思维的训练呢？

1）就事物依存的条件逆向思考，如小孩掉进水里，把人从水中救起，是使人脱离水，司马光救人是打破缸，使水脱离人，这就是逆向思维。

2）就事物发展的过程逆向思考，如人上楼梯是人走路，而坐电梯是路走，人不动。

3）就事物的位置逆向思考，如开展假如"我是某某"活动。

4）就事物的结果逆向思考，据说俄国大作家托尔斯泰设计了这样一道题：从前有个农夫，死后留下了一些牛，他在遗书中写道，妻子得全部牛的半数加半头；长子得剩下的牛的半数加半头，正好是妻子所得的一半；次子得还剩下的牛的半数加半头，正好是长子的一半；长女分给最后剩下的半数加半头正好等于次子所得牛的一半。结果一头牛也没杀，也没剩下，问农夫总共留下多少头牛？

答案：既然一头牛也没杀，一头牛也没剩，要同时满足这两个条件，那么长女拿的牛的头数就是 1 头；同理逆推，次子拿的牛为 2 头；长子拿的牛为 4 头；妻子拿的牛为 8 头；则总共有 $1+2+4+8=15$ 头牛。

在商业营销运作中，也常有逆向思维应用，如做钟表生意的都喜欢说自己的表准，而一个表厂却说他们的表不够准每天会有 1 秒的误差，不但没有失去顾客，反而大家非常认可，踊跃购买。

（4）侧向思维（旁通思维）。从与问题相距很远的事物中受到启示，从而解决问题的思维方式。19 世纪末，法国园艺学家莫尼哀从植物的盘根错节想到水泥加固的例子。当一个人为某一问题苦苦思索时，在大脑里形成了一种优势灶，一旦受到其他事物的启发，就很容易与这个优势灶产生相联系的反映，从而解决问题。

（5）横向思维。相对于纵向思维而言的一种思维形式。纵向思维是按逻辑推理的方法直上直下的收敛性思维。而横向思维是当纵向思维受挫时，从横向寻找问题答案。正像时间是一维的，空间是多维的一样，横向思维与纵向思维则代表了一维与多维的互补。最早提出横向思维概念的是英国学者德博诺。他创立横向思维概念的目的是针对纵向思维的缺陷提出与之互补的对立的思维方法。

例如，游客有时会从帕台农神庙的古老立柱上砍下一些碎片，雅典当局对此非常关心，虽然这种行为是违法的，但是这些游客仍旧把它作为纪念品带走。当局如何才能阻止这一行动呢？

管理当局从原来维修帕台农神庙时所用的矿石场里收集了一些大理石碎片，每天把这些碎片散放在帕台农神庙的周围。游客以为他们捡起来的碎片是从古老的立柱上掉下来的，因此他们感到很满意。

（6）多路思维。多路思维是指对一个有多种答案的问题，朝着各种可能解决的方向，去扩散性思考该问题各种正确答案的思维。从不同角度、不同逻辑起点、不同思维程序考察客观事物，形成多方面、多层次、多因素、多变量的整体认识。

解决问题时不是一条路走到黑，而是从多角度、多方面思考，这是发散思维最一般的形式（逆向、侧向、横向思维是其中的特殊形式）。

例如，以"电线"为蓝本，设想它的各种用途，学生们自然地把它和"电、信号"等联系起来，作为导体；也可以把它当作绳用来捆东西、扎口袋等。但如果你把电线分成铜质、孟量、体积、长度、韧性、直线、轻度等要素再去思考，你会发现电线的用途无穷无尽。如可加工成织针，弯曲做鱼钩，可以做成弹簧，缠绕加工制成电磁铁，铜丝熔化后以铸铜字、铜像，变形加工可以做外文字拼图，做运算符号进行运算等。

（7）组合思维。从某一事物出发，以此为发散点，尽可能多地与另一（一些）事物联结成具有新价值（附加价值）的新事物的思维方式。

第一次大组合是牛顿组合了开普勒天体运行三定律和伽利略的物体垂直运动与水平运动规律，从而创造了经典力学，引起了以蒸汽机为标志的技术革命；第二次大组合是麦克斯韦组合了法拉第的电磁感应理论和拉格朗日、汉密尔顿的数学方法，创造了更加完备的电磁理论，因此引发了以发电机、电动机为标志的技术革命；第三次大组合是狄拉克组合了爱因斯坦的相对论和薛定鄂方程，创造了相对量子力学，引起了以原子能技术和电子计算机技术为标志的新技术革命。所以爱因斯坦说过："……组合作用似乎是创造性思维的本质特征。"

在科学界、商业和其他行业都有大量的组合创造的实例。当然组合不是随心所欲地拼凑，必须遵循一定的科学规律的有机的最佳组合。

3．发散思维的方法

（1）一般方法。

材料发散法——以某个物品尽可能多的"材料"，以其为发散点，设想它的多种用途。

功能发散法——从某事物的功能出发，构想出获得该功能的各种可能性。

结构发散法——以某事物的结构为发散点，设想出利用该结构的各种可能性。

形态发散法——以事物的形态为发散点，设想出利用某种形态的各种可能性。

组合发散法——以某事物为发散点，尽可能多地把它与别的事物进行组合形成新事物。

方法发散法——以某种方法为发散点，设想出利用方法的各种可能性。

因果发散法——以某个事物发展的结果为发散点，推测出造成该结果的各种原因，或者由原因推测出可能产生的各种结果。

（2）假设推测法。假设的问题不论是任意选取的，还是有所限定的，所涉及的都应当是与事实相反的情况，是暂时不可能的或是现实不存在的事物对象和状态。

由假设推测法得出的观念可能大多是不切实际的、荒谬的、不可行的，这并不重要，重要的是有些观念在经过转换后，可以成为合理的、有用的思想。

（3）集体发散思维。发散思维不仅需要用上我们自己的全部大脑，有时候还需要用上我们身边的无限资源，集思广益。集体发散思维可以采取不同的形式，比如我们常常戏称的头脑风暴法。

(二) 收敛思维

1. 收敛思维的概念

收敛思维也叫作"聚合思维""求同思维""辐集思维""集中思维",是指在解决问题的过程中,尽可能利用已有的知识和经验,把众多的信息和解题的可能性逐步引导到条理化的逻辑序列中去,最终得出一个合乎逻辑规范的结论。

收敛思维也是创新思维的一种形式,与发散思维不同,发散思维是为了解决某个问题,从这一问题出发,想的办法、途径越多越好,总是追求还有没有更多的办法。而收敛思维也是为了解决某一问题,在众多的现象、线索、信息中,向着问题一个方向思考,根据已有的经验、知识或发散思维中针对问题的最好办法去得出最好的结论和最好的解决办法。

2. 收敛思维的方法

(1) 辏合显同法。就是把所有感知到的对象依据一定的标准"聚合"起来,显示它们的共性和本质。例如,我国明朝时期,江苏北部曾经出现了可怕的蝗虫,飞蝗一到,整片整片的庄稼被吃掉,人们颗粒无收……徐光启看到人民的疾苦,想到国家的危亡,毅然决定去研究治蝗之策。他搜集了自战国以来两千多年有关蝗灾情况的资料,提出许多正确有效的治蝗办法,有些办法则一直用到新中国成立初期。

(2) 求异思维法。如果一种现象在第一场合出现,第二场合不出现,而这两个场合中只有一个条件不同,这一条件就是现象的原因。寻找这一条件,就是求异思维法。

(3) 层层剥笋法 (分析综合法)。我们在思考问题时,最初认识的仅仅是问题的表层 (表面),因此,也是很肤浅的东西,然后层层分析,向问题的核心一步一步地逼近,抛弃那些非本质的、繁杂的特征,以便揭示出隐藏在事物表面现象内的深层本质。

(4) 目标确定法。平时我们接触到的大量问题比较明确,很容易找到问题的关键,只要采用适当的方法,问题便能迎刃而解。但有时,一个问题并不是非常明确,很容易产生似是而非的感觉,把人们引入歧途。

这个方法要求我们首先要正确地确定搜寻的目标,进行认真的观察并做出判断,找出其中关键的现象,围绕目标进行收敛思维。

目标的确定越具体越有效,不要确定那些各方面条件尚不具备的目标,这就要求人们对主客观条件有一个全面、正确、清醒的估计和认识。目标也可以分为近期的、远期的、大的、小的。开始运用时,可以先选小的、近期的,熟练后再逐渐扩大。

在实际生活中,我们也常遇到选择目标的情况。如我们急需一篇计算机打字稿上交,但专职打字员又没在,我们可能就用两个手指非常不规范地用比打字员长的时间打出来上交了。有的人指责你的打字水平太低,太不规范,而且速度慢,应该先去打字班训练。

这里就有目标的问题,前者是为了及时交上打字稿件,不是为了学习打字。而后者则是学习了规范打字,可以提高打字的速度和质量。显然,目标不同,处理问题的方法也会不同。

(5) 聚焦法。聚焦法,就是人们常说的沉思、再思、三思,是指在思考问题时,有意识、有目的地将思维过程停顿下来，并将前后思维领域浓缩和聚拢起来，以便帮助我们更有效地审视和判断某一事件、某一问题、某一片段信息。由于聚焦法带有强制性指令色彩，其一，可通过反复训练，培养我们的定向、定点思维的习惯，形成思维的纵向深度和强大穿透力，犹如用放大镜把太阳光持续地聚焦在某一点上，就可以形成高热。其二，由于经常对某一片段信息，某一件事、某一问题进行有意识的聚焦思维，自然会积淀起对这些信息、事件、问题的强大透视力、溶解力，以便最后顺利解决问题。

3．收敛思维与发散思维的区别

（1）思维指向相反。收敛思维是由四面八方指向问题的中心，发散思维是由问题的中心指向四面八方。

（2）两者的作用不同。收敛思维是一种求同思维，要集中各种想法的精华，达到对问题的系统全面的考察，为寻求一种最有实际应用价值的结果而把多种想法理顺、筛选、综合、统一。发散思维是一种求异思维，在广泛的范围内搜索，要尽可能地放开，把各种不同的可能性都设想到。

收敛思维与发散思维是一种辩证关系，既有区别，又有联系，既对立，又统一。没有发散思维的广泛收集，多方搜索，收敛思维就没有了加工对象，就无从进行；反过来，没有收敛思维的认真整理，精心加工，发散思维的结果再多，也不能形成有意义的创新结果，也就成了废料。只有两者协同动作，交替运用，一个创新过程才能圆满完成。

（三）联想思维

1．联想思维的概念

联想思维是指在人脑内记忆表象系统中由于某种诱因使不同表象发生联系的一种思维活动。联想思维和想象思维可以说是一对孪生姐妹，在人的思维活动中都起着基础性的作用。

联想思维是在创新过程中运用概念的语义、属性的衍生、意义的相似性来激发创新思维的方法，它是打开沉睡在头脑深处记忆的最简便和最适宜的钥匙。

2．联想思维的类型

（1）接近联想。时间或空间上的接近都可以引起不同事物之间的联想。

科学发现方面有门捷列夫发现元素周期表对未知元素位置的判断，卢瑟福研究原子核时提出质量与质子相同的中性粒子的存在……

诗歌中时空接近的联想的佳句很多，如"春江潮水连海平，海上明月共潮升。滟滟随波千万里，何处春江无月明"。春江、潮水、大海与明月（既相远又相近）联系在一起。

（2）相似联想。从外形或性质上的、意义上的相似引起的联想，都是相似联想。如"春蚕到死丝方尽，蜡炬成灰泪始干""床前明月光，疑是地上霜"等。

（3）对比联想。由事物间完全对立或存在某种差异而引起的联想，就是对比联想。（相反特征的事物或相互对立的事物间所形成的联想）。文学艺术的反衬手法，就是对比联想的具体运用。比如描写岳飞和秦桧的诗句"青山有幸埋忠骨，白铁无辜铸佞臣"。

（4）因果联想。由于两个事物存在因果关系而引起的联想，就是因果联想。这种联想往往是双向的，可以由因想到果，也可以由果想到因。

（5）类比联想。类比联想就是通过对一种事物与另一种（类）事物对比，而进行创新的方法。其特点是以大量联想为基础，以不同事物间的相同、类比为纽带。根据不同的类比形式可分为多种类比法，下面大致介绍几种。

直接类比法：鱼骨—针，酒瓶—潜艇。

间接类比法：负氧离子发生器。

幻想类比法：第一台电子计算机的诞生。

因果类比法：气泡混凝土。

仿生类比法：抓斗、电子蛙眼、蜻蜓翅痣与机翼振动。

3．联想思维的训练。

（1）训练的注意事项。联想思维可以在日常生活中培养和自我训练，也可以在教师的指导下进行强化训练。这里说明一下强化训练的注意事项。

在读完题目后，要立即进入题目的情境，设身处地地进行联想。虚拟的情境越逼真，效果就越好。

开始联想后，每联想到一件事物，就填写在题目后的表中，直到不能再想为止，但不要急于求成。

一般可用2~3分钟完成一道题目，时间一到，马上转入下个题目。

（2）联想思维的训练。

1）在两个没有关联的信息间，寻找各种联想，将它们联结起来。

例如，粉笔—原子弹　粉笔—教师—科学知识—科学家—原子弹

A．足球—讲台； B．黑板—聂卫平；

C．汽车—绘图仪； D．油泵—台灯。

2）分别在下面每题的字上加同一个字使其组成不同的词。

A．自、察、味、触、幻、感

B．阔、大、博、东、告、意

C．具、教、理、士、边、家

答案：觉、广、道

【案例一】

把梳子卖给和尚

一家生产梳子的公司招聘业务员，经过面试后剩下三个人，最后一道题是：谁能把梳子卖给和尚？半个月后，三个人回来了。结果是：

甲：经过努力，最终卖出了一把梳子（在跑了无数的寺院、向无数的和尚进行推销之

后，碰到一个小和尚，因为头痒难耐，说服他把梳子当作一个挠痒的工具卖了出去)。

乙：卖出了十把梳子（也跑了很多寺院，但都没有推销出去，正在绝望之时，忽然发现烧香的信徒中有个女客头发有点散乱，于是对寺院的主持说，这是一种对菩萨的不敬，终于说服了两家寺院每家买了五把梳子)。

丙：卖了1 500把，并且可能会卖出更多（在跑了几个寺院之后，没有卖出一把，感到很困难，便分析怎样才能卖出去。想到寺院一方面传道布经，另一方面也需要增加经济效益，前来烧香的信徒有的不远万里，应该有一种带回点什么的愿望。于是和寺院的主持商量，在梳子上刻上各种字，如虔诚梳、发财梳……并且分成不同档次，在香客求签后分发。结果寺院在用之后反响很好，越来越多的寺院要求购买此类梳子)。

把梳子卖给和尚是很不容易的事情。因此这三个人都应该算是很优秀的销售人员。从三个人完成任务的方式上我们能学到什么东西呢？

点评：

甲是个很勤劳的销售人员，面对困难的时候锲而不舍。最后终于圆满地完成任务，从完成任务本身来看是很严谨的。因为这把梳子的确是卖给和尚去使用了，不过是他挖掘了产品的另一个附加功能——挠痒。这不能不说也是他的聪明之处。我们做销售或者做策划的时候也是同样，是否要把我们认定的主要功能推销出去，哪一种是客户或者消费者最需要的。

乙的成绩要比甲好，在销售过程中他也做了更为大胆的尝试。那就是大胆改变了销售人群，让不可能购买的人群去购买给需要的人。买的人不一定用，用的人不一定买。这种情况是现实生活中一直存在的。那么我们是否要盯着我们确定的目标人群不放，并一直抓下去呢？并不是所有勤劳的人都会有结果的，而在于你是否能找到正确的方法。

丙的做法更让人大吃一惊，因为他创造了循环的效益。而且找到了一个崭新的市场。但丙的做法给我最大的启发却是一个很简单的商业道理——双赢。让别人赚到钱，自己才会赚钱。

(摘自湄洲湾职业技术学院精品课程市场营销案例)

案例分析：这是一个经典的销售案例，最后甲、乙、丙三位销售员都被聘用。这个故事告诉我们遇到问题时首先是不放弃；其次是用创新思维的方式思考问题，解决问题时，就能够在一个看似不可能的局面下挖掘出了奇迹。

第三节 大学生创新能力的培养

习近平总书记说："创新是民族进步的灵魂，是一个国家兴旺发达的不竭动力，也是中华民族最深沉的民族禀赋，在激烈的国际竞争中，唯创新者进、唯创新者强、唯创新者胜。"综观世界，新一轮科技革命和产业变革正在孕育兴起，在信息技术和"互联网+"的推动下，我国正形成新一波大众创业、万众创新的新浪潮。大学生应该积极响应时代的召唤，培养创新意识、创新精神，努力成长为创新人才，投入到创新创业的时代洪流中去。

一、创新能力的概念

创新能力是技术和各种实践活动领域中不断提供具有经济价值、社会价值、生态价值的新思想、新理论、新方法和新发明的能力,是经济竞争的核心。

二、大学生创新能力的培养

当今社会的竞争,与其说是人才的竞争,不如说是人的创造力的竞争。培养创新能力,争当创新人才能为即将到来的职业生涯做好准备。

大学生创新能力的培养,应从三方面入手。

(一)树立自觉创新意识

创新意识是人们对创新与创新的价值性、重要性的一种认识水平、认识程度以及由此形成的对待创新的态度,并以这种态度来规范和调整自己的活动方向的一种稳定的精神态势。

创新意识是创新的前提和条件,只有在自觉自愿的创新意识的强力催动下,才可能有创新实践活动的产生。在知识经济时代,创新包括了技术创新、制度创新、管理创新、文化创新等,涉及社会生活的方方面面。就大学生个人而言,创新既是前进的动力,又是发展的必经之途,所以,在就业和创业过程中,必须牢固树立创新意识。

(1) 激发自身的创造动力。寻找真正感兴趣的学习或工作,或者在现在从事的学习、工作中找到兴趣点;寻找学习、工作中的自我满足点;接受更具挑战性的任务;设立自己的目标,并努力达到目标。通过以上一系列措施,激发自身创造活力。

(2) 保持高涨的创造兴趣能促进创造活动的成功。对所学习或研究的事物要有好奇心,好奇心能使人们产生强烈兴趣。牛顿少年时期就有很强的好奇心,他常常在夜晚仰望天上的星星和月亮。星星和月亮为什么挂在天上?星星和月亮都在天空运转着,它们为什么不相撞呢?这些疑问激发着他的探索欲望。后来,经过专心研究,终于发现了万有引力定律。

能提出问题,说明在思考问题。在学习过程中,自己如果提不出问题,那才是最大的问题。正像爱因斯坦说的那样:"我没有特别的天赋,只有强烈的好奇心。"

(3) 具有正确的创造情感。创造情感是引起、推进乃至完成创造的心理因素,只有具有正确的创造情感才能使创新成功。

(4) 培养创造意志。创造意志是在创造中克服困难,冲破阻碍的心理因素,创造意志具有目的性、顽强性和自制性。爱迪生在 1 600 多次实验的失败后,仍能坚持不懈,在竹丝灯泡能够使用以后,还能继续研发,改进为钨丝灯泡。在日常学习生活中,大学生应培养严谨求实、坚持不懈、一丝不苟的优良品格才能取得创新的成功。

(二)提高创新思维能力

创新思维能力是可以通过有意识地培养和训练提高的。大学生学习生活中要注重突破思维障碍，自觉提高创新思维能力，应从以下几方面入手。

（1）对所学习或研究的事物要有怀疑态度。不要认为被人验证过的都是真理，要用发展的眼光看问题。许多科学家对旧知识的扬弃，对谬误的否定，无不自怀疑开始的。伽利略正是从对亚里士多德"物体依本身的轻重而下落有快有慢"的结论开始怀疑，发现了自由落体规律。怀疑是发自内在的创造潜能，它激发人们去钻研，去探索。

（2）对所学习或研究的事物要追求创新的欲望。如果没有强烈的追求创新的欲望，那么无论怎样谦虚和好学，最终都是模仿或抄袭，只能在前人划定的圈子里周旋。要创新，我们就要坚持不懈地努力，勇敢跳出前人划定的圈子，勇敢面对困难，同时要有克服困难的决心，不要怕失败，要相信，失败乃成功之母。

（3）对所学习或研究的事物要有求异的观念，不要"人云亦云"。创新不是简单的模仿。要有创新精神和创新成果，必须有求异的观念。求异实质上就是换个角度思考，从多个角度思考，并将结果进行比较。求异者往往要比常人看问题更深刻、更全面。

（4）对所学习或研究的事物要有冒险精神。创造实质上是一种冒险，因为否定人们习惯了的旧思想可能会招致公众的反对。这种冒险不是那些危及生命和肢体安全的冒险，而是一种合理性冒险。大多数人都不会成为伟人，但我们至少要最大限度地挖掘自己的创造潜能。

（5）对所学习或研究的事物要做到永不自满。一个有很多创造性思想的人如果就此停止，害怕去想另一种可能比这种思想更好的思想，或已习惯了一种成功的思想而不能产生新思想，那么这个人就会变得自满，停止创造。

（6）努力学习科学知识，构建合理的知识结构。一颗苹果砸到牛顿头上，他发现了万有引力；伽利略看到小孩玩玩具发明了温度计；门捷列夫玩纸牌发现了元素周期表。真理永恒不变，我们要用发展的眼光看问题，跳出思维定式和已有知识的束缚，永远行走在寻找真理的路上，从纷繁复杂的表象里，找到真理存在的一角，则为创新。但是，创新思维不是某天的突发奇想，牛顿、伽利略、门捷列夫哪一个不是知识渊博，对所研究事物殚精竭虑不懈探索的人？所以，大学生应该努力学习，广泛涉猎，以丰富的知识和广博的学科视野撑起创新思维的翅膀，以不断提高的创新思维能力助推创新能力的起飞。

（三）积极开展创新实践

实践对认识具有决定作用。实践是认识的来源，认识发展的动力，认识的最终目的和检验认识正确与否的唯一标准。大学生只有积极投身创新实践，才能培养创新能力，提高创新水平。

（1）在日常学习生活中开展创新实践。创新是一种不断发现问题、解决问题的复杂过程。大学生在日常学习生活中，可在教师引导下，或学生自觉有意识地，本着不唯书、不唯上的科学探索精神，不断发现问题、分析问题、解决问题，在实践中提高创新能力。

（2）注重参加创新创业实践平台练兵活动。目前各级高等院校大力开展创新创业教育活动，他们积极搭建大学生创新创业平台，在夯实基础教育的同时，潜心培育、建设大学生创新实践基地，设立特色鲜明的学科竞赛项目，引导大学生开展创新创业实践。大学生可以在学校积极参加活动,在实践中练兵,培育和提高创新能力。

(3) 顺应时代潮流,走向社会开展创新创业实践。知识经济时代,信息技术的发展深刻改变了人们的学习、生活和社会环境。2015年3月2日,国务院办公厅印发《关于发展众创空间推进大众创新创业的指导意见》,指出推进大众创新创业要坚持市场导向、加强政策集成、强化开放共享、创新服务模式。在用户创新、大众创新、开放创新、协同创新的创新2.0新形势下,我国涌现出一大批各具特色的众创空间。比如上海的新车间、深圳的柴火创客空间、杭州的洋葱胶囊、南京创客空间等。知识经济时代良好的政策环境和各种便利的创新要素的支持,为大学生创新实践提供了良好的生态环境。大学生要勇于把握时代脉搏,积极投身到大众创业、万众创新的时代洪流中开展创新实践活动。

爱迪生发明电灯的故事

爱迪生发明电灯的故事告诉我们:任何工作或者学习只有在我们坚持不懈的努力下才能取得成功!正如爱迪生说过的一句名言:天才不过是百分之一的聪明加百分之九十九的勤奋。

爱迪生发明电灯做了1 500多次实验都没有找到适合做电灯灯丝的材料,有人嘲笑他说:"爱迪生先生,你已经失败了1 500多次了"。爱迪生回答说:"不,我没有失败,我的成就是发现1 500多种材料不适合做电灯的灯丝。"

在电灯问世以前,人们普遍使用的照明工具是煤油灯或煤气灯。这种灯因燃烧煤油或煤气有浓烈的黑烟和刺鼻的臭味,并且要经常添加燃料、擦洗灯罩,因而很不方便。更严重的是,这种灯很容易引起火灾,酿成大祸。看到这种情况,爱迪生想制造一种价廉物美、经久耐用的家用电灯。

于是,马拉松式的试验开始了。爱迪生甚至连马的鬃、人的头发和胡子都拿来当灯丝试验。最后,爱迪生选择竹这种植物。他在试验之前,先取出一片竹子,用显微镜一看,高兴得跳了起来。于是,把炭化后的竹丝装进玻璃泡,通上电后,这种竹丝灯泡竟连续不断地亮了1 200个小时!

这下,爱迪生终于松了口气,助手们纷纷向他祝贺,可他又认真地说道:"世界各地有很多竹子,其结构不尽相同,我们应认真挑选一下!"

助手深为爱迪生精益求精的科学态度所感动,纷纷自告奋勇到各地去考察。经过比较,日本出产的一种竹子最为合适,便大量从日本进口这种竹子。与此同时,爱迪生又开设电厂,架设电线。过了不久,美国人民使用上了这种价廉物美、经久耐用的竹丝灯泡。

竹丝灯用了好多年。直到1906年,爱迪生又改用钨丝来做,使灯泡的质量又得到提高,一直沿用到今天。

当人们点亮电灯时,每每会想到这位伟大的发明家,是他,给黑暗带来无穷无尽的光明。1979年,美国花费了几百万美元,举行长达一年之久的纪念活动,来纪念爱迪生发明电灯一百周年。

案例解析：爱迪生是发明大师，一生共有 1 328 种发明，包括电灯、电车、电影、电动机、电话机、留声机等。他是一个伟大的发明家，同时也是一个善于把自己的发明转化为商业成果的人。从他发明电灯泡的事例中，同学们可以看到，创新就在于不断跳出常规认知范围，通过百折不挠，持之以恒地探索，最后发现最正确的方式。永远保持旺盛的创造精神，不断进行实践探索是爱迪生成功的重要原因之一。

创造力测试

创造力测试（一） 威廉斯测试法

这是一份帮助你了解自己创造力的练习。

在下列的句子中，如果发现某些句子所描写的情形很适合你，则请你在答案纸（请自备）上"完全符合"的圆圈内打"√"；

若有些句子仅是在部分时候适合你，则在"部分符合"的圆圈内打"√"；

如果有些句子对你来说，根本是不可能的，则在"完全不符合"的圆圈内打"√"。

注意：每一题都要做，不要花太多的时间去想。所有的题目都没有"正确答案"，凭你读每一句子后的第一印象作答。虽然没有时间限制，但应尽可能地争取以较快的速度完成，越快越好。切记，凭你自己的真实感觉作答，在最符合自己的情形上打"√"。每一题只能打一个"√"。

（1）在学校里，我喜欢试着对事情或问题做猜测，即使不一定都猜对也无所谓。
（2）我喜欢仔细观察我没有看过的东西，以了解详细的情形。
（3）我喜欢听变化多端和富有想象力的故事。
（4）画图时我喜欢临摹别人的作品。
（5）我喜欢利用旧报纸、旧日历以及旧罐头盒等废物来做成各种好玩的东西。
（6）我喜欢幻想一些我想知道或想做的事。
（7）如果事情不能一次完成，我会继续完成尝试，直到成功为止。
（8）做功课时我喜欢参考各种不同的资料，以便得到多方面的了解。
（9）我喜欢用相同的方法做事情，不喜欢去找其他新的方法。
（10）我喜欢探究事情的真假。
（11）我不喜欢做许多新鲜的事。
（12）我不喜欢交新朋友。
（13）我喜欢一些不会在我身上发生的事情。
（14）我喜欢想象有一天能成为艺术家、音乐家或诗人。
（15）我会因为一些令人兴奋的念头而忘记了其他的事。
（16）我宁愿生活在太空站，也不喜欢在地球上。
（17）我认为所有的问题都有固定的答案。
（18）我喜欢与众不同的事情。
（19）我常想知道别人正做什么。

(20) 我喜欢故事或电视节目所描写的事。
(21) 我喜欢和朋友一起,和他们分享我的想法。
(22) 如果一本故事书的最后一页被撕掉了,我就自己编造一个故事把结局补上去。
(23) 我长大后,想做一些别人长大从来没想过的事情。
(24) 尝试新的游戏和活动,是一件有趣的事。
(25) 我不喜欢太多的规则限制。
(26) 我喜欢解决问题,即使没有正确的答案也没关系。
(27) 有许多事情我都很想亲自去尝试。
(28) 我喜欢没有人知道的新歌。
(29) 我喜欢在班上同学面前发表意见。
(30) 当我读小说或看电视时,我喜欢把自己想象成故事里的人物。
(31) 我喜欢幻想200年前人类生活的情形。
(32) 我常想自己编一首新歌。
(33) 我喜欢翻箱倒柜,看看有些什么东西在里面。
(34) 画图时,我很喜欢改变各种东西的颜色和形状。
(35) 我不敢确定我对事情的看法都是对的。
(36) 对于一件事情先猜猜看,然后再看是不是猜对了,这种方法很有趣。
(37) 玩猜谜之类的游戏很有趣,因为我想知道结果如何。
(38) 我对机器有兴趣,也很想知道它里面是什么样子,以及它是怎样转动的。
(39) 我喜欢可以拆开的玩具。
(40) 我喜欢想一些点子,即使用不着也无所谓。
(41) 一篇好的文章应该包含许多不同的意见和观点。
(42) 为将来可能发生的问题找答案,是一件令人兴奋的事。
(43) 我喜欢尝试新的事情,目的只是想知道会有什么结果。
(44) 玩游戏时,通常是有兴趣参加,而不在乎输赢。
(45) 我喜欢想一些别人常常谈过的事情。
(46) 当我看到一张陌生人的照片时,我喜欢去猜测他是怎样一个人。
(47) 我喜欢翻阅书籍及杂志,但只是知道它的内容是什么。
(48) 我不喜欢探询事情发生的各种原因。
(49) 我喜欢问一些别人没有想到的问题。
(50) 无论在家里或在学校,我总是喜欢做许多有趣的事。

威廉斯创造力倾向测量表评分方法:

威廉斯创造力倾向测验共有50题,包括冒险性、好奇性、想象力、挑战性四项;测试后可得四种分数,加上总分,可得五项分数。分数越高,创造力水平越高。

冒险性:包括(1)、(5)、(21)、(24)、(25)、(28)、(29)、(35)、(36)、(43)、(44)11题。其中(29)、(35)为反向题目。记分方法分别为:正向题目,完全符合3分,部分符合2分,完全不符合1分;反向题目:完全符合1分,部分符合2分,完全不符合

3分。

好奇性：包括（2）、（8）、（11）、（12）、（19）、（27）、（33）、（34）、（37）、（38）、（39）、（47）、（48）、（49）14题。其中（12）、（48）为反向题目，记分方法如同冒险部分。

想象力：包括（6）、（13）、（14）、（16）、（20）、（22）、（23）、（30）、（31）、（32）、（40）、（45）、（46）13题。其中45题为反向题目。记分方法同前。

挑战性：包括（3）、（4）、（7）、（9）、（10）、（15）、（17）、（18）、（26）、（41）、（42）、（50）12道题。其中，（4）、（9）、（17）题为反向题目，记分方法同前。

创造力测试（二） 尤金创造力测试

美国心理学家尤金·劳德赛，设计了下面的测验题，并指出实验者只需10分钟左右的时间，就可以测出自己的创造力水平。

测验时，只需在每一句话后面，用一个字母表示同意或不同意。

A 代表同意；

B 代表不同意；

C 代表吃不准或不清楚。

注意：回答必须准确、诚实。

（1）我不做盲目的事，也就是我总是有的放矢，用正确的步骤来解决每一个正确的具体问题。

（2）我认为，只提出问题而不想获得答案，无疑是浪费时间。

（3）无论什么事情要我产生兴趣，总比别人困难。

（4）我认为合乎逻辑的、循序渐进的方法，是解决问题的最好方法。

（5）有时，我在小组里发表的意见，似乎使一些人感到厌烦。

（6）我花大量时间来考虑别人是怎么看我的。

（7）我自认为是正确的事，比力求博得别人的赞同重要得多。

（8）我不尊重那些做事似乎没有把握的人。

（9）我需要的刺激和兴趣比别人多。

（10）我知道如何在考验面前，保持自己内心的镇静。

（11）我能坚持很长一段时间来解决难题。

（12）有时我对事情过于热心。

（13）在特别无事可做时，我倒常常想出好主意。

（14）解决问题时，我分析问题较快，而综合所收集的资料较慢。

（16）有时我打破常规去做我原来并未想到要做的事。

（17）我有收集东西的兴趣。

（18）幻想促进了我许多重要计划的提出。

（19）我喜欢客观而有理性的人。

（20）如果我在本职工作之外的两种职业中选择一种，我宁愿当一个实际工作者，而不当探索者。

（21）我能与我的同事或同行们很好地相处。
（22）我有较高的审美感。
（23）在我一生中，我一直在追求着名利和地位。
（24）我喜欢那些坚信自己结论的人。
（25）灵感与成功无关。
（26）争论时使我感到高兴的是，原来与我观点不一致的人变成了我的朋友，即使牺牲我原先的观点也在所不惜。
（27）我更大的兴趣在于提出新建议，而不再设法说服别人接受建议。
（28）我乐意自己一个人整日"深思熟虑"。
（29）我往往避免做那种使我感到"低下"的工作。
（30）在评价资料时，我觉得资料的来源比其内容更重要。
（31）我不满意那些不确定和不可预计的事。
（32）我喜欢一味苦干的人。
（33）一个人的自尊比得到别人的敬慕更重要。
（34）我觉得力求完美的人是不明智的。
（35）我宁愿和大家一起工作而不愿意单独工作。
（36）我喜欢那种对别人产生影响的工作。
（37）在生活中，我长碰到不能用"正确"或"错误"来加以判断的问题。
（38）对我来说，"各得其所""各在其位"是很重要的。
（39）那些使用古怪和不常用词语的作家，纯粹是为了炫耀自己。
（40）许多人之所以感到苦恼，是因为他们把事情看得太认真了。
（41）即使遭到不幸、挫折和反对，我仍然能对我的工作保持原来的精神状态和热情。
（42）想入非非的人是不切实际的。
（43）我对"我不知道的事"比"我知道的事"更感兴趣。
（44）我对"这可能是什么"比"这是什么"更感兴趣。
（45）我经常为自己在无意中说话伤人而闷闷不乐。
（46）纵使没有报答，我也乐意为新颖的想法花费大量的时间。
（47）我认为"出主意很了不起"这种说法是中肯的。
（48）我不喜欢提出那种显得无知的问题。
（49）一旦任务在肩，即使受到挫折，我也要坚决完成。
（50）从下面描述人物性格的形容词中，挑选出10个你认为最能说明你性格的词。

精神饱满的	有说服力的	实事求是的	虚心的	观察明锐的
谨慎的	束手无策的	足智多谋的	自高自大的	有主见的
有献身精神的	有独创性的	性急的	高效的	乐意助人的
坚强的	老练的	有克制力的	热情的	时髦的
自信的	不屈不挠的	有远见的	机灵的	好奇的
有组织力的	铁石心肠的	思路清晰的	脾气温顺的	爱预言的

拘泥形式的	不拘礼节的	有理解力的	有朝气的	谦逊的
严于律己的	精干的	讲实惠的	一丝不苟的	漫不经心的
严格的	感觉灵敏的	无畏的	复杂的	实干的
柔顺的	创新的	泰然自若的	可求知识的	易动感情的
好交际的	善良的	孤独的	不满足的	

答案：

	A	B	C
(1)	0	1	2
(2)	0	1	2
(3)	4	1	0
(4)	−2	1	3
(5)	2	1	0
(6)	−1	0	3
(7)	3	0	−1
(8)	0	1	2
(9)	3	0	−1
(10)	1	0	3
(11)	4	1	0
(12)	3	0	−1
(13)	2	1	0
(14)	4	0	−2
(15)	−1	0	2
(16)	2	1	0
(17)	0	1	2
(18)	3	0	−1
(19)	0	1	2
(20)	0	1	2
(21)	0	1	2
(22)	3	0	−1
(23)	0	1	2
(24)	−1	0	2
(25)	0	1	3
(26)	−1	0	2
(27)	2	1	0
(28)	2	0	1
(29)	0	1	2
(30)	−2	0	3

(31)	0	1	2
(32)	0	1	2
(33)	3	0	−1
(34)	−1	0	2
(35)	0	1	2
(36)	1	2	3
(37)	2	1	0
(38)	0	1	2
(39)	−1	0	2
(40)	2	1	0
(41)	3	1	0
(42)	1	0	2
(43)	2	1	0
(44)	2	1	0
(45)	−1	0	2
(46)	3	2	0
(47)	0	1	2
(48)	0	1	3
(49)	3	1	0

(50) 下面每个形容词得 2 分

精神饱满的　　观察敏锐的　　不屈不挠的
柔顺的　　　　足智多谋的　　有主见的
有献身精神的　有独创性的　　感觉灵敏的
无畏的　　　　创新的　　　　好奇的
有朝气的　　　热情的　　　　严于律己的

下面每个形容词得 1 分

自信的　　　　有远见的　　　不拘礼节的
一丝不苟的　　虚心的　　　　机灵的
坚强的

其余：0 分

将分数累计起来，分数在：

110～140　创造力非凡
85～109　创造力很强
56～84　创造力强
30～55　创造力一般
15～29　创造力弱
−21～14　无创造力

第四节 创新研究与发展

科技是第一生产力,科技创新能力是促进生产力发展的第一要素,是经济发展的主要动力,是国家可持续发展能力的核心因素。

一、世界近代创新历史

世界近代历史上发生了三次工业革命。18 世纪下半叶开始以蒸汽机技术为动力的第一次工业革命,欧洲开始了从农业社会到工业社会转移的进程;19 世纪初电力发明和广泛使用的第二次工业革命开启了现代工业社会进程;20 世纪 70 年代以信息技术为主导的第三次工业革命,使世界从工业时代进入知识经济时代。

三次工业革命共同的特征和规律就是都以科技创新为先导,大幅提高社会生产力,引起产业的深刻变革,并带来政治、文化及人类生活方式等的一系列深刻变化,促进人类向更高境界发展。科技创新的巨大作用促使现代社会和国家从创新理论和实践两方面进行了深入持久的研究和探索。

二、创新理论研究介绍

(一)创新理论的产生和发展

1912 年,美国哈佛大学教授熊彼特在《经济发展概论》中提出,创新是指把一种新的生产要素和生产条件的"新结合"引入生产体系。首次把创新引入经济学范畴。

20 世纪 60 年代,美国经济学家华尔特罗斯托提出了"起飞"六阶段理论,把"创新"的概念发展为"技术创新",把"技术创新"提高到"创新"的主导地位。

《成功的工业创新》中将创新定义为技术变革的集合。认为技术创新是一个复杂的活动过程,从新思想、新概念开始,通过不断地解决各种问题,最终使一个有经济价值和社会价值的新项目得到实际的成功应用。

70 年代下半期,创新被定义为"技术创新是将新的或改进的产品、过程或服务引入市场"。明确地将模仿和不需要引入新技术知识的改进作为最终层次上的两类创新而划入技术创新定义范围中。

随后,《复杂性科学视野下的科技创新》在对科技创新复杂性分析基础上,指出技术创新是各创新主体、创新要素交互复杂作用下的一种复杂涌现现象,是技术进步与应用创新的"双螺旋结构"共同演进的产物。

随着信息与通信技术的融合与发展,社会孕育巨大变革,创新被认为是需要构建以用户为中心、需求为驱动、以社会实践为舞台的共同创新、开放创新的应用创新平台,实现技术进步与应用创新的并驾齐驱,通过创新双螺旋结构的呼应与良性互动形成有利于创新涌现的创新生态，打造用户参与的创新2.0模式。

（二）创新理论的两个重要认识

一是将创新与发现、发明区别开来。创新不是以科学中的发现或技术上的发明作为其标准，而是以实现市场价值为其判别标准。发现或发明成果必须转化为新产品、新服务，实现它的市场价值，才能被称之为一种创新。而且，这种转化拥有更大的创新价值。早期人们认为创新是以新发明、新发现的科学技术为驱动的，随着理论研究的深入，人们改变了这一看法。

19世纪70年代，德国化学家李比希（Justus Von Liebig）提出了农作物生长的三要素（氮、磷、钾）理论（这是发现），1909年德国化学家哈伯（Fritz Haber）首次用空气中的氮和氢合成氨（这是发明）。哈伯的发明不久被德国巴登苯胺纯碱公司所接受与采纳，但从发明到生产出产品，其间经历了无数次的试验，单就为了获得较理想的催化剂就经历两万多次试验，到1913年第一个合成氨工厂才建成投产。

这个过程就是创新过程。发现、发明，只是这个过程中的一部分。当然，这里绝不意味着轻视发现、发明的重大意义，没有发现、发明，创新就成了无根之树、无源之水了。

二是充分认识到创新的风险性。将发现、发明成果进行商业性转化，其中牵涉的因素非常多而且很多具有不确定性，如创新要牵涉市场，市场的风险比实验室内发现、发明的风险要大得多。所以，创新失败的概率远远大于成功的概率。吉列（Gillette）公司每三个上市产品中只有一个能取得市场成功，而这三个产品是从100项前期技术研究中得到的。

（三）创新过程从线性到非线性的嬗变

创新过程从线性到非线性的嬗变中，人们逐渐认识到创新是各创新主体、创新要素交互复杂作用下的一种复杂涌现现象，而非是"研发—生产—市场—销售"的单一线性过程。人们在对创新研究、认识的过程中，经过了一个从线性到非线性的嬗变。

1. 线性创新模式

最初的创新模式都是线性模式。线性模式认为，创新的起因与来源是科学，来源于基础研究，只要对科学（通常称上游端）增加投入就是直接增加（下游端）创新的产品。

线性模式最典型的代表观点反映在美国罗斯福总统的科学顾问万尼瓦尔·布什（Vannever Bush）《科学——无止境的前沿》的报告中。该报告有两个基本观点：基础研究或纯研究本身是不考虑实际后果的；基础科学有长远的根本性的意义，是技术创新的源泉。

这种线性模式的弊端暴露后，又产生了一种源于布什观点的新的线性模式。"受布什思想范式的影响，产生了由基础科学到技术创新，再转化为开发、生产和经济发展的模式。"这种模式是一种代表动态形式的一维的"线性模式"，即基础研究引起应用研究与开发；再依据创新是一种产品还是工艺，转到生产或经营。

美国学者D·E·司托克斯揭示了布什的线性模式的局限性。他在《巴斯德象限——基础科学与技术创新》一书中，肯定了布什观点的历史作用的同时，尖锐地指出了布什观点的局限性，并具体地指明了以下几点。

（1）基础研究与应用研究之间并不界限分明，有的应用研究同时也是杰出的基础研究；

（2）科学研究进程同时受认识目标和应用目标这双重目标的影响；巴斯德和其他许多研究中同时体现出双重目标的融合；

（3）单一的线性模型描述由科学发现向技术创新的单向流动过于简单了；

（4）日本在基础科学方面相对落后，但在生产技术上却取得巨大成功。这一实例表明，科学与技术之间的关系远比布什的单一线性关系要复杂。

2. 创新过程的非线性机制

当今世界，科学、技术、经济、社会、文化等迅速一体化并互动发展，创新过程是一个整体性的复杂过程，完成创新的各个要素如技术、管理、机制等相互整合，同时作用，实现各个要素功能的高水平发挥，让创新成为一个一体化过程。

英国经济学家奥默罗德（Paul Ormerod）在1998年出版了《蝴蝶效应经济学》一书，他在前言中说："我十年前所要阐述的一个论点是，传统经济学把经济体与社会看成是一部机器，认为其行为不管多么复杂，最终都可予以预测和控制，这种看法是错误的。恰恰相反，人类社会更像是生命的有机体——活的动物，只能透过其各个部位复杂的相互作用来了解其行为。正是这一观念和想法构成了蝴蝶效应经济学的基本主题。"

"蝴蝶效应"是混沌理论中最常被人引用的一个借喻，表明事物事态发展的非线性，即一只蝴蝶的翅膀一扇动，可以导致地球的另一边的一场大风暴。蝴蝶效应经济学就是强调经济学要考虑各种因素相互作用和累积的非线性效应，说明经济领域中极端的不确定性和难以预测性。这种观点非常直观地表达了创新过程的非线性特征和其复杂性。

随着信息网络的发展，信息通信技术融合与发展推动下知识社会的形成及其对创新的影响进一步被认识。创新呈现出多层次性、多主体性、多要素性的特点。创新不再是从研究到应用的线性链条，从小众到大众的传播过程。关注价值实现、关注用户参与的以人为本的创新2.0模式成为面向知识社会的下一代创新。

三、创新2.0

（一）创新2.0的概念

创新2.0，简单点说就是以前创新1.0的升级，1.0是指工业时代的创新形态，2.0则是指信息时代、知识社会的创新形态。创新2.0即Innovation 2.0，就是"以用户为中心，以社会实践为舞台，以共同创新、开放创新为特点的用户参与的创新"。

（二）创新2.0的特点

（1）用户创新。用户创新是指由消费者和最终用户，而不是由制造商发展出的创新。产品是为满足最广泛的需求而开发出来的，当个别用户遇到了大多数消费者没有遇到的问题，这些用户别无选择只有发展出现有产品的修改，或全新的产品，来解决这些问题。

（2）开放创新。开放创新是指在多主体的参与以及外部知识资源的利用的情况下，可从内部和外部两个渠道加快技术研发和商业化速度，借用别人的思维、方法、成果和方案结合到本身的项目中，降低科技和产品的研发成本和研发周期，带来更高的效益和利润指标。

（3）大众创新。在依托"互联网+"平台的背景下，集大众智慧和资源搞创新，打通科技成果转化通道，实现创新链与产业链有效对接。

（4）协同创新。建设企业、社会内部形成的知识（思想、专业技能、技术）分享机制，依靠现代信息技术构建资源平台，进行多方位交流、多样化协作。如"政产学研"协同创新。

（三）创新 2.0 出现的环境

（1）信息通信技术的发展和知识网络的形成突破了知识传播传统上的物理瓶颈，人类可以利用知识网络更快捷和方便地共享和传播知识及信息。

（2）知识网络的环境最大限度地消除了信息不对称性，打破人为构建的知识壁垒和信息壁垒；而更重要的是越来越多的研究者和实践者开始关注知识社会的信息爆炸问题，信息可以传播不等于信息有效传播，利于知识被快速检索、理解和运用的众多知识封装技术使得知识也得以构件化和模块化，从而便于更多人利用。上述知识社会的外部环境有助于更广泛的创新群体在一个开放自由的平台上从事科技创新活动。

（3）知识社会迸发了更广泛的创新需求。外部环境造就了创新主体实施创新活动的可能，也造就了更多知识与应用场合需求碰撞的机会。这样的碰撞就是创新活动最大的源动力，同时也印证了熊彼特创新来源于生产活动的基本观点。因此，知识社会环境和需求两方面的因素催生了创新 2.0 实践活动的蓬勃发展。

（四）创新 2.0 典型案例介绍

Living Lab（生活实验室、体验实验区）、Fab Lab（个人制造实验室、创客）、AIP（"三验"应用创新园区）是早期创新 2.0 实践的典型模式。"互联网+"是创新 2.0 研究与实践中推进的热点，也是协同创新的典范。

（1）Living Lab，是欧盟"知识经济"中最具激发性的模式之一，它强调以人为本、以用户为中心和共同创新。Living Lab 立足于本地区的工作和生活环境，以科研机构为纽带，建立以政府、广泛的企业网络以及各种科研机构为主体的开放创新社会（Open Innovation Community）。

（2）Fab Lab 即微观装配实验室（Fabrication Laboratory），是美国麻省理工学院（Massachusettes Institute of Technology，MIT）比特和原子研究中心（Center for Bits and Atoms，CBA）发起的一项新颖的实验。一个拥有几乎可以制造任何产品和工具的小型工厂，它提供硬件设施以及材料、开源源代码软件和由 MIT 的研究人员开发的程序，这个小型工厂即是用户可以快速建立原型的平台，利用工程的设置、材料及电子工具来实现他们想象中产品的设计和制造。费尔德教授于 1998 年在 MIT 开设了一门课程——"如何能够创造任何东西"。没有技术经验的学生们在课堂上创造出很多令人印象深刻的产品，如为鹦鹉制作的网络浏器、收集尖叫的盒子，保护女性人身安全的传感器等。这种可以实现随心所欲的个性化需求的目标，逐渐成为 Fab Lab 萌芽的创新研究理念，引领了从个人通信、个人计算迈向个人设计、个人制造、群体创造的创新 2.0 浪潮。

（3）北京市"三验"应用创新园区，即城市管理应用创新园区，是由北京市市政管理委员会、北京市科学技术委员会共同发起并领导，北京市相关政府机构支持，各区县市政管委等机构参与，北京城市管理科技协会承办，相关企业、科研机构、行业协会等协办的开放式、公益性、非营利机构。园区的核心理念即构建以用户为中心、以需求为引导、以技术为推动，需求与技术充分互动的应用创新平台，贯彻"最终用户参与产品、技术研发、设计过程"的应用创新理念，推动以"三验"（即"体验、试验、检验"，而其中"用户体验"是核心）为机制的技术应用创新与试点示范活动。

（4）创新 2.0 互联网＋。"互联网＋"是创新 2.0 时代互联网与传统行业融合发展的新形态、新业态，是知识社会创新 2.0 推动下的互联网形态演进及其催生的经济社会发展新形态。"互联网＋"是对新一代信息技术与创新 2.0 相互作用与共同演化的高度概括。

"互联网＋"也就是"互联网＋传统行业"，这是目前大多数人对于这个概念的字面解读。事实上，"互联网＋"的概念，已远远大于"互联网＋传统行业"。互联网因其极强的包容性、适应性和创新性，与传统经济转型的需求不谋而合，诞生了丰富的商业模式。诸如互联网金融、互联网交通、互联网医疗、互联网教育、互联网金融、智慧城市、工业 4.0。

新一轮的科技革命正在孕育发展，自 2008 年世界金融危机以来，世界各国都在积极寻找科技创新的突破口，以完成国家的经济转型升级。例如发达国家凭借科学技术和科技创新完成"再工业化"，即经济发展转向可持续增长模式——出口推动型增长和制造业增长，要回归实体经济，重新重视国内产业尤其是制造业的发展；发展中国家则通过科技升级追求"去工业化"，即就业和经济增长由制造业转向服务业。

新常态下的中国，在避免欧美"去工业化"发展弊端基础上，将创新作为引领发展的第一动力，鼓励"大众创业、万众创新"，贯彻落实创新、协调、绿色、开放、共享五大发展理念，重视新兴产业，开展以创新 2.0 为引擎的一系列实践创新探索，保障中国经济的上行势头，走一条中国特色的发展道路。

创新 2.0 十大研究热点

方向一：新一代信息技术发展及其与创新 2.0 的互动与演进趋势。新一代信息技术发展催生了创新 2.0，而创新 2.0 又反过来作用于新一代信息技术形态的形成与发展，重塑了物联网、云计算、社会计算、大数据等新一代信息技术的新形态。新一代信息技术的发展又推动了创新 2.0 模式的发展和演变，Living Lab（生活实验室、体验实验区）、Fab Lab（个人制造实验室、创客）、AIP（"三验"应用创新园区）、Wiki（维基模式）、Prosumer（产消者）、Crowdsourcing（众包）等典型创新 2.0 模式不断涌现。互联网经济、互联网思维是当前创新 2.0 研究与实践推进中的一个热点。其实，除了无所不在的网络，我们还看见无所不在的计算、无所不在的数据、无所不在的知识,四个无所不在一起推进了无所不在的创新,以及数字向智能并进一步向智慧的演进,并推动了"互联网+"的演进与发展。人工智能技术的发展,包括深度学习神经网络,以及无人机、无人车、智能穿戴设备以及人工智能群体系统集群及延伸终端,将进一步推动人们现有生活方式、社会经济、产业模式、合作形态的颠覆性发展。《城市管理复杂性与基于大数据的应对策略研究》一文中对两者的互动演进进行了初步的探讨。而"创新2.0与智慧生态城市"专题报道《2014 DIY SMART CITY 社会创新峰会共议创新2.0与智慧城市》则对世界各国创新2.0研究与前沿实践的相关进展与研讨进行了报道。创新2.0推动下的新一代信息技术发展趋势、新一代信息技术发展推动下的创新2.0模式演化趋势,及其互动机制研究值得高度关注。

创新2.0的开放开源与创新2.0

方向二:开放开源与创新2.0。从开放源代码,到开放数据、开放知识管理正成为知识社会创新2.0时代的趋势。连电动汽车特斯拉都开源了,连政府这个最保守的组织都尝试开放数据了,连中科院也要开放科研、开放知识管理了。创新2.0时代的开放数据、开放源代码、开放知识如何发展演进并推动共享型知识经济与知识社会。

"创新2.0新常态"下的创客浪潮与创新创业

方向三:"新常态"下的创客浪潮与创新创业。信息技术与互联网经济的发展、信息和知识的扩散推动了创新的民主化进程,新技术革命浪潮会同经济发展转型、结构调整,带来了创新驱动发展的新常态、新格局。"新常态"强调走创新2.0时代的群众路线和经济社会可持续、协调发展之路,实现经济发展方式转变,走创新驱动、内涵发展道路。Fab Lab 及其引发的全球创客浪潮是创新2.0模式在设计制造领域的典型表现,引发了从个人通信到个人计算,再到个人设计、个人制造的社会技术发展的转变,推动了以用户为中心、面向应用的融合从创意、设计到制造的用户创新环境的构建,为大众创业、万众创新、开放创新带来新机遇。创新2.0所蕴含的以人为本、注重用户创新、用户体验正越发凸显其价值。

创新2.0下一代创新推动下的新工业革命发展与趋势

方向四:下一代创新推动下的新工业革命发展与趋势。第三次工业革命、工业4.0都是创新2.0形态下的工业新形态、新趋势,我们如何应对其带来的机遇与挑战?在工业发展领域,英美提出第三次工业革命,德国提出工业4.0。德国期望在实施工业4.0时按创新2.0的模式实行颠覆性创新(工业1.0~3.0是工业社会创新1.0模式,工业4.0是知识社会创新2.0模式),通过构建"虚拟—物理系统CPS"以建设全球一流制造强国。我国十八大后推行"工业化、信息化、城镇化、农业现代化"发展战略,需在创新2.0指导下实行颠覆性创新,变"全球制造大国"为"全球智造强国"。新工业革命会同生态革命、创客浪潮,进一步推动了新能源、绿色生态、智能制造、开源创造等趋势。

创新2.0创新形态演变下的智慧城市研究

方向五:创新形态演变下的智慧城市研究。智慧城市是新一代信息技术支撑、知识社会下一代创新(创新2.0)环境下的城市形态。智慧城市不仅仅应注重全面透彻的感知、宽带泛在的互联以及智能融合的应用等智能基础设施的构建,还应借助创新2.0理念,构建有利于创新涌现的制度环境与生态，实现以用户创新、开放创新、大众创新、协同创新为特征的以人为本的可持续创新，塑造城市公共价值并为生活其间的每一位市民创造独特价值，实现城市与区域可持续发展。钱学森先生的大成智慧理论在智慧城市建设中的指导作用日益被智慧城市的研究领域所关注，如何推进大成智慧理论在智慧城市中的指导和应用也将成为一个研究热点。

创新2.0视野下的企业2.0、政府2.0

方向六：创新2.0视野下的企业2.0、政府2.0。创新1.0是以企业、政府为核心为用户生产市场产品以及公共产品，创新2.0视野下的企业2.0、政府2.0则强调以用户为中心，用户参与共同创造独特价值、塑造公共价值，强调开放创新。2014年，孟庆国、张楠等老师在清华大学组织了国内首次政府2.0研讨会。在政府治理领域，创新2.0重新定义了管理和服务的关系，政府应服务而非掌舵更非划桨，应把握这种政府服务模式及形态演化的趋势，同时注重政府在创新生态系统中的使能者的角色，通过政府数据开放、维基、微信、微博等web2.0的应用以及开放数据、云端应用推动开放创新、用户创新、大众创新、协同创新。

创新2.0时代的合作民主机遇与发展

方向七：创新2.0时代的合作民主机遇与发展。创新2.0是科学2.0、技术2.0、管理与制度2.0共同塑造的。在推进国家治理现代化的大背景下，重申依法治国、重提群众路线。如何走好创新2.0时代的群众路线、构建创新2.0时代的制度环境是推进国家治理现代化的重要课题。在民主治理领域，应把握创新2.0时代合作民主的新机遇，超越"直接民主的失败、协商民主的无力"，推进具有时代特点和中国特色的社会主义民主建设。通过云计算、维基、社交网络等技术和社会工具的应用，基于创新2.0让公众更自由和主动地进行交流和互动，更加深度地参与政府和社会的合作协同，实现基于新技术的协作共治、群体智慧和公共价值塑造。

创新2.0"政用产学研"协同创新生态建构

方向八：面向知识社会创新2.0的"政用产学研"协同创新生态建构。知识社会的创新民主化进程推动了创新形态的转变，也重新定义了用户的价值和开放的意义，推动了对创新生态模式的认识。如何实现政府2.0转型，如何适应这种创新民主化趋势将"用户"更深入地纳入协同创新体系，发挥用户的作用，特别是领先用户的作用，推动政、用、产、学、研合作，从过去的企业垂直组织间的合作演变成创新生态模式，从"产学研""政产学研用"迈向面向知识社会的"政用产学研"协同创新生态。

创新2.0开放数据与大数据

方向九：开放数据与大数据。创新2.0时代、复杂性科学视野下的大数据不仅为政府把握经济社会整体运行、实现对城市系统的综合管理提供了新机遇，同时也重视公众的参与，发挥每个个体的作用，实现知识的汇聚，形成的智力资源和知识服务能力，支撑决策、管理与服务。开放数据是大数据的基础，政府开放数据对于推动开放创新、激发市场与社会活力至关重要。

众包、众筹、威客与创新2.0

方向十:众包、众筹、威客与创新2.0。众包模式是创新2.0典型模式。互联网时代,创新资源的流动能力得到了极大提升,开放式的创新2.0由过去的外包演变为产业伙伴合作,并进一步变为"政用产学研"各方具备创新能力的组织或个体。创新2.0时代为资金、生产、市场、合作等方式提供了新的机遇,个人的创新不再停留在创意阶段,进一步推动了万众创新和大众创业。

摘自《办公自动化》,2015年3月

(五)中国创新创业新形势下的大学生创新创业

1. 创新与创业的关系

在经济学界,创新和创业是两个既有紧密联系又有区别的概念。二者的区别是创新更加强调其与经济增长的关系。而创业的内涵更丰富,不仅有创新的内容,还涉及就业和社会发展等。但在本质上,创新和创业显示了极强的一致性和关联性。

创业在本质上就是一种创新活动,是主体能动的、开创型的实践性活动。创新是创业的基础和灵魂,创业则推动着创新。

2. 中国创新创业新形势——大众创业,万众创新

(1)大众创业,万众创新。在新的工业革命孕育兴起,世界经济和中国经济面临转型之机,面对新常态,中国明确提出将创新作为经济转型发展的强大动力。党的十八大明确提出实施创新驱动发展战略,并称之为关系国民经济全局紧迫而重大的战略任务。党的十八届五中全会将"创新"作为五大发展理念之首,进一步指出,坚持创新发展,必须把创新摆在国家发展全局的核心位置,不断推进理论创新、制度创新、科技创新、文化创新等各方面创新,让创新贯穿党和国家的一切工作,让创新在全社会蔚然成风。李克强总理在2015年政府工作报告中提出,推动大众创业、万众创新,培育和催生经济社会发展新动力。同年6月,国务院颁布了《关于大力推进大众创业万众创新若干措施的意见》,明确指出推进大众创业、万众创新,是培育和催生经济社会发展新动力的必然选择,是扩大就业、实现富民之道的根本举措,是激发全社会创新潜能和创业活力的有效途径。这是我国我党认真总结国内外发展实践经验和理论认识的结果,符合当今世界发展实际和创新潮流,具有重要的理论意义和现实意义。

(2)大众创业、万众创新形势下的当代大学生。大众创业、万众创新是把创业、创新与人、企业这几个关键要素紧密结合在一起,不仅要突出打造经济增长的引擎,而且要突出打造就业和社会发展的引擎,不仅突出精英创业,而且突出草根创业、实用性创新,体现了创业、创新、人和企业"四位一体"的创新发展总要求。影响创新创业的因素有很多,包括国民素质、基础研究水平、科研基础设施条件、体制政策环境等方面,但核心是人的因素,关键是创新型企业的发展壮大。

创新创业究竟应由哪些人来做?是不是只有少数"天才式"的人物才能胜任?初次接触到创新创业的大学可能会这样问,但这是一种误区,人类社会发展史实际上就是一部大众创业、万众创新的历史。世界经济发展和我国改革开放以来的实践也充分说明了这一点。创

新理论和实践研究也充分证明了这一点。例如，我国改革开放以来，一大批民营企业的异军突起，成就了今天以华为、联想、海尔等为代表的一批创业企业。

所以，在我国推进创新创业运动就是在全社会高扬创新和企业家精神，营造公平竞争的市场环境，让广大人民群众参与创新创业的大潮，使大量优秀人才在创新创业的伟大实践中脱颖而出。习近平总书记说："广大青年一定要勇于创新创造。""青年是社会上最富活力、最具创造性的群体，理应走在创新创造前列。"当代大学生更应该走在创新创业的最前列。

在大众创业、万众创新的总体形势下，广大大学毕业生大有可为。

3. 大学生创新创业蔚然成风

"十三五"以来，在整个社会万众创业、大众创新的创新创业热潮的带动之下，大学生创新创业已蔚然成风。究其原因，三方面发力带动使大学生创新创业成为必然趋势。

（1）教育创新2.0蓬勃发展。由政府、企业、学校共同打造创业教育、创业实训、创业孵化一体的高端平台，积极开展大学生创新创业实践教育，使大学生这个特殊群体，已然成为创新创业浪潮中的生力军。北京大学向创业者提供后续创业辅导及投融资支持；清华大学投入使用全球最大的校园创客空间；浙江大学搭建以浙商企业家"导师带徒"为核心模式的实践平台；武汉大学发起设立1亿元"珞珈创新天使基金"；香港科技大学创业基地设立咖啡厅，学生自主制订商业计划经营。创新教育有效提升了大学生的创业热情，培育了大学生的创业能力。

（2）一系列政策利好和良好创业生态环境，激发了大学生创新创业活力，为大学生创业提供坚强保障。2015年，国务院办公厅《关于发展众创空间推进大众创新创业的指导意见》（国办发〔2015〕9号）提出："全面落实党的十八大和十八届二中、三中、四中全会精神，按照党中央、国务院决策部署，以营造良好创新创业生态环境为目标，以激发全社会创新创业活力为主线，以构建众创空间等创业服务平台为载体，有效整合资源，集成落实政策，完善服务模式，培育创新文化，加快形成大众创业、万众创新的生动局面。"大众创业、万众创新的提出虽然只有一年，但受到了社会各界的广泛响应。依托"互联网+"，众创、众包、众扶、众筹等一批集众人之智、汇众人之财、齐众人之力的创意、创业、创造与投资的空间如雨后春笋般应运而生；从政府到全国各行各业，都纷纷致力于改变服务模式，适应时代要求，营造大众创业、万众创新优良生态环境。在这种新生态下，大学生创业如鱼得水，很快显出了蓬勃发展的局面。

（3）知识经济时代，中国经济转型面临挑战，就业面临一定压力，创新创业适合大学生自身发展要求。据统计，2015年全国高校毕业生总数近750万人，高校毕业生迎来最难"毕业季"。不仅如此，2015年归国留学人员总数有近40万人，海归就业也成了"问题"。推进大众创业、万众创新是创新驱动发展战略的具体措施，在发掘和培养新的经济增长点的同时，也给了年轻的大学生一个追求创业梦想的机会。面对看起来很"严峻"的就业形势，如果能结合"大众创业、万众创新"转变思路，鼓励和帮助大学毕业生中一些有创业能力和意愿的人自己来"创造工作"，不仅能有效解决个人的就业问题，发展得好还可以吸纳更多的人就业。据美国一个最新的分析报告，近年来在美国新增的20%就业中创业企业占3%。正是那些创业者不断创造出新的产品和服务，深刻改变了我们的生产和生活方式，创造了大量就业机会。

政策利好、良好的创新创业生态环境、大学生自身发展需求共同发力，有力地推动了当代大学生创业热潮，毕业生可在这大众创业、万众创新的蓬勃发展局面下，一展身手，为中国经济转型发展推波助澜，添砖加瓦。

实训项目一

阅读资料，回答问题。

创客中国大赛中博会赛事开锣

10月12日，2015年创客中国大赛中博会赛事开赛。这是"创客中国"大赛的重头戏之一，也是第十二届中国国际中小企业博览会首次举办创客活动。大赛分为现场展示和现场比赛两个部分，3D打印、智能机器人、智能硬件等约30件展示作品纷纷竞秀"万众创新"的想象力，也通过展会一探产品的市场价值。

国内首台陶泥3D打印机

展台上，一个3D打印机正在打印一个陶泥的杯子，周围陈列着打印后经过烧制、上色的陶瓷成品，包括各色的佛像和形状各异的杯子。山东淄博创客空间的夏侯洪涛介绍，这是国内首台陶泥3D打印机。陶泥是一种软的材料，控制起来难度比较大。利用3D打印的技术可以打印一些陶瓷的胚体，精确控制尺寸，制作形状不规则或精细的产品，而且速度很快，十几分钟就可以打印好一个杯子。

夏侯洪涛说，他所在的创客团队成员以教师为主，而他本人是淄博市博山一中的信息技术老师。陶泥3D打印机是考虑到学生的需要，大城市里的孩子们都见过3D打印机，但是小地方的孩子没有这个机会，于是他们就做了一个陶泥的3D打印机，不能让学生输在起跑线上。

3D足部扫描仪专攻买鞋不合脚

大赛展示产品不少贴近生活。如南京创客空间带来的3D足部扫描仪，就是为了解决消费者脚型不标准、买鞋子不合脚的问题。脚度科技董事长陈晓强介绍，这个项目是通过角度三维扫描仪扫描脚部，采集脚部数据，建立脚部的三维数字模型，然后3D打印出脚的模型，再个性化定制。

另一个来自南京的创客团队PixerLab的参赛产品是干眼症治疗眼镜框，它可以通过特定传感器和算法检测眼睛干燥的情况，计算眨眼频率，再通过雾化模块的智能调节，实现眼镜框内湿度的调整。

除了民间创客团队的创意作品以外，来自山东淄博、顺德等地的企业也展示了企业组的参赛产品，其中智能家居占重头，如智能油烟分离油烟机、多功能家电平台器等。

创客心声：缺钱但很难拿到补贴

在此次大赛上，记者见证了创客的奇思妙想，也了解到他们的苦恼。夏侯洪涛告诉《南方日报》记者："我们最大的问题是资金，民间创客通过创新发明了新产品，完成了零到一的转变，但如果产品要获得大面积推广和使用，还需要一到一百的飞跃。这其中就包括要进行工艺设计、生产、市场推广，所需要耗费的资金是非常大的，而我们普遍没有这样的能力。虽然国家现在对创业创新有很多补贴，但是真正拿到这些补贴的民间创客是比较少的，因为申报手续比较麻烦，民间创客活动能力不足，更多资金会被创业孵化平台获得。"

此外，技术融合也是问题。目前国内创客平台分布广泛，难以进行有效的技术交流，有参展者直言，创客大赛和中博会的创客中国展区为他们提供了一个有效的交流平台。张先生是北京的一家软件公司负责人，他来到中博会创客中国展区不仅是观摩产品，还为了寻找合适的合作对象，"创客往往专注的是某一项或几项技术，但在工业生产中需要很多技术的结合，我们公司主要做智能软件，希望可以找到一家做智能硬件的公司合作一款保安机器人"。

专利权的保护也是创新创业团队所关心的问题。夏侯洪涛说，目前我国专利申请的周期太长，"先公开，后保护。申请的过程中技术需要全部公开，这就让抄袭和仿造者有了很大空间。有时候一个专利申请好了，别人的仿制品已经出来好几代了"。

（《南方日报》见习记者 唐子湉）

1. 从文中提到的"国内首台陶泥3D打印机""3D足部扫描仪""干眼症治疗眼镜框"三个事例中，任选一个从创新性、可行性、实用性角度谈一谈你的看法。

2. 通过互联网收集相关资料，谈一谈你对本文"创客心声"中提到的诸多问题的看法。你认为当代大学生在"互联网＋"浪潮中可以在哪方面施展才华，发挥作用？

实训项目二：结合所学专业，完成大学生实践创新训练计划项目申请表

一、实训概述

【目的及要求】

通过完成大学生实践创新训练计划项目申请表，初步了解实践创新流程、实践创新项目准备、组织实施、过程管理等相关知识，为实践创新做好准备。

二、实训内容

【项目内容】

根据项目主题，成立项目团队或研究小组，完成大学生实践创新训练项目申报前期工作。

【训练步骤】

1. 在导师指导下确定项目主题；

2. 选择人员，结合团队意识、科研能力和专业水平组创团队；
3. 进行项目可行性分析；
4. 相关文献资料收集和研读；
5. 对项目实施工程、实践环节等方面进行初步安排；
6. 完成申请表的填写。

三、实训结果

1. 根据研究结果，完成实践创新训练计划项目申报表。
2. 师生共同讨论，对其创新性、可行性、实用性等进行评估，并形成评估意见。

大学生创新实践项目申报表

项目名称						
项目所属						
项目类型		个人（ ）		团体（ ）		
项目实施时间		起始时间：		完成时间：		
申请人或申请团队		姓名	年级	专业	电话	邮箱
	主持人					
	成员					
指导老师	姓名			年龄		
	单位			职务		
	指导老师研究方向及成果					

申请理由（包括申请人和团队成员具备知识条件、特长、兴趣、已有的创新实践成果等）：

项目方案：
前期准备（包括主题、人员、项目可行性分析、资料准备）
组织实施（包括研究内容、研究路线及方法、项目特色与创新性）
过程管理（包括制定实施阶段时间与阶段任务）
导师指导（包括各阶段导师指导内容）
项目条件（开展项目所需的实验条件及资金、政策支持）
项目结题（包括结题时间及结题阶段工作任务）
预期成果（预期项目成果形式）

导师推荐意见：

签名：
年　月　日

第六章

创业概述

心灵咖啡

　　1965年,一位韩国学生到剑桥大学主修心理学。在喝下午茶的时候,他常到学校的咖啡厅或茶座听一些成功人士聊天。这些成功人士包括诺贝尔奖获得者、某一些领域的学术权威和一些创造了经济神话的人,这些人幽默风趣、举重若轻,把自己的成功都看得非常自然和顺理成章。时间长了,他发现,在国内时,他被一些成功人士欺骗了。那些人为了让正在创业的人知难而退,普遍把自己的创业艰辛夸大了,也就是说,他们在用自己的成功经历吓唬那些还没有取得成功的人。

　　作为心理系的学生,他认为很有必要对韩国成功人士的心态加以研究。1970年,他把《成功并不像你想象得那么难》作为毕业论文,提交给现代经济心理学的创始人威尔·布雷登教授。布雷登教授读后,大为惊喜,他认为这是个新发现,这种现象虽然在东方甚至在世界各地普遍存在,但此前还没有一个人大胆地提出来并加以研究。惊喜之余,他写信给他的剑桥校友、当时正坐在韩国政坛第一把交椅上的人朴正熙。他在信中说:"我不敢说这部著作对你有多大的帮助,但我敢肯定它比你的任何一个政令都能产生震动。"

　　后来这本书果然伴随着韩国的经济起飞了。这本书鼓舞了许多人,因为它从一个新的角度告诉人们,成功与"劳其筋骨,饿其体肤""三更灯火五更鸡""头悬梁,锥刺股"没有必然的联系。只要你对某一事业感兴趣,长久地坚持下去就会成功,因为上帝赋予你的时间和智慧够你圆满做完一件事情。后来,这位青年也获得了成功,他成了韩国泛业汽车公司的总裁。

　　上面这个故事告诉我们,并不是因为事情难我们不敢做,而是因为我们不敢做事情才难的。人世中的许多事,只要想做,都能做到,该克服的困难,也都能克服,创业也是一样。

第一节　创业的内涵和意义

　　创业是大多数青年人血管里不灭的冲动,但是自主创业对每一个尝试者来说都会是一段十分艰难的历程。你了解什么是创业吗?应该如何敲开创业的大门?如何迈出最艰难的第一步?对于缺乏经验和启动资金的毕业生来说,这些问题是急需破解的课题。近年来,一些大学生通过自主创业实现了就业并成就了事业,但比例并不高。要改变这一现状,就必须加强对毕业生创业的指导。

一、创业的概念

(一) 创业的含义

创业是创业者对自己拥有的资源或通过努力能够拥有的资源进行优化整合,从而创造出更大经济或社会价值的过程。创业是一种劳动方式,是一种需要创业者运营、组织、运用服务、技术、器物作业的思考、推理和判断的行为。根据杰夫里·提蒙斯(Jeffry A. Timmons)所著的创业教育领域的经典教科书《创业创造》(New Venture Creation)的定义:创业是一种思考、推理结合运气的行为方式,它为运气带来的机会所驱动,需要在方法上全盘考虑并拥有和谐的领导能力。

创业作为一个商业领域,致力于理解创造新事物(新产品、新市场、新生产过程或原材料、组织现有技术的新方法)的机会,如何出现并被特定个体发现或创造,这些人如何运用各种方法去利用和开发它们,然后产生各种结果。

创业是一个人发现了一个商机并加以实际行动转化为具体的社会形态,获得利益,实现价值。

科尔(Cole)(1965)提出,把创业定义为发起、维持和发展以利润为导向的企业的有目的性的行为。

创业是一种思考、推理和行为方式,它为机会所驱动,需要在方法上全盘考虑并拥有和谐的领导能力。创业必须要贡献出时间、付出努力,承担相应的财务的、精神的和社会的风险,并以获得金钱的回报、个人的满足和独立自主为目的的社会行为。

大学生创业群体主要由在校大学生和毕业生组成,由于大学扩招引起大学生就业等一系列问题,一部分大学生通过创业形式实现就业,这部分大学生具有高知识、高学历的特点,但是由于大学生缺乏相对应的社会经验,所以需要全社会的关注和帮助。大学生创业逐渐被社会所承认和接受,同时也肩负着提高大学生毕业就业率和社会稳定等的历史使命。在高校扩招之后,越来越多的大学生走出校门的同时,大学生创业就成为大学生就业之外的一个社会新问题。

(二) 创业的基本类型

随着经济的发展,投身创业的人越来越多,《科学投资》调查研究表明,国内创业者基本可以分成以下类型。

1. 生存型创业者

生存型创业者大多为下岗工人,失去土地或因为种种原因不愿困守乡村的农民,以及刚刚毕业找不到工作的大学生。这是中国数量最大的创业人群。清华大学的调查报告说,这一类型的创业者占中国创业者总数的90%。其中许多人是被逼上梁山,为了谋生混口饭吃。一般创业范围均局限于商业贸易,少量从事实业,也基本是小型的加工业。当然也有因为机遇成长为大中型企业的,但数量极少,因为国内市场已经不像20多年前,如刘永好兄弟、鲁冠球、南存辉他们那个创业时代,经济短缺,机制混乱,机遇遍地。如今这个时代,用句俗话来说就是狼多肉少，仅想依靠机遇成就大业，早已是不切实际的幻想了。

2. 主动型创业者

主动型创业者又可以分为两种：一种是盲动型创业者，另一种是冷静型创业者。前一种创业者大多极为自信，做事冲动。这种类型的创业者，大多是博彩爱好者，喜欢买彩票，喜欢赌，而不太喜欢检讨成功概率。这样的创业者很容易失败，但一旦成功，往往就是一番大事业。冷静型创业者是创业者中的精华，其特点是谋定而后动，不打无准备之仗，或是掌握资源，或是拥有技术，一旦行动，成功概率通常很高。

3. 赚钱型创业者

赚钱型创业者除了赚钱，没有什么明确的目标。他们就是喜欢创业，喜欢做老板的感觉。他们不计较自己能做什么，会做什么。可能今天在做着这样一件事，明天又在做着那样一件事，他们做的事情之间可以完全不相干。甚至其中有一些人，连对赚钱都没有明显的兴趣，也从来不考虑自己创业的成败得失。奇怪的是，这一类创业者中赚钱的并不少，创业失败的概率也并不比那些兢兢业业，勤勤恳恳的创业者高。而且，这一类创业者大多过得很快乐。

4. 反欺诈委托加盟

反欺诈委托加盟是一个新的业务模式。表示加盟投资商委托一家公司帮着加盟策划，以达到规避加盟风险和引进合适的加盟项目。反欺诈委托加盟绝对不只是简单地为加盟投资商推荐一家连锁企业，而是从加盟创业、维权、店铺经营这三个方面进行整体策划。这一全新的概念是由伦琴反欺诈加盟网提出的。

不管是生存型创业者、主动型创业者、赚钱型创业者，还是反欺诈委托加盟，都是为了赚钱。然而，影响你赚钱的因素很多。没有文化，没有学历，没有钱，没有良好的教育背景，怎么赚钱？人富足了才有条件接受教育。吃不好穿不暖的时候，教育是句空话，况且对衣食无安的人大谈教育，这种行为本身就不厚道。

（三）创业的基本阶段

第一阶段：生存阶段。以产品和技术来占领市场，只要有想法（点子）会搞关系（销售）就可以。

第二阶段：公司化阶段。规范管理来增加企业效益，这时需要创业者的思维从想法提升到思考的高度，而原先的搞关系就转变成一个个渠道的建设，公司的销售是依靠渠道来完成，团队也初步形成。

第三阶段：集团化阶段。这时依靠的是硬实力（产业化的核心竞争力），整个集团和子公司形成了系统平台，依靠的是一个个团队通过系统平台来完成管理（人治变成了公司治理），销售变成了营销，区域性渠道转变成一个个地区性的网络，从而形成了系统。思维从平面到三维。这时你就可以退休了，创业者就有了现金流系统（赚钱机器），它是24小时为你工作的，这就是许多创业者梦想达到的理想状态。

第四阶段：这是创业者的最高境界，集团总部阶段，是一种无国界的经营，也就是俗称的跨国公司。集团总部的系统平台和各子集团的运营系统形成的是一种体系。集团总部依靠的是一种可跨越行业边界的无边界核心竞争力（软实力），子集团形成的是行业核心竞争力（硬实力）这样将使集团的各行各业在单兵作战的情况下取得所无法取得的业绩水平和速度。思维已从三维到多维，这才是企业发展所能追求和达到的最高境界。

二、创业的意义

大学毕业生选择自主创业对我国解决就业问题具有重要的战略意义。

第一，以创业带动就业，不仅从根本上解决大学生就业难的问题，缓解国家就业压力，而且创业的活力会形成带动就业的倍增规模效应。创业能力是一个人在创业实践活动中的自我生存、自我发展的能力。一个创业能力很强的大学毕业生不但不会增加社会的就业压力，相反还能通过自主创业活动培养出许许多多的就业增长点，从而为社会增加就业岗位。

第二，以创业带动就业，有利于大学生把自我价值与社会价值统一起来，为社会做出更多的贡献。一方面，大学生要想创业成功，必须充分考虑社会的需要，根据社会需求选择创业方向和领域。另一方面，大学毕业生自主创业，总是选择那些适合发挥自己的兴趣与专长的行业和领域，做自己最感兴趣、最愿意做和自己认为最值得做的事情，这样既可以最大限度地发挥自己的才能，又有利于为社会创造价值。

第三，以创业带动就业，有利于培养大学生的创新精神。创新是一个民族的灵魂，是一个国家兴旺发达的不竭动力。青年大学生作为中国最具活力的群体，如果失去了创造的冲动和欲望，那么将削弱中华民族持续发展的动力。大学生的创业活动，有利于培养勇于开拓创新的精神，把就业压力转化为创业动力，培养出越来越多的各行各业的创业者。

当前，大学生的就业观念正在悄然地发生改变，一个鼓励创业、保护创业、崇拜创业的大环境正在逐步形成。

三、大学生创业方向

创业主要是由在校大学生和大学毕业生群体组成。现今大学生创业问题越来越受到社会各界的密切关注，因为大学生属于高级知识人群，并且经过多年的教育往往背负着社会和家庭的种种期望。在现今社会经济不断发展就业形势却不容乐观的情况下，大学生创业也自然成为大学生就业之外的新兴的现象。

根据人力资源和社会保障部的统计，2012—2014年的就业状况不是很理想。所以许多大学生都选择参加《全国青年创新商业人才培养工程》来实现就业。同时，国家也推出了一系列的创业扶持政策，比如青年创业引领计划公益扶持基金、中小微企业扶持基金等。

方向一：高科技领域

身处高新科技前沿阵地的大学生，在这一领域创业有着近水楼台先得月的优势，"易得方舟""视美乐"等大学生创业企业的成功，就是得益于创业者的技术优势。但并非所有的大学生都适合在高科技领域创业，一般来说，技术功底深厚、学科成绩优秀的大学生才有成功的把握。有意在这一领域创业的大学生，可积极参加各类创业大赛，获得脱颖而出的机会，同时吸引风险投资。

推荐商机：电子商务、软件开发、网页制作、网络服务、手机游戏开发等。

方向二：智力服务领域

智力是大学生创业的资本，在智力服务领域创业，大学生游刃有余。例如，家教领域就非常适合大学生创业，一方面，这是大学生勤工俭学的传统渠道，积累了丰富的经验；另一方面，大学生能够充分利用高校教育资源，更容易赚到"第一桶金"。此类智力服务创业项目成本较低，一张桌子、一部电话就可开业。

推荐商机：家教、家教中介、设计工作室、翻译事务所等。

方向三：连锁加盟领域

统计数据显示，在相同的经营领域，个人创业的成功率低于20%，有的则高达80%。对创业资源十分有限的大学生来说，借助连锁加盟的品牌、技术、营销、设备优势，可以较少的投资、较低的门槛实现自主创业。但连锁加盟并非"零风险"，在市场鱼龙混杂的现状下，大学生涉世不深，在选择加盟项目时更应注意规避风险。一般来说，大学生创业者资金实力较弱，适合选择启动资金不多、人手配备要求不高的加盟项目，从小本经营开始为宜；此外，最好选择运营时间在5年以上、拥有10家以上加盟店的成熟品牌。

推荐商机：动漫店、快餐业、家政服务、校园小型超市、数码速印站等。

方向四：开店

大学生开店，一方面可充分利用高校的学生顾客资源；另一方面由于熟悉同龄人的消费习惯，因此入门较为容易。正由于走"学生路线"，因此要靠物美价廉来吸引顾客。此外，由于大学生资金有限，不可能选择热闹地段的店面，因此推广工作尤为重要，需要经常在校园里张贴广告或和社团联办活动，才能广为人知。

推荐商机：高校内部或周边地区的动漫店、餐厅、酸辣粉店、咖啡屋、美发屋、文具店、书店等。

方向五：技术创业

大学生毕业后，在学校学习的课程很难应用到实际工作中。毕业后学习一门技术，可以让大学生很快融入社会。有一技之长进可开店创业，退可打工积累资本。好酒不怕巷子深，所以有一技之长的大学生在开店创业的时候，可以避开热闹地段节省大量的门面租金，把更多的创业资金用到经营活动中去。

推荐商机：弹棉花店、裁缝店、修车行等。

大学生创业卖菜 手机下单后直接从农场送货

新鲜的蔬菜在哪里种的，是否放心，只需在手机上一查就能溯源，直接通过手机下单就能享受新鲜的农场蔬菜配送。近日，来渝参加"泛海扬帆——重庆大学生创业行动"座谈会的中国西部人才开发基金会理事长魏礼群一行来到沙坪坝、璧山，参观了这一行动资助的两个项目，并鼓励创业者们继续创新，早日成长为优秀企业家。

大学生瞄准绿色农产品市场

在位于璧山区城郊的"东方锄禾"农场内，创业者吴书柱正带着他的大学生团队忙碌着。平整田坎、开翻土壤，这些大学生们干得非常熟练。

"我们团队现在已经有17名大学生了。"吴书柱介绍，他从2010年开始创办重庆蜀都蔬菜种植专业合作社，从当初菜市场的一间30多平方米的陋室、5个人的团队，发展到目前吸纳大学生17名、社员1 000余名的规模，业务也涉及生态家庭农场基地、蔬菜物流配送、蔬菜社区连锁专卖店等，能为重庆大学城12所高校食堂供应新鲜蔬菜。随后，他们又成立了重庆三原则农业开发有限公司和蜀都科技商贸有限公司，现在已经形成了"东方锄禾"这一蔬菜品牌。

吴书柱说，他来自农村，立志要通过搞农业带动家乡建设，在餐饮企业打过工的他看准了绿色农产品很有市场。当时大学城正在建设，想到那里学校集中，每个学校都有食堂，蔬菜的供应量很大，很有前景。于是他便计划在璧山搞蔬菜合作社，用"公司+农户"的形式，将农产品直接供应各大食堂。

买菜可溯源，物流可监控

不过，大学生做农业可并不容易。"最开始农户们都不信任我们，觉得我们一帮年轻人，不会搞农业，以为是骗子。"吴书柱说，一连40多户，只有一个人认他们。为了赢得大家的信任，他们帮农户送化肥、种子，讲解科学种植技术、如何维权等，慢慢地，农户开始信任他们。在短短三个月的时间里，合作社就发展了新堰、河边、狮子等15个地方大小种植户近1 000户，种植面积达到了35 000多亩。

如何把蔬菜销售出去也是一大难题。2010年11月，因为农户跟风种植多，有5 000吨蔬菜在地里无人买，吴书柱只有和团队成员分头联系商贩、食堂，还是不行，最后求助媒体才卖了出去。参加了第三期"泛海扬帆"的培训后，吴书柱得到培训老师的指导，让懂农业但不懂商业的他们学习到了不少知识。

现在，他们调整了定位，开始了50亩示范基地的建设，利用"追踪农业"来一步步完成品牌效应。"现在我们建设了'我的菜，我做主'手机3G农产品产销平台。"吴书柱介绍，农场基地全程监控、数据备档，物流配送可远程监控，消费者只需在手机上一点，就可实现在线监控和下单，让蔬菜直接从农场送到消费者手中，安全放心。

目前，他们正在进行社区连锁店的建设，争取能在年内完成15家社区直营店，打造自己的品牌。

小老板要打造创业交流平台

"我是在'泛海扬帆'的支持下成长起来的，我也希望打造一个创业交流平台，让更多怀揣创业梦的大学生能交流，并实现自己的梦想。"作为首期创业比赛的冠军，卢硕已成为营业额达500万元的小老板。卢硕毕业于川美视觉传达专业，和几位同学创办了风格艺术工作室，从事视觉设计，在2011年首期"泛海扬帆"行动中，带领团队赢得了5万元资助。活动结束后，陶然居总裁严琦成为他的创业导师，不仅大方将公司旗下10多个项目的商标设计任务交给了卢硕，还主动帮忙打广告，拉来其他项目。仅3年时间，工作室营业额就从原本的 10 万元上涨到 200 多万元。

工作室走上正轨，卢硕又思考起进军新领域："大学城有 10 多所高校，20 多万名师生。要是能做餐饮，打造一个吃饭、聚会的好地方，肯定有市场。"对于这个想法，严琦很支持，一口气投资 60 万元，帮助他建起"青果小巷里"餐厅。"不仅是做餐饮，还要做文化，做品牌。"卢硕憧憬着，未来，能培育出青果里书吧、青果里健身房乃至青果里社区等品牌，吸引更多学子入股，将青果里品牌推广至外地大学城。

第二节　创业准备

在就业形势严峻的今天，创业也成了一个重要的出路，大学生们纷纷怀着创业致富、自立自强的思想走向社会，创造属于自己的一片天。然而，创业的艰难不言而喻，大学生创业失败的例子屡见不鲜，创业前的准备工作显得尤为重要。下面将从创业必备知识、创业必备个人素质这两个方面浅谈一下大学生在创业前该做哪些准备。

一、知识的准备

对于一名创业者来说，不论他准备投身何种创业项目，一些商业知识与经营之道都是他必须要提前具备的，而且，这些商业知识与经营方法都必须具有很强的针对性，一个专业的创业者肯定要对他所要从事的行业有着相当的了解，并且对这个行业的经营特点也需要了如指掌，否则创业者就需要在创业过程中交出昂贵的学费。

（一）管理知识

作为企业，实行优化管理，创造最大的利润和社会效益是永恒的目标。而管理就是通过计划、组织、控制、激励和领导这五项措施来协调人力、物力和财力方面的资源，从而达到管理的目的。

在一个企业中，任何关系最终都表现为人与人之间的关系，任何资源的分配也都是以人为中心的，因而管理的关键就是协调人与人之间的关系。一个组织要有成效，必须使组织中的各个部门、各个单位，直到和个人的活动同步与和谐，组织中人力、物力和财力的配备也同样要同步、和谐。协调人力、物力和财力资源是为使整个组织活动更加富有成效，这也是管理活动的根本目的。

管理知识涉及计划、组织、控制、激励、领导等几个方面的内容。

（二）营销知识

营销是指企业发现或挖掘准消费者需求，从整体氛围的营造以及自身产品形态的营造去推广和销售产品，主要是深挖产品的内涵，切合准消费者的需求，从而让消费者深刻了解该产品进而购买该产品的过程。

营销始于产品生产之前，并一直延续到产品出售以后，贯穿于企业经营活动的全过程，主要包含以下几个方面：

①市场预测与市场调查知识；②消费心理知识；③定价知识和价格策略；④仓储知识；⑤销售渠道的开发知识；⑥营销管理知识；⑦社交礼仪等。

（三）财务知识

企业经营活动所必需的劳动力、生产资料和信息资源都需要用资金去购买，企业运作的各项开支都必须由财务来安排，企业最终的经营效果也必须体现为资金的使用效果。企业能否成长或生存下去，财务问题是最直接的核心要素之一。如何构建企业的财务管理，应该了解以下几个方面的知识。

①货币（支票、本票、汇票等）金融知识；②信用及资金筹措知识；③资金核算及记账知识；④证券、信托及投资知识；⑤财务会计基本知识等。

（四）专业知识

创业者在工作中不需要事事精通、面面俱到，但是熟练的专业知识、精湛的专业技能却是保证自己在业内游刃有余的必备条件。尤其对从零开始的创业者来说更加重要，希望集团是从自己的手工作坊发展起来的。现在的社会是人才化社会、个性化社会，想通过权力和财力领导行业人、吃行业饭是不现实的，明星做生意结果血本无归的比比皆是。

（五）政策法规知识

了解行业准入门槛和条件，了解注册、纳税的步骤是规范办事、依法经商的要求。利用国家对大学生自主创业的大好政策，是缺乏资金和经验的大学生创业成功的保障。

二、个人素质的准备

（一）心理素质

心理素质是指创业者的心理条件，包括自我意识、性格、气质、情感等心理构成要素。作为创业者，他的自我意识特征应为自信和自主；他的性格应刚强、坚持、果断和开朗；他的情感应更富有理性色彩。成功的创业者大多是不以物喜，不以己悲。

（二）身体素质

身体素质是指身体健康、体力充沛、精力旺盛、思路敏捷。现代小企业的创业与经营是艰苦而复杂的，创业者工作繁忙、时间长、压力大，如果身体不好，必然力不从心、难以承受创业重任。

（三）知识素质

创业者的知识素质对创业起着举足轻重的作用。创业者要进行创造性思维，要做出正确决策，必须掌握广博的知识，具有一专多能的知识结构。具体来说，创业者应该具有以下几方面的知识，做到用足、用活政策，依法行事，用法律维护自己的合法权益；了解科学的经营管理知识和方法，提高管理水平；掌握与本行业、本企业相关的科学技术知识，依靠科技进步增强竞争能力；具备市场经济方面的知识，如财务会计、市场营销、国际贸易、国际金融；等等。

（四）能力素质

创业者至少应具有如下能力：①创新能力；②分析决策能力；③用人能力；④组织协调能力；⑤社交能力；⑥激励能力。

1. 创新能力

创新能力是民族进步的灵魂、经济竞争的核心；当今社会的竞争，与其说是人才的竞争，不如说是人的创造力的竞争。

创业者必须具备创新能力，有创新思维，能根据客观情况的变化及时提出新目标、新方案，不断开拓新局面，创出新路子，可以说，不断创新是创业者不断前进的关键。

2. 分析决策能力

决策能力是创业者根据主客观条件，因地制宜，正确地决定创业的发展方向、目标、战略以及具体选择实施方案的能力。创业者需要具有超常的决断能力，为自己的公司争取时间和机会，以获得成功。大学生创业，首先要从众多的创业目标以及方向中进行分析比较，选择最适合发挥自己特长与优势的创业方向、途径和方法。

3. 用人能力

市场经济的竞争是人才的竞争，谁拥有人才，谁就拥有市场、拥有顾客。一个创业者不吸纳德才兼备、志同道合的人共创事业，创业就难成功。因此，创业者必须学会用人，要善于吸纳比自己强或有某种专长的人共同创业。

4. 组织协调能力

创业者要打开工作局面，就必须学会协调各方面的关系，以便化解矛盾，消除阻力，变消极因素为积极因素，推进创业的顺利进行。

5. 社交能力

社会交际能力是指在创业过程中，围绕创业目标与企业内部人员的交流行为能力以及参与各种社会关系的交往行为能力。社会交际能力是创业者必须具备的能力，它直接影响着创业的成功与失败。

创业者应该做到妥当地处理与外界的关系，尤其要争取政府部门、工商及税务部门的支持与理解，同时要善于团结一切可以团结的人，团结一切可以团结的力量，求同存异，共同协调发展。做到不失原则、灵活有度，善于巧妙地将原则性和灵活性结合起来。总之，创业者要搞好内外团结，处理好人际关系，才能建立一个有利于自己创业的和谐环境，为成功创业打好基础。

6. 激励能力

创业的成功，依赖于一个成功的组织。团队组织的目标是让员工充分发挥自己的才能，而创业者就要用各种手段激励员工，使员工之间形成凝聚力。

被称为"中国互联网之父"的马云是个传奇性人物，曾被说成是"骗子""疯子"和

"狂人"，而如今，他带领着阿里巴巴团队一路走来，从资本额只有 50 万元人民币的小企业变成了市值超过 200 亿美元的大企业，创下了全球互联网融资额的最高纪录。他靠什么实现了大成功，创造了一个又一个令人不可思议的商业奇迹呢？靠的正是一个有创业激情的团队，靠的是每一位优秀的员工。

当然，这并不是要求创业者必须完全具备这些素质才能去创业，但创业者本人要有不断提高自身素质的自觉性和实际行动。提高素质的途径：一靠学习，二靠改造。要想成为一个成功的创业者，就要做一个终身学习者和改造自我者。

哈佛大学拉克教授讲过这样一段话："创业对大多数人而言是一件极具诱惑的事情，同时也是一件极具挑战的事。不是人人都能成功，也并非想象中那么困难。但任何一个梦想成功的人，倘若他知道创业需要策划、技术及创意的观念，那么成功已离他不远了。"

西安确定第一批大学生创业实训基地

记者从西安市人力资源和社会保障局获悉，涵盖电子信息、文化创意、农业、软件等多个行业的 21 家企业单位，被人社部门确定为西安第一批大学生创业实训基地。

西安市人社局工作人员介绍说，这 21 家基地可以提供师资培训、岗位实践、项目评估、创业企业孵化、创业政策研判等免费服务，帮助有意向创业的大学生提高创业技能，积累创业经验，促进其成功创业。

按照相关政策，近 5 年内取得毕业证书或年龄小于 35 周岁的大学毕业生（含研究生）及海外留学归国人员，均可申请到这 21 家基地进行创业实训。

据介绍，符合上述条件且有创业意愿的大学生，可持身份证、学历证书向西安市人才中心提出申请，填写相关推荐表后，由人才中心推荐至实训基地。实训期一般为 3~6 个月，最长不超过一年。这 21 家创业实训基地名单可在西安市人社局官方网站查询。

（摘自新华网）

第三节 大学生自主创办企业流程

大学生自主创业可采用的市场主体类型主要有：个体工商户、个人独资企业、合伙企业、农民专业合作社和有限责任公司等。创办不同类型的市场主体，需要准备的材料和办理流程如下。

一、个体工商户

1. 需准备的材料

（1）经营者签署的个体工商户注册登记申请书；

（2）委托代理人办理的，还应当提交经营者签署的《委托代理人证明》及委托代理人身份证明；

（3）经营者身份证明；

（4）经营场所证明；

（5）《个体工商户名称预先核准通知书》（设立申请前已经办理名称预先核准的须提交）；

（6）申请登记的经营范围中有法律、行政法规和国务院决定规定必须在登记前报经批准的项目，应当提交有关许可证书或者批准文件；

（7）申请登记为家庭经营的，以主持经营者作为经营者登记，由全体参加经营家庭成员在《个体工商户开业登记申请书》经营者签名栏中签字予以确认。提交居民户口簿或者结婚证复印件作为家庭成员亲属关系证明，同时提交其他参加经营家庭成员的身份证复印件；

（8）国家工商行政管理总局规定提交的其他文件。

2. 办理流程

（1）申请人或者委托的代理人可以直接到经营场所所在地登记机关登记。

（2）登记机关委托其下属工商所办理个体工商户登记的，到经营场所所在地工商所登记。

（3）申请人或者其委托的代理人可以通过邮寄、传真、电子数据交换、电子邮件等方式向经营场所所在地登记机关提交申请。通过传真、电子数据交换、电子邮件等方式提交申请的，应当提供申请人或者其代理人的联络方式及通信地址。对登记机关予以受理的申请，申请人应当自收到受理通知书之日起 5 日内，提交与传真、电子数据交换、电子邮件内容一致的申请材料原件。

（4）对于申请材料齐全、符合法定形式的，登记机关应当受理。申请材料不齐全或者不符合法定形式，登记机关应当当场告知申请人需要补正的全部内容，申请人按照要求提交全部补正申请材料的，登记机关应当受理。申请材料存在可以当场更正的错误的，登记机关应当允许申请人当场更正。

（5）登记机关受理登记申请，除当场予以登记的外，应当发给申请人受理通知书。对于不符合受理条件的登记申请，登记机关不予受理，并发给申请人不予受理通知书。申请事项依法不属于个体工商户登记范畴的，登记机关应当及时决定不予受理，并向申请人说明理由。

（6）申请人提交的申请材料齐全、符合法定形式的，登记机关应当当场予以登记，并发给申请人准予登记通知书。根据法定条件和程序，需要对申请材料的实质性内容进行核实的，登记机关应当指派两名以上工作人员进行核查，并填写申请材料核查情况报告书。登记机关应当自受理登记申请之日起 15 日内做出是否准予登记的决定。

（7）对于以邮寄、传真、电子数据交换、电子邮件等方式提出申请并经登记机关受理的，登记机关应当自受理登记申请之日起 15 日内做出是否准予登记的决定。

（8）登记机关做出准予登记决定的，应当发给申请人准予个体工商户登记通知书，并在10日内发给申请人营业执照。不予登记的，应当发给申请人个体工商户登记驳回通知书。

二、个人独资企业

1．需准备的材料

（1）投资人签署的《个人独资企业登记（备案）申请书》；

（2）投资人身份证明；

（3）投资人委托代理人的，应当提交投资人的委托书原件和代理人的身份证明或资格证明复印件（核对原件）；

（4）企业住所证明；

（5）《名称预先核准通知书》（设立申请前已经办理名称预先核准的须提交）；

（6）从事法律、行政法规规定须报经有关部门审批业务的，应当提交有关部门的批准文件。

（7）国家工商行政管理总局规定提交的其他文件。

2．办理流程

（1）由投资人或者其委托的代理人向个人独资企业所在地登记机关申请设立登记。

（2）登记机关应当在收到全部文件之日起15日内，做出核准登记或者不予登记的决定。予以核准的发给营业执照；不予核准的，发给企业登记驳回通知书。

三、合伙企业

1．需准备的材料

（1）全体合伙人签署的《合伙企业登记（备案）申请书》；

（2）全体合伙人的主体资格证明或者自然人的身份证明；

（3）全体合伙人指定代表或者共同委托代理人的委托书；

（4）全体合伙人签署的合伙协议；

（5）全体合伙人签署的对各合伙人缴付出资的确认书；

（6）主要经营场所证明；

（7）《名称预先核准通知书》（设立申请前已经办理名称预先核准的须提交）；

（8）全体合伙人签署的委托执行事务合伙人的委托书；执行事务合伙人是法人或其他组织的，还应当提交其委派代表的委托书和身份证明复印件（核对原件）；

（9）以非货币形式出资的，提交全体合伙人签署的协商作价确认书或者经全体合伙人委托的法定评估机构出具的评估作价证明；

（10）法律、行政法规或者国务院规定设立合伙企业须经批准的，或者从事法律、行政法规或者国务院决定规定在登记前须经批准的经营项目，须提交有关批准文件；

（11）法律、行政法规规定设立特殊的普通合伙企业需要提交合伙人的职业资格证明的，提交相应证明；

（12）国家工商行政管理总局规定提交的其他文件。

2. 办理流程

（1）由全体合伙人指定的代表或者共同委托的代理人向企业登记机关申请设立登记；

（2）申请人提交的登记申请材料齐全、符合法定形式，企业登记机关能够当场登记的，应予当场登记，发给合伙企业营业执照。

除前款规定情形外，企业登记机关应当自受理申请之日起20日内，做出是否登记的决定。予以登记的，发给合伙企业营业执照；不予登记的，应当给予书面答复，并说明理由。

四、农民专业合作社

1. 需准备的材料

（1）《农民专业合作社登记（备案）申请书》；

（2）全体设立人签名、盖章的设立大会纪要；

（3）全体设立人签名、盖章的章程；

（4）法定代表人、理事的任职文件和身份证明；

（5）载明成员的姓名或者名称、出资方式、出资额以及成员出资总额，并经全体出资成员签名、盖章予以确认的出资清单；

（6）载明成员的姓名或者名称、公民身份号码或者登记证书号码和住所的成员名册，以及成员身份证明；

（7）能够证明农民专业合作社对其住所享有使用权的住所使用证明；

（8）全体设立人指定代表或者委托代理人的证明；

（9）《名称预先核准通知书》（设立申请前已经办理名称预先核准的须提交）；

（10）农民专业合作社的业务范围有属于法律、行政法规或者国务院规定在登记前须经批准的项目的，应当提交有关批准文件；

（11）法律、行政法规规定的其他文件。

2. 办理流程

（1）由全体设立人指定的代表或者委托的代理人向登记机关申请设立登记；

（2）申请人提交的登记申请材料齐全、符合法定形式，登记机关能够当场登记的，应予当场登记，发给营业执照。

除前款规定情形外，登记机关应当自受理申请之日起20日内，做出是否登记的决定。予以登记的，发给营业执照；不予登记的，应当给予书面答复，并说明理由。

五、有限责任公司

1. 需准备的材料

（1）公司法定代表人签署的设立登记申请书；

（2）全体股东指定代表或者共同委托代理人的证明；

(3) 公司章程；

(4) 股东的主体资格证明或者自然人身份证明；

(5) 载明公司董事、监事、经理的姓名、住所的文件以及有关委派、选举或者聘用的证明；

(6) 公司法定代表人任职文件和身份证明；

(7) 企业名称预先核准通知书；

(8) 公司住所证明；

(9) 国家工商行政管理总局规定要求提交的其他文件。

法律、行政法规或者国务院决定规定设立有限责任公司必须报经批准的，还应当提交批准文件。

2. 办理流程

(1) 由全体股东指定的代表或者共同委托的代理人向公司登记机关申请设立登记。

(2) 申请文件、材料齐全，符合法定形式的，或者申请人按照公司登记机关的要求提交全部补正申请文件、材料的，决定予以受理。

(3) 申请文件、材料齐全，符合法定形式，但公司登记机关认为申请文件、材料需要核实的，决定予以受理，同时书面告知申请人需要核实的事项、理由以及时间。

(4) 申请文件、材料存在可以当场更正的错误的，允许申请人当场予以更正，由申请人在更正处签名或者盖章，注明更正日期；经确认申请文件、材料齐全，符合法定形式的，决定予以受理。

(5) 申请文件、材料不齐全或者不符合法定形式的，当场或者在5日内一次告知申请人需要补正的全部内容；当场告知时，将申请文件、材料退回申请人；属于5日内告知的，收取申请文件、材料并出具收到申请文件、材料的凭据，逾期不告知的，自收到申请文件、材料之日起即为受理。

(6) 不属于公司登记范畴或者不属于本机关登记管辖范围的事项，即时决定不予受理，并告知申请人向有关行政机关申请。

公司登记机关对通过信函、电报、电传、传真、电子数据交换和电子邮件等方式提出申请的，自收到申请文件、材料之日起5日内做出是否受理的决定。

(7) 对申请人到公司登记机关提出的申请予以受理的，当场做出准予登记的决定。

(8) 对申请人通过信函方式提交的申请予以受理的，自受理之日起15日内做出准予登记的决定。

(9) 通过电报、电传、传真、电子数据交换和电子邮件等方式提交申请的，申请人应当自收到《受理通知书》之日起15日内，提交与电报、电传、传真、电子数据交换和电子邮件等内容一致并符合法定形式的申请文件、材料原件；申请人到公司登记机关提交申请文件、材料原件的，当场做出准予登记的决定；申请人通过信函方式提交申请文件、材料原件的，自受理之日起15日内做出准予登记的决定。

(10) 公司登记机关自发出《受理通知书》之日起60日内，未收到申请文件、材料原件，或者申请文件、材料原件与公司登记机关所受理的申请文件、材料不一致的，做出不予登记的决定。公司登记机关需要对申请文件、材料核实的，自受理之日起 15 日内做出是否准予登记的决定。

（11）公司登记机关做出准予公司设立登记决定的，出具《准予设立登记通知书》，告知申请人自决定之日起 10 日内，领取营业执照。公司登记机关做出不予登记决定的，出具《登记驳回通知书》，说明不予登记的理由，并告知申请人享有依法申请行政复议或者提起行政诉讼的权利。

自主创业？毕业证书？我该如何选择？

张强是西安职业技术学院 2013 级园林班的学生，品学兼优，也是院学生会宣传部部长。在大二下学期暑假期间，和同学合伙创业，开了一家连锁加盟餐馆。生意刚有起色，但是又到了开学的日子。张强再三考虑，决定退学选择继续创业。但这个决定遭到了父母的反对，作为家长，他们希望张强能继续完成学业。张强父母联系到学校老师，说明了情况，得知现在国家有创业优惠政策，张强可以保留学籍，休学创业。等到合适时间复学，继续修完其他剩余课程即可顺利毕业。这样张强没有耽误创业，又保住了自己的学业。

实训项目：本校毕业生创业情况调查

一、实训概述

【目的及要求】

了解本院学生创业方面的情况，增强对创业的认识，加深对创业的理解。

二、实训内容

【项目内容】

进行一次创业调查，调查的主要对象为本院各年级在校生。小组成员以问卷调查和访谈为主要方式在学院内进行，对学生采用随机无记名问卷的形式进行。

【训练步骤】

1. 课后成立调查小组分组调查采访。
2. 完成本院高职创业调查问卷及数据统计表。

三、实训结果

调查结束后，完成一份 500~800 字的高职生自主创业调查报告。

第七章

创业实践

心灵咖啡

有一则非常励志的广告语"一切皆有可能",严格讲这句话还少了前半句,应该是"行动,一切皆有可能!"

也有俗话说得好,"心动不如行动""一分耕耘,一分收获",你想要有收获,就一定要有最起码的付出。你要得到多少,就要付出多少。梦想要靠行动来实现,机遇要靠行动来把握。希望放在明天,把计划放在今天,把行动放在现在。心动而没有行动,幸运和机遇会与你擦肩而过,心动而有行动,即使失败了,也不会留下遗憾。

人们描述那些有魄力的成功者,说他们是"敢想敢干",敢想你就成功了一半,另一半就是去做,脚踏实地地去做。不行动,再好的计划也是空谈,不断地实践、不断地总结,在行动才会成功。

这则广告语提示人们:在现实生活中,人的想法可能要比做法多一些,当有了创业的欲望,就要敢于面对困难、疑问、担心和失望,要敢于面对前所未有的压力和挑战,要把想法落实为行动。只要坚定"有想法,就去做""有目标,就行动"的信念,通过创业实践,才能实现自己的创业梦想。

第一节 识别创业机会

案例导读

高丽丽是某三本院校日语专业的毕业生,高中上学期间学习不是非常努力,因为早恋耽误学习,高考复读一年才考上三本。她的闺蜜对她的评价是漂亮、爱美、爱逛街、爱花钱。高丽丽毕业前期通过学校的安排,做了去日本的交换生,在日本学习。就在大家期待她将来成为一名优秀的日语翻译和导游的时候,高丽丽发挥了自己爱逛街、会花钱的特长,帮助别人花钱,开始尝试从事代购。随着客户越来越多,一年以后,高丽丽回国成立了贸易公司,进行专业的国际进口贸易。

案例分析:创业机会往往就在自己的身边,自己的特长、兴趣和爱好就是寻找商机、发现创业机会的重要切入点。

创业往往是从发现、把握、利用某些或某个商业机会开始的,发现和识别创业计划是创业成功最重要的一步,一个好的商机、一个好的创业机会是创业成功的重要基础。

一、创业机会

（一）创业机会的含义

创业机会的含义，可以理解为在市场经济条件下，社会经济活动过程中形成和产生的一种有利于企业经营成功的因素，是一种带有偶然性并能被经营者认识和利用的机遇。创业机会也可以从以下几个方面理解。

（1）为购买者或使用者创造或增加价值的产品或服务，具有一定的吸引力、持久性和适时性。

（2）引入新产品、新服务、新原材料和新组织方式，并能够以高于成本的价格出售，得到市场的认可。

（3）形成一种新的"目的—手段"关系，为经济活动引入新产品、新服务、新原材料、新市场或新组织方式。

（4）具有较强吸引力的，有比较持久的商业机会，创业者通过为客户提供有价值的产品或服务，使自身获益发展。

（二）创业机会的特征

1. 盈利性

盈利是创业机会存在的根本基础。创业机会是隶属于创业领域的创业机会，创业者追逐创业机会的根本目的是基于创业机会组建企业，进而获得财富。如果创业机会不具备可能的盈利性，那么对于创业者就失去吸引力，创业机会也就不是机会了。同时，创业机会的盈利性是潜在的，并非一目了然。对于这种潜在盈利性的理解尤其需要创业者拥有一定的知识和技能，同时也需要相关领域的实际经验。

2. 时效性

很多富有价值的创业机会往往转瞬即逝，具有很强的时效性，如果没有及时把握，一旦时过境迁，由于条件所限，原有市场不复存在，或者已经有其他创业者抢先一步占据市场先机，原先具有巨大价值的创业机会也会沦为无价值的一条市场信息。

3. 可变性

创业机会的潜在价值具有很强的不稳定性，而且并非即刻就可实现，其价值大小会随着创业者具体的战略规划而发生变动。如果创业者的战略方案与创业机会的特征得到良好的匹配，创业机会的价值就能够得到很大的提升，创业活动也能够获得较好的效果。如果相关战略规划与创业机会特征不匹配，甚至具有严重的失误，也无法成为创业机会。

（三）创业机会的类型

创业机会的类型对创业过程有着重要的影响。创业类型的分类方法有很多种，阿迪切威利（Ardichvili）等人根据创业机会的来源和发展情况对创业机会进行了分类。在创业机会矩阵中有两个维度，纵轴以探寻到的价值（即机会的潜在市场价值）为坐标，这一维度代表着创业机会的潜在价值性是否已经较为明确；横轴以创业者的创造价值能力为坐标，这里的创造价值能力包括通常的人力资本、财务能力以及各种必要的有形资产等，代表着创业者是否能够有效开发并利用这一创造机会，按照这两个维度，他们把不同的机会划分为4个类型（图6-1）。

	探寻到的价值	
	未确定	已确定
创造价值能力 未确定	"梦想" I	尚待解决的问题 II
创造价值能力 已确定	技术转移 III	市场形成 IV

图6-1 创业机会的四个类型

第Ⅰ象限中，机会的价值并不确定，创业者是否拥有实现这一价值的能力也不确定，这种机会为"梦想"。

第Ⅱ象限中，机会的价值已经比较明确，如何实现这种价值的能力尚未明确，这种机会是一种"尚待解决的问题"。

第Ⅲ象限中，机会的价值尚未明确，而创造价值的能力已经较为确定，这一机会实际上是一种"技术转移"，即创业者或者技术的开发者的目的是为手头的技术寻找一个合适的应用点。

第Ⅳ象限中，机会的价值和创造价值的能力都已经确定，这一机会可称为"业务或者说是市场形成"。

在自身创造价值能力不确定的情况下，比起市场需求和企业资源已经明确的情况，创业成功的概率要小很多。

（四）创业机会的来源

创业机会在环境变化的条件下产生的，表现为技术机会、市场机会和政策机会等三类创业机会。

1. 技术机会

技术机会即因为技术变化带来的创业机会，主要来自于科技进步，主要表现为：

（1）新技术代替旧技术。在某一领域出现了新的科技突破和技术，并足以代替旧技术时，就产生了创业机会。

（2）实现新功能、创造新产品的新技术出现。新功能和新产品带来新商机。

（3）新技术带来的新问题。要在消除新技术的某些弊端的情况下，再去开发新的技术，使其商业化带来的创业机会。

2. 市场机会

市场需求发生变化产生的创业机会，称为市场机会，主要表现为以下四类。

（1）市场上出现了与经济社会发展阶段有关的新需求。

（2）当期市场供给产生缺陷造成新的商业机会。
（3）先进国家（地区）产业转移带来的市场机会。
（4）与发达国家（地区）相比，在差距中隐含的市场机会。

3．政策机会

政策机会主要是指由于政府政策变化，给创业者带来的创业机会。这种创业机会是伴随着经济社会发展、科技变革、政府政策的变化直接给创业者带来的新商机。

二、识别创业机会

创业开始于创业者对创业机会的识别，创业者对这一机会持续开发的结果是创业的诞生。通过潜在预期价值及创业者的自身能力反复权衡，创业者对创业机会的战略定位明确的过程，就是识别创业机会的过程。识别创业机会的一般过程包括以下几个步骤。

（一）产生创意

创意是机会识别的源头。在创意没有产生之前，机会的存在与否意义并不大，有价值潜力的创意一般会具有创新导向、机会导向和价值导向等特征，是成功创业的基石。

（二）收集信息

信息收集是机会识别的核心。机会源自变化、变革、问题、缝隙等。实际上，机会存在的实质是变化、变革、问题等信息发生了变化，当创意产生后，搜索相关信息，获取有价值的信息变得尤为重要。

（三）市场测试

市场测试是机会识别的关键。市场测试是将部分产品或服务拿到真实的市场中进行检验，市场测试是一种比较特殊的市场调查，又不完全等同于市场调查，二者的区别是市场调查时询问消费者是否购买，市场测试是看消费者实际是否购买。

（四）评价与确定创业机会

机会评价伴随在整个机会识别的过程中。在机会识别的初始阶段，创业者可以非正式地调查市场需求，直到断定这个机会值得考虑或值得进一步深入开发；在机会开发的后期，主要集中于考察这些资源的特定组合是否能够创造出足够的商业价值，并论证商业模式的可行性。

三、评价创业机会

选择一个有价值的创业机会，对于创业者来说至关重要。有价值的创业机会具有以下特征。

（一）产品销路要好

产品投放到市场，将投入资金收回来。这就是创业成功的重要保证。如果创业者前期不做市场调研，盲目开发生产产品，产品一旦投放到市场，很有可能会出现产品滞销的局面。这样会使得创业者无法回收前期创业资金，最终导致创业的失败。

（二）市场空间要大

市场空间是在客观经济规律作用下，商品在自由贸易和互相竞争中自然形成的流通网络所占有的地域范围。市场空间及市场的地理界限，从经济运行来看，是商品流通以及形成商品流通的商品供给和商品需求的空间范围。如果创业项目市场空间不够大，整个项目就缺乏生命力。

（三）利润空间要大

产品利润空间是产品价格（收入）和产品成本（费用）之间的差额大小。具有持久竞争优势的创业项目能够创造超额利润。一个项目一直在创造超额利润，就说明其具备市场竞争力。具体表现在产品的毛利率高并且稳定，最好还能不断地走高。那种利润忽高忽低，毛利率也忽高忽低的是周期性行业，如果利润增速逐渐减缓，毛利率逐渐走低，反映了创业项目的竞争优势在逐渐地削弱。

（四）趋势特征明显

传统行业也称传统产业，是一个历史相对概念，是相对IT业、新材料产业等新兴工业而言的，主要包括钢铁、电力、建筑、汽车、纺织、轻工、造船等工业。在诸多产业中，传统产业占据着不可或缺的地位，但相比新兴行业而言，又显潜力不足。新兴行业是指节能环保、新一代信息技术、生物技术、高端装备制造、新能源、新材料和新能源汽车七个产业，国务院《关于加快培育和发展战略性新兴产业的决定》将上述七个产业列为现阶段的重点发展对象。

（五）收入持续保障

一个项目是否具有可持续盈利能力对于创业者来说是至关重要的。可持续盈利能力首先取决于创业者所处行业的总体发展前景、行业竞争格局和企业的行业地位，其次要看创业者的经营模式和盈利模式是否具备确定性、稳定性或者独创性，再次要看创业者的经营管理能力（视行业不同包括研发创新能力、市场预测和拓展能力、内部风险控制体系、人才储备和激励机制等）以及其执行力。

（六）品牌效应突出

在产品日趋同质化、消费日益个性化的新经济条件下，有经济学家预言21世纪的竞争必然是品牌的竞争。品牌是一个企业占领市场、开辟财源、压倒对手、出奇制胜的重要法宝。品牌运作的好坏，直接关系到创业者的生存与发展。

四、创业机会评价

创业团队与投资者对创业前景寄予期待，对创业机会在未来所能带来的丰厚利润满怀信心。创业机会在市场与效益方面是否有前景、有价值，需要进行评估。

（一）市场评估

1. 市场定位

创业机会应具有特定的市场定位，专注与满足顾客需求，为顾客带来增值。市场定位是否明确、顾客需求分析是否清晰、顾客接触通道是否流畅、产业是否持续衍生是判断创业机会创造的市场价值重要标准。创业带给顾客的价值越高，创业成功的机会也会越大。

2. 市场结构

创业机会的市场结构分析，包括进入障碍、供货商、顾客、经销商的谈判力量、替代性竞争产品的威胁，以及市场内部竞争的激烈程度。由市场结构分析可以得知新企业未来在市场中的地位，以及可能遭遇竞争对手反击的程度。

3. 市场规模

市场规模大小与成长速度，也是影响新企业成败的重要因素。市场规模大者，进去障碍相对较低，市场竞争激烈程度也会略为下降。成熟的市场，市场规模很大，由于已经不再成长，利润空间必然很小；一个正在成长中的市场，通常也会是一个充满商机的市场，只要进入时机恰当，会有足够的获利空间。

4. 市场渗透力

市场渗透力是指市场机会实现的过程，市场渗透力为确定入市时机、确定实施策略和市场开拓节奏，具有重要的影响。

5. 市场占有率

从创业机会预期可取得的市场占有率目标，可以显示这家新创公司未来的市场竞争力。一般而言，要成为市场的领导者，最少需要拥有20%以上的市场占有率。如果低于5%的市场占有率，自然也会影响未来企业的价值。

6. 产品的成本结构

产品的成本结构，也能反应新企业的前景。从物料与人工成本所占比重之高低、变动成本与固定成本的比重，以及经济规模产量大小，可以判断出企业创造附加价值的幅度以及未来可能的获利空间。

（二）效益评估

1. 合理的税后净利

一般而言，具有吸引力的创业机会，至少需要能够创造15%以上税后净利。如果创业预期的税后净利是在5%以下，就不是一个好的投资机会。

2. 达到损益平衡所需的时间

合理的损益平衡时间应该能在两年以内达到，但如果三年还达不到，恐怕就不是一个值得投入的创业机会。不过有的创业机会确实需要经过比较长的耕耘时间，通过这些前期投入，创造进入障碍，保证后期的持续获利。

3. 投资回报率

考虑到创业可能面临的各项风险，合理的投资回报率应该在 25% 以上。一般而言，15% 以下的投资回报率，是不值得考虑的创业机会。

4. 资本需求

资金需求量较低的创业机会，投资者一般会比较欢迎。知识越密集的创业机会，对资金的需求量越低，投资回报反而会越高。

5. 毛利率

毛利率高的创业机会，相对风险较低，也比较容易取得损益平衡。反之，毛利率低的创业机会，风险则较高，遇到决策失误或市场产生较大变化的时候，企业很容易就遭受损失。一般而言，理想的毛利率是 40%。当毛利率低于 20% 的时候，这个创业机会就不值得再予以考虑。

6. 策略性价值

能否创造新企业在市场上的策略性价值，也是一项重要的评价指标。一般而言，策略性价值与产业网络规模、利益机制、竞争程度密切相关，而创业机会对于产业价值链所能创造的价值效果，也与它所采取的经营策略与经营模式密切相关。

7. 资本市场活力

当新企业处于一个具有高度活力的资本市场时，它的获利回收机会相对也比较高。一般而言，新创企业在活跃的资本市场比较容易创造增值效果，因此资本市场活力也是一项可以被用来评价创业机会的外部环境指标。

8. 退出机制与策略

退出机制与策略就成为一项评估创业机会的重要指标。企业价值一般也要由具有客观鉴价能力的交易市场来决定，而这种交易机制的完善程度也会影响新企业退出机制的弹性。一个具有吸引力的创业机会，要为所有投资者考虑退出机制，以及退出的策略规划。

五、确定创业项目

目标是创业路上的航标，没有目标的创业就如同航行于大海中的船没有航标与灯塔一样，很容易迷失方向。明确创业目标是创业成功的关键第一步。

（一）明确创业目标

明确创业目标，需要思考并回答以下几个问题。

（1）经营什么？这是个难题。回答该问题的方法多种多样。产品定义列出你提供的产品或服务。技术定义强调你的技术能力。市场定义按你当前和潜在的顾客限定你的经营。概念性定义使人们能判断你的全部经营是什么,希望以及怎样使它成为什么。

(2) 经营的理念是什么?这是你生产、经营的基本哲理和观念。

(3) 产品和服务是什么?你的经营,你卖什么。

(4) 顾客是谁?你当前的顾客基础和你选择要服务的目标市场能进一步帮助你弄准经营定义。

(5) 顾客为什么从我们这里买?每一种经营都有充分多的竞争者,而且你的顾客和潜在顾客对产品和服务有广泛的选择余地。

(6) 企业经营的特色是什么?按照你的眼光,如果你能把自己和竞争对手区别开来,你就抓住了强大的优势。

(二) 创业项目分析

创业者首要的准备工作就是选择好一个既能发挥自身优势,又有发展前途的创业项目。只有选择了创业项目,才能顺利创业。

创业项目选择对于创业活动来说,是创业成功的必要条件,是创业的内在动力,是创业软、硬件的尺度和标准。

1. 内部优势和劣势分析(如表6-1所示)

优势是指一个企业或它的产品有别于其他产品的任何长处,可以是产品的宽度、产品的大小质量、可靠性、适用性、风格和形象以及服务质量等。由于企业是一个整体,而且竞争优势来源十分广泛,所以,在作优劣势分析时,必须从整个价值链的每个环节上,将企业与竞争对手做详细的对比。如产品是否新颖,制造工艺是否复杂,销售渠道是否畅通,以及价格是否具有竞争性等。如果一个企业在某一方面或几个方面的优势正是该行业企业应具备的要素,那么,该企业的综合竞争优势也就强一些。需要指出的是,衡量一个企业及其产品是否具有竞争优势,只能站在潜在用户的角度上衡量,而不是站在企业的角度上。一个企业在维持竞争优势的过程中,必须深刻认识自身的资源和能力,采取适当的措施。

表6-1 内部分析:优势与弱势

因 素	优 势	弱 点
1. 获利能力		
2. 销售市场		
3. 产品质量		
4. 服务质量		
5. 资金链		
6. 管 理		
7. 运 行		
8. 职工情况		
9. 其 他		

2. 外部机会与威胁分析（如表6-2所示）

机会是指周边环境存在的对企业有利的因素，威胁指周边环境存在对企业不利的因素。

随着经济、社会、科技等诸多方面的迅速发展，特别是世界经济全球化、一体化过程的加快，全球信息网络的建立和消费需求的多样化，企业所处的环境更为开放和动荡。而这些因素人力无法控制，但我们必须清楚他们如何影响自己，这样才可以防患于未然，提前采取防备措施，也可以进行以下分析。

表6-2 外部分析：机会与威胁

因素		
1. 当前客源		
2. 潜在客源		
3. 竞　争		
4. 生产技术		
5. 政　策		
6. 政府管制		
7. 法　律		
8. 经济环境		
9. 其　他		

（三）风险分析

风险可定义为损害、伤害或损失的机会，任何一个正常经营的企业每天都会面临着一定风险。对于刚刚创业的小企业来说，这种损失会更加严重。

创业风险主要分为以下几个方面

（1）技术风险。如研制的产品能否从初胚变成合格品，形成批量生产；产品的技术寿命是否会缩短，提早退出市场；相应的配套技术是否成熟等。

（2）管理风险。决策风险、组织风险和生产风险等都属于管理风险。

（3）市场风险。新产品能否顺利推出，能否被客户完全接受，市场接受力怎样，潜在的竞争对手的进入带来的威胁如何等，都属于市场风险。企业可能由于生产成本高、缺乏强大的销售系统或新产品用户的转向而常常处于不利地位，更严重的可能危及企业的生存。

（4）外部环境风险。国家的产业政策、经济发展趋势的变化，都会给企业经营带来风险，一些突发事件或自然灾害也给企业带来很大的风险。新创业企业应当多研究国家的产业政策，尽量避开那些政策限制性行业，经济条件允许的时候应当尽量为企业财产购买保险，或加入一些互助性组织，以降低风险。

第二节 创业计划

案例导读

王伟是某高职院校的畜牧兽医专业毕业生，毕业时面临着两种选择：一是在企业做技术员，二是他怀揣很久的创业梦想。经过毕业前几个月的市场考察，他带着创业计划回到老家，与家人商量要开展生猪养殖业。他的想法刚开始受到家人的极力反对，并受到外界人的讥讽、嘲笑，但家人看了他的创业计划书后，特别是其中充分分析了目前自己的技术优势和分析了生猪养殖的前景及经济可行性，最终得到家人的支持，家人也投入到创业队伍中来，并有了第一笔4万元的投入款。

在王伟的生猪养殖创业计划书里，把创业划分为三步走：第一步为准备、实验阶段，第二步为发展阶段，第三步为生产发展、深加工与销售阶段，并详细规划了各个阶段的发展蓝图，初步设想实现三个步骤需要十年的时间。

生猪养殖场从2010年至今共投入成本18万元整，现有存栏量为500多头（不含母猪），生猪养殖场的规模从原有3亩地扩大到现在12亩地，每头商品猪从出生到出栏需要7个月的时间，平均每头体重在110千克左右，每头猪的成本为800～1 000元，主要倾向于市场价格的波动及饲料价格波动，三年来共出栏生猪（商品猪）850头左右，平均每头的利润在300～500元波动。目前，无论是资金、技术、人员管理都走向了成熟，王伟的养殖场已初见成效。

案例分析：王伟的创业能够顺利起步，是因为他选择了一个自己非常熟悉的行业，并且认真收集行业相关信息，发掘出足够的商业价值，并进一步论证了商业模式的可行性，凭借有清晰的市场定位和执行步骤，制订了相对可行的创业计划，从而成功说服家人（合伙人）加入，并获得家人（投资人）的资金支持，这是创业最关键一步。

一、创业计划的概念与特征

创业计划也称为商业计划，是创业者在初创企业成立之前就某一项具有市场前景的新产品或服务，向潜在投资者、风险投资公司、合作伙伴等游说以取得合作支持或风险投资的可能性商业报告，用来描述创办一个新企业时所有的内部和外部因素。创业计划通常是各项职能如市场营销计划、生产和销售计划、财务计划、人力资源计划的集成，同时也是提出创业的头三年内所有中期和短期决策制度和方针。

创业计划书的编写一般是按照相对标准的文本格式进行，是全面介绍公司或项目发展前景，阐述产品、市场、竞争、风险及投资收益和融资要求的书面材料。有了一份详尽的计划书。创业计划具有以下三个方面的特征。

（1）预见性。不论个人或组织，都必须在对未来进行充分估计的基础上行动。因此，运用科学的方法对未来进行检测，应该是计划的一个基本组成部分。这些预测按内容分类，包括国家宏观经济前景及变动预测等。正确的预测将有助于创业者免于掉入灾难的陷阱。

（2）可行性。创业就是行动，没有具体的行动，创业就是一句空话，所以创业计划又称为创业行动计划。它既指出了所要达到的目标，又指出了所要遵循的路线、通过阶段和所使用的手段。

（3）灵活性。创业者受自身知识结构、所获信息数量和质量及思维的限制，完全准确地看清未来是不可能的，因而对于不确定的未来，创业计划是相当灵活的，能根据人们认识的深化而调整。越是能在计划中体现灵活性，有偶发事件发生所造成损失的风险就越小。

二、创业计划的作用

一个标准的创业计划至少需要包括三个方面的作用。

（一）帮助创业者自我评价，理清思路

在创业融资之前，创业计划书首先应该是给创业者自己看的。办企业不是"过家家"，创业者应该以认真的态度对自己所有的资源、已知的市场情况和初步的竞争策略做尽可能详尽的分析，并提出一个初步的行动计划，通过创业计划书做到使自己心中有数。另外，创业计划书还是创业资金的准备和风险分析的必要手段。对初创的风险企业来说，创业计划书的作用尤为重要，一个酝酿中的项目，往往是很模糊，通过指定创业计划书，把正反理由都写下来，然后再逐条推敲，创业者就能对这一项目有更加清晰的认识。

（二）帮助创业者凝聚人心，有效管理

一份完美的创业计划书可以增强创业者的自信，使创业者明显感到对企业更容易控制、对经营更有把握。因为创业计划提供了企业全部的现状和未来发展的方向，也为企业提供了良好的效益评价体系和管理监控指标。创业计划书使得创业者在创业实践中有章可循。

创业计划书通过描绘新创业企业的发展前景和成长潜力，使管理层和员工对企业及自身的未来充满信心，并明确要从事什么项目和活动，从而使大家了解将要充当什么角色，完成什么工作，以及自己能否胜任这些工作。因此，创业计划书对于创业者吸收所需要的人力资源，凝聚人心，具有重要的作用。

（三）帮助创业者对外宣传，获得融资

创业计划书作为一份全方位的项目计划，它对即将展开的创业项目进行可行性分析的过程，也在像风险投资商、银行、客户和供应商宣传拟建的企业及其经营方式，包括企业的产品、营销、市场及人员、制度、管理等的各方面。在一定程度上也是新创业企业对外进行宣传和包装的文件。

三、创业计划书的基本结构

创业计划书的编写形成了相对固定的格式、范围，同时也形成了广为采用的基本结构。一般来说，创业计划书分为三大部分。首先是形式部分，包括创业计划书的封面、扉页、目录等，即创业计划书的外部包装；其次是本体部分，就是创业计划书的主要内容；最后是补充部分，比如专利证明、专业的执照或证书，或者是意向书、推荐函等。

（一）封面和扉页

封面应该包括创业项目的名称、项目的联系人（负责人）及联系方式等内容，这些信息应置于封面醒目位置。由于封面和创业计划可能分离，最明智的方法是同时在这两处都留下联系信息。如果计划书是给投资商，最好将住宅电话也列上，因为这些人同你一样，往往工作时间很不规律。他或她可能是最先接触你的人，读过计划书后安排会见之前他们很可能希望通过电话同你讨论一些有关的问题。封面底部可以放置警示读者保密的事项，当然也可以放在扉页。如果公司已经有独特的商标，那么应该把它放在靠近封面顶部中间的位置。

如果封面没有放置警示读者保密的事项，则有必要设计扉页及保密承诺。在保密承诺中，要注明创业计划属于商业机密，所有权属于某公司或某项目，未经同意，其他任何人不得将计划书全部或部分予以复印、影印、泄露或散布给他人。必要时，可以要求接受创业计划书复本的负责人签字承诺保密。

（二）目录

为了方便阅读和查找，应该在基本内容之前设置目录。目录是一份"引导图"，引导创业伙伴或创业投资者浏览创业计划，并最终得出应该为这个创业项目提供资金的结论。如果这份引导图模糊不清、丢三落四，那么结果可能会使战略伙伴或创业投资者失望甚至放弃合作。创业计划的每个主要部分应列入目录，并标出所在页码。

（三）附录

附录包括与创业计划书相关但不宜放在扉页和主干正文的一些内容，如企业的营业执照证件、企业的组织机构图、产品说明书或照片、企业（管理）团成员简历、具体财务报表等。通常，附录对于提高创业计划书的质量有着重要的作用，对于创业者获取外部资源的支持有着特殊的意义。

一般来说，附录的内容可分为附件、附表和附图三部分。当然，一份创业计划书没有必要全部包括所有这些内容，只从其中选取一些对自己的创业计划书具有佐证价值的材料收入即可。附件包括营业执照复印件、主要经营团队名单及简历、董事会名单及简历、公司章程、专利证书、注册商标、鉴定报告、企业形象设计、场地租用证明、产品说明、市场调查资料、专业术语说明、简报报道及宣传资料等。附表包括主要产品目录、主要客户名单、主要供货商及经销商名单、主要设备清单、市场调查表、预估分析表、现金流量预测表、资产负债预测表及损益预测表等。附图包括产品市场成长预测图、企业的组织结构图、工艺流程图、产品展示图、产品营销预测图及项目选址图等。

四、编制创业计划书的基本原则

一份完美的创业计划书不但会增强创业者自己的信心,也会增强风险投资家、合作伙伴、员工、供应商、分销商对创业者的信心。而这些信心,正是企业走向创业成功的基础。一份好的创业计划书必须呈现竞争优势与投资者的利益,同时也要具体可行,并提出尽可能多的客观数据来加以佐证。在写作过程中应该遵守以下原则。

(一)开门见山,突出主题

创业计划书的目的是获取资源,创业计划者应该避免与主题无关的内容,要开门见山直入主题,不要浪费时间和精力来写一些与主题无关、对读者来说毫无意义的内容。此外,编制创业计划书还要考虑阅读对象的因素。目标读者不同,他们对创业计划书的要求和兴趣不一样,创业计划书的内容和侧重点也应该不同。

(二)简明扼要,通俗易懂

创业者必须认识到,创业计划书不是文学作品,也不是学术论文,飞扬的文采、深奥的专业术语不仅不能打动目标读者,反而不利于他们阅读和理解计划书。因此,创业计划书的语言应该简单明了,尽量避免专业术语,只求能够表达清楚自己的观点,不要过分渲染。

(三)结构完整,内容规范

创业计划书是一种很正式的规范文性文件,在结构和内容上都有要求。创业者在撰写创业计划书时,最好有一份优秀的创业计划书作为模板进行参考。一方面,在结构上必须完整,创业计划书的各个部分都应该论述到;另一方面,在内容的表达上要做到规范化、科学化,财务分析最好采用图表描述,形象直观。

(四)观点客观,预测合理

创业计划书中的所有内容都应该实事求是,力求通过科学的分析和实地调查来表达观点和看法,尤其是市场分析、财务分析等部分不应该夸大吹嘘。对于市场占有率、销售收入、利润率等指标的预测要做到科学合理,数字尽量准确,最好不要做粗略估计。

(五)展现优势,注意保密

为了获得读者的支持,创业计划还应该尽量展现自身的优势,如先进的技术、良好的商业模式、高素质的创业团队等。但是,创业者还应该保护自己,对于一些技术和商业机密进行保护是合理必要的。在实际操作中,通常会在创业计划书中加一条保密条款来保护自己的利益。

(六) 目标明确，风险可控

初创业者不能涉及过多的业务领域，创业计划书不但要目标明确，而且要把如何区分目标市场的情况描述清楚。创业不可能没有风险，创业计划中涉及的关键风险是投资者、银行家以及其他投资者最敏感、最关注的部分。在创业计划中，一定要对可能出现的风险有充分的估计，同时要把如何应对和管理这些风险阐述清楚，让投资者感受到这些风险是可控的。

第三节　撰写与展示创业计划书

一、撰写创业计划书的基本步骤

创业计划书往往是由创业团队多方协作通过反复的讨论和修改共同完成。撰写创业计划书不仅仅是完成一个写作任务，而是在运行一个商业项目，计划书的编制没有固定的方法，一般包括以下四个步骤。

（一）准备阶段

创业者或创业团队通过激发倡议和筛选商机，选择了合适的创业项目后，就可以开始撰写创业计划。在开始动笔撰写创业计划之前，要进行有许多重要的准备。

1. 市场调查工作

通过市场调查，为所选择的项目或创意的可行性和实施细节搜集各种信息和资料。这是撰写创业计划核心部分的关键。撰写创业计划要根据许多实地调查，了解真正的市场信息，掌握实际资料。市场调查的内容极为广泛，主要包括：

宏观环境调查：政治、经济、文化、气候和地理状况、人口、技术、行业发展情况等。

消费需求调查：消费者的数量、构成、货币收入；消费者的购买动机（心理、生理、经济、社会等）；消费者的购买行为（习惯型、经济型、理智型、感情型、冲动型等）；这是市场调查的重点和难点，通过市场调查可以了解市场需求量，确定目标市场，预测市场营销量。

市场营销调查：产品调查（生产能力、产品的价格、包装、生命周期等的调查）；销售渠道调查（此类产品常见的销售渠道、经销商和零售商情况调查）；促销活动调查；售后服务调查。

竞争对手调查：竞争对手的数量、竞争对手的生产力、对渠道的控制程度、所占的市场份额、竞争者的促销手段、新产品的开发情况等。

2. 制订工作计划

制订工作计划包括确定创业计划的目的与宗旨（融资、寻求合作伙伴、竞赛）；完成构思，确定总体框架（对要素的取舍、议题的增减、篇幅等做出预先的设想）；确定日程安排。

3. 创业小组的分工协作

确定负责人进行统一协调，各部分分工撰写，明确每个团队成员的职责和任务，并公布工作制度、纪律和工作要求。创业团队可以制作一分任务分配表，把完成创业计划书的各项任务、完成时间、完成标准分配给团队成员。

（二）起草形成创业计划书阶段

这一阶段要全面撰写创业计划的各个部分，初步形成较为完整的创业计划方案。一般按照以下三个层次完成草稿：第一层主要评估基本现状、设计战略理念，内容上侧重于创业项目、创业企业、产品与服务、工艺与技术、组织与管理、战略规划等方面。第二层次需要深入细致地调查、分析、思考和创造，主要侧重于对市场与竞争的分析，提出生产运作设想，销售和促销策略。第三层次的议题和要素要使创业计划趋于完善，这部分内容条理性强，而且要符合规范，主要包括财务计划、融资方案以及风险分析等。

（三）修改和完善创业计划阶段

将草稿交给有关专家广泛征求意见、建议，以进一步补充、修改和完善拟的创业计划。认真检查草稿是否完整、务实、可操作，是否突出了创业计划项目的独特优势和竞争力，并注意对细节的加工润色，如词汇的选用、语法的结构、语言精练程度、上下文衔接、整体思路等，剔除多余和重复的内容、错误的拼写和打印，如有补充材料放到附录部分。

（四）定稿阶段

这一阶段是对创业计划定稿并印制成正式文本，注意创业计划书的装帧和包装。封面内容包括：公司名称、地址、电话、电子邮箱、通信地址、日期、创业计划编号等。

二、创业计划书的主要内容

（一）执行摘要

执行摘要列在经营计划书的最前面，它是经营计划的精华。执行摘要应涵盖计划的要点，以求一目了然，以便于读者在最短的时间内评审计划并做出判断。

执行摘要一般要包括以下内容：公司介绍；主要产品和业务范围；市场概貌；营销策略；营销计划；生产管理计划；管理者及其组织；财务计划；资金需求状况等。

在介绍企业时，首先要说明创办新企业的思路，新思想的形成过程以及企业的目标和发展战略。其次，要交代企业现状、过去的背景和企业的经营范围。在这一部分中，要对企业以往的情况做客观的评述，不回避失误，肯定的分析往往更能赢得信任，从而使人容易认同企业的经营计划。最后，还要介绍一下风险企业家自己的背景、经历、经验和特长等。企业家的素质对企业的成绩往往起关键性的作用。在这里，企业家尽量突出自己的优点并代表自己强烈的进取精神，以给投资者留下一个好印象。

在执行摘要中，还必须要回答下列问题：

(1) 企业所处的行业，企业经营的性质和范围；
(2) 企业主要产品的内容；
(3) 企业的市场在哪里，谁是企业的顾客，他们有哪些需求；
(4) 企业的合伙人、投资人是谁；
(5) 企业的竞争对手是谁，竞争对手企业的发展有何影响。

摘要要尽量简明、生动，特别要详细说明企业的不同之处以及获取成功的市场因素。

（二）企业愿景

企业愿景，主要包括企业目标、企业价值观、企业哲学、企业精神、企业宗旨、企业作风这几个最基本的内容。

1. 企业目标

企业理念中"企业目标"特指企业中的"最高目标"，它是全体员工的共同追求，它把员工追求的崇高理想与其岗位责任联系起来，充分发挥员工的积极性和激励性。企业目标是企业凝聚力的焦点，是企业价值观的表现，也是团队精神的首要条件，因为只有"共同的目标"才能更好地协调员工的步伐。同时，企业目标也反映了一个企业追求的层次、方向和抱负，防止企业短期行为，促进企业健康发展。

2. 企业价值观

企业价值观是企业在追求经营成功过程中所推崇的基本理念和奉行的目标，是对企业意义的一种终级判断，企业其他理念都受其影响和约束，它是企业文化的核心理念。当企业创新、服务和利益发生矛盾时，企业行为选择就明显受到企业价值观支配。利益导向的价值观将会驱使企业放弃服务质量的提升而维持既得的利益或是步故步自封，而服务导向的价值观念则会支配企业不代价提高服务质量。

3. 企业哲学

企业哲学也称经营哲学，它是企业经营的指导思想，这种指导思想是对企业经营管理理论和成功经验的总结和高度概括，它是深层次的带普遍性的企业运行规律和原则，是对企业运行内在本质规律的揭示。企业哲学要求回答企业对社会，对员工的满意、价值和关系。

4. 企业精神

企业精神是对企业现有观念意识、传统习惯、行为方式中的积极因素的总结、提炼和倡导，是企业文化发展到一定阶段的必然产物，企业精神要恪尽职守企业价值观和最高目标，不背离企业哲学。企业精神是企业内部最积极的、最闪光的，也是全体员工共有的一种精神状态。例如松下电器的精神是"产业报国、光明正大、友好一般、奋斗向上、礼节谦让、适应同化、感激报恩"，IMB 的精神是"最佳服务精神"。

5. 企业宗旨

企业宗旨是企业对存在价值及其作为一个经济单位对社会做出的一种承诺，它反映企业对社会义务的基本态度。从而反映出企业存在的社会价值，它是企业价值观的反映和最高目标的体现。企业宗旨不仅仅规定企业对外的承诺，还规定企业对内的承诺，同时往往还体现出企业的行业特点和企业特征。例如，铁路局的宗旨是"人民铁路为人民"，北京市煤炭总公司的宗旨是"为首都生产建设和人民生活服务"。

6. 企业作风

企业作风也就是企业风气，或者是企业气氛。一个公司风气的好坏是衡量企业文化是否健康的重要标志。在企业文化完善、企业风气健康的企业里，员工群体会自觉积极地抵制不良社会风气，主动与企业同呼吸共命运，保证企业健康发展。企业风气是通过员工的行为反映出来的，成为影响企业形象的一个重要因素。例如我国首钢的企业作风是"认真负责、紧张严肃、尊干爱群、活泼乐观、刻苦学习"，海尔的作风是"迅速反应，马上行动"。

综上所述，"企业价值观"是所有企业理念的核心，其他理念都是在这个根本理念之下的"衍生"，企业价值观念要求企业回答企业的价值和意义是什么，而这种企业的"最高价值观念"定义下的"最有价值的东西"往往就是企业所追求的最高目标；企业经营哲学则是企业获得这种"最有价值的东西"的哲学思想和方法；企业宗旨是为获得企业目标而对社会内部做出的一种承诺；企业精神是在各种文化理念指导下，通过企业行为反映出来的一种精神状态。企业作风则是一种公司风气和气氛。

（三）产品（服务）介绍

在进行投资项目评估时，投资人最关心的项目之一是创业企业提供的产品、技术或服务能否以及在多大程度上解决现实生活中的问题，或者是，创业企业的产品（服务）能否帮助顾客节约开支，增加收入。因此，产品的介绍是经营计划中必不可少的一项内容。通常，产品介绍应包括以下内容：产品的概念、性能及特征；主产品介绍；产品的市场竞争力；产品的研究和开发过程；发展新产品的计划和成本分析；市场的前景预测；产品的品牌和专利。

在产品（服务）介绍部分，创业计划书要对产品（服务）做出详细的说明，说明要准确，也要通俗易懂，使非专业人员的投资者也能明白。一般的，产品介绍都要附上产品原型、照片或其他介绍，产品介绍必须要回答以下问题：

顾客希望企业的产品能解决什么问题？顾客希望能从企业的产品中获得什么好处？

企业的产品与竞争对手的产品相比有哪些优缺点？顾客为什么会选择本企业的产品？

企业为自己的产品采取了何种保护措施？企业拥有哪些专利、许可证，或与已申请专利的厂家达成了哪些协议？

为什么企业的产品定价可以使企业产生足够的利润？为什么用户会大批量地购买企业产品？

企业采用何种方式去改进产品的质量、性能？企业对发展新产品有哪些计划等。

（四）人员及组织结构

创业工作第二步要做的就是结成一支有战斗力的创业团队。企业管理的好坏，直接决定了企业经营风险的大小，高素质的管理人员和良好的组织结构则是管理好企业的重要保证。

企业管理人员应该是既要互补，又要具有团队精神。创业企业必须要具备责任产品设计与开发、市场营销、生产作业管理、企业理财等方面的专门人才。在经营计划书中，必须要对主要管理人员加以阐明，介绍他们所具有的能力，他们在本企业中的职务和责任，他们过去的详细经历及背景。此外，在这部分经营计划书中，还应对公司结构做一简要的介绍，包括：公司组织机构图；各部门的功能与职责；各部门的负责人及主要成员；公司的报酬体系；公司的股东名单，包括认股权、比例和特权；公司董事会成员；各位董事的背景资料。

（五）市场预测

当企业要开发一种新产品或向新的市场扩展时，首先要进行市场预测。市场预测首先要对需求进行预测：市场是否存在对这种产品的需求？需求程度是否可以给企业带来所期望的利益？新的市场规模多大？需求发展的未来趋向及其状态如何？都有哪些因素影响需求？其次，市场预测还要包括对市场竞争的情况——企业所面临的竞争格局进行分析，市场中主要的竞争者有哪些？是否存在有利于本企业产品的市场空当？本企业预计的市场占有率是多少？本企业进入市场会引起竞争者怎样的反应？这些反应会对企业有什么影响？

在经营计划中，市场预测应包括以下内容：市场现状综述；竞争厂商概览；目标顾客和目标市场；本企业产品的市场地位；市场细分和特征等。

风险企业对市场的预测应建立在严密、科学的市场调查基础上。风险企业所面对的市场，本来就有更加变幻不定的、难以琢磨的特点。因此，风险企业应尽量扩大收集信息的范围，重视对环境的预测，采用科学的预测手段和方法。

（六）营销策略

营销是企业经营中最富挑战性的环节，影响营销策略的主要因素有：
（1）消费者的特点；
（2）产品的特点；
（3）企业自身的状况；
（4）市场环境方面的因素。最终影响营销策略的则是营销成本和营销效益因素。
在经营计划中，营销策略应该包括以下内容：
（1）市场机构和营销渠道的选择；
（2）营销队伍和管理；
（3）促销计划和广告策略；
（4）价格决策。

对创业企业来说，由于产品和企业的知名度低，很难进入其他企业已经稳定的销售渠道中去，企业不得不暂时采取高成本低效益的营销战略，如上门推销，大打商品广告，向批发商和零售商让利，或交给任何愿意经销的企业销售。对发展企业来说，它一方面可以利用原来的销售渠道；另一方面也可以开发新的销售渠道以适应企业的发展。

（七）生产制造计划

生产制造计划应包括以下内容：产品制造和技术设备现状；新产品投资计划；技术提升

和设备更新的要求；质量控制和质量改进计划。在寻求资金过程中，为了增大企业在投资前的评估价值，风险企业家应尽量使生产制造计划更加详细、可靠。

一般地，生产制造计划应回答以下问题：企业生产制造所需的厂房、设备情况如何；怎样保证新产品在进入规模生产时的稳定性和可靠性；设备的引进和安装情况如何；谁是供应商；生产线的设计与产品组装是怎样的；供货者的前置期和资源的需求量如何；生产周期标准的制定以及生产作业计划的编制是怎样的；物料需求计划及其保证措施如何；质量的控制方法是怎样的；相关的其他问题。

（八）财务计划

财务规划需要花费较多的经历来做具体分析，其中就包括现金流量表，资产负债表以及损益表的制备。流动资金是企业的生命线，因此企业在初创或扩张时，对流动资金需要有预先周详的计划和进行过程的严格控制；损益表反映的是企业盈利状况，它是企业在一段时间运作后的经营结果；资产负债表则反映在某一时刻的企业状况，投资者可以用资产负债表中的数据得到的比率指标来衡量企业的经营状况以及可能的投资回报率。

财务规划一般要包括以下内容：
（1）经营计划的条件假设；
（2）预计的资产负债表；预计损益表；现金收支分析；资金的来源和使用。

一份经营计划概括提出了在筹资过程中风险企业家需要做的事情，而财务规划则是对经营计划的支持和说明。因此，一份好的财务规划对评估风险企业所需的资金数量，提高风险企业取得资金的可能性是十分关键的。如果财务规划准备的不好，会给投资者以企业管理人员缺乏经验的印象，将风险低企业的评估价值，同时也会增加企业的经营风险。那么如何制定好财务规划呢？这首先要取决于风险企业的远景规划——是为一个新市场创造一个新产品，还是进入一个财务信息较多的已有市场。

着眼于一项新技术或创新产品的企业不可能参考现有市场的数据、价格和营销方式。因此，它要自己预测所进入市场的成长速度和可能获得的利润，并把它的设想、管理队伍和财务模型推销给投资者。而准备进入一个已有市场的风险企业则可以很容易地说明整个市场规模。

（九）风险分析

创业投资的风险是指投资活动中出现人们不希望的后果的潜在可能性。创业投资高风险的特点决定了创业投资的失败率极高。创业投资所投资的风险企业大多是具有较高的增长潜力的高新技术企业，从技术的研究开发、产品的试制和生产，到产品的销售要经历许多阶段，而投资风险存在与整个过程中，并来自于多方面。

创业计划书样本案例可以参考以下网站资料：
全国大学生创业服务网：https://cy.ncss.org.cn/
创业网：http://www.chuangye.com/
中国青年就业创业服务网：http://career.youth.cn/

中国创新创业大赛官网：http://www.cxcyds.com/

三、创业计划书的展示

创业计划书主要是给战略合作伙伴人与风险投资人看的，撰写完成创业计划书后，接下来就需要很好地展示创业计划。

在陈述创业计划书时，主讲人一定要避免与主题无关的一些内容，要开门见山直接切入主题，用平实、简洁的语言描述项目的中心思想。主讲人在开场后的两分钟之内，就把项目说清楚，言简意赅，把项目说明白。

创业方案陈述时要抓重点，不必追求面面俱到，要尽量用缜密的市场分析和可靠的数据来说明问题。在展示时，展示手段要多元化要尽量利用书面文档、PPT 投影、影像资、实物等辅助手段来吸引战略合伙人与风险投资人的注意力。陈述后就进入答辩阶段，战略合伙人与风险投资人会向创业者提出感兴趣的问题。

在答辩时，创业者不必为不能回答某些问题而感到羞涩，也不必为自己根本不知道答案的问题编造答案，或者仅仅嘴里嘟囔着一些自己也不理解的话语。敢于勇敢地承认不知道，这完全是一种得体的应答，并无损于自身。

实训项目一：发现创业机会，做好创业准备

一、实训概述

【目的及要求】

通过市场调研，在发现创业机会中把握商机，寻找创业项目。

二、实训内容

【项目内容】

进行一次企业调查，调查与自己所学专业方向相近的新设立企业进行分析，了解企业的市场定位、市场需求以及创业发展历程，并对该企业创立的市场机会及创业者的优势、劣势进行分析。

【训练步骤】

1. 课后进行小组调研采访。
2. 分析企业当时的创业机会，以及企业的发展前景。

三、实训结果

调查结束后，完成一份 800~1 000 字的调查报告。

实训项目二：撰写创业计划书

一、实训概述

【目的及要求】

把发现的创业机会结合创业者的资源，制订创业计划书。

二、实训内容

【项目内容】

根据学习小组成员的创业机会选择，按照创业大赛的格式标准，撰写一份创业计划书。

【训练步骤】

1. 进行小组讨论，选择小组模拟创业项目。
2. 撰写选择项目的创业计划书。

三、实训结果

完成一份学习小组成员共同参与制订的创业计划书。

第八章

自主创业 自谋前程

心灵咖啡

大学生创业，在理想与现实之间

1. 低起步高增长，稳扎稳打

山东济南燕山街道27岁的自主创业大学生张猛最近正在申请小额担保贷款。有了这笔流动资金后，他打算为其名下的3家"吉快客"西式快餐连锁店换上统一的店面和招牌，为店员换上标准的工作服，此外还想印刷一批宣传彩页进行市场推广。

功夫来自创业之外，大学毕业前张猛在肯德基打了5年工。平时就暗暗留心学习的他在肯德基的经营管理模式中受到了深深的启发。2006年他开了第一家店，就经营汉堡、薯条这些驾轻就熟的食品。他一直抱着"趁年轻有精力尽快把市场做大"的理念，手头有了积蓄就扩张店面，现在已经拥有了3家连锁店。至此，他考虑暂时中断量的积累，转而促成质的提升，从树立品牌到规范服务，并辅以新产品开发，形成一条成熟的发展路径。燕山街道劳动保障中心对张猛的扶持贯穿一路。2007年10月燕山保障中心为他办理了失业登记，将燕山小商品市场一间18平方米的门面安排给他，减免房租2.4万元，一并减免3年的工商管理费和地税。分店开业后，因资金、人手不足，保障中心又为他申请5万元的小额贷款，介绍2名社区失业人员和4名大学生到店里工作，解决了张猛的燃眉之急。

2. 新概念新思路，勇于尝试

相比之下，从小就喜欢音乐剧并打算以此为事业的李千姿可谓走了一条"摸着石头过河"的路。李千姿去年从山东艺术学校毕业，与几位有着相同爱好的朋友合伙成立了一家广告公司，眼下他们正集中精力排练音乐剧《歌剧魅影》，并计划于××××年×月份推出一场公益演出。《歌剧魅影》是一场全英文的音乐剧。李千姿剧组为改写剧本、分配角色、背诵台词已经准备了一年多。

李千姿在介绍她的创业思路时运用了文化产业这一概念，在众多大学生创业者中很惊艳。而当记者问到英语舞台剧的受众市场以及盈利模式时，她却没有明确的规划。"也许往英语教育方向发展，也可能走公益演出的路子，我会勇敢地尝试。"她希望借助英语舞台剧开创一条英语教学的新路，然而这取决于教育大环境的改善。为了弥补社会经验不足的缺陷，李千资的公司请了一位引路人，约定期限3年，这期间由后者主持经营大局。这位引路人对记者说，他看中的是这帮学生的激情和艺术修养，希望能从中发掘到好的合伙人。

3. 创业之前做好铺垫

"创业绝对不是头脑发热，猛地一下做起来。"在济南经营数据外包业务的范晓玉道不尽她的感触。她在软件外包行业"拼命三郎"似的干了十多年，创业前期，她和做财务工作的先生搜集了大量的行业信息，并做了细致的市场调研和投资测算，几乎作了全部的铺垫。按照她的话说，有客户的情况下知道怎么接活儿和报价，没有客户的时候知道去哪个城市寻找资源。即便如此，刚起步时的艰辛仍然不堪回首。"必须先找到切入点再去创业，最好的办法是先找一个地方待着，接触行业，明白运作，建立概念。"范晓玉给出中肯的意见。

第一节 自主创业概述

大学生自主创业是近年来兴起的一种大学生就业模式，是大学生毕业后不通过传统的就业渠道谋取职业发展，而是利用自己所学的知识和专业技能创办公司、开办企业等的就业行为。

一、自主创业的意义和时代背景

大学生自主创业的具体含义：大学生创业就是利用自己的知识、才能和技术以自筹资金、技术入股、寻求合作等方式创立新的就业岗位，毕业生不做现有就业岗位的竞争者，而是为自己、为社会、为更多的人创造就业机会。

1. 自主创业的意义

（1）大学毕业生通过自主创业，可以把兴趣与职业紧密结合，实现人生价值。

大学毕业生自主创业与社会供职不同，他可以做自己最感兴趣、最愿意做和自己认为最值得做的事情。在多彩缤纷的社会大舞台中"海阔凭鱼跃，天高任鸟飞"，最大限度地发挥才能，实现自己的人生价值。

（2）有利于大学生自力更生，培养自立自强意识、风险意识、拼搏精神和艰苦奋斗的作风。

大学毕业生在创业过程中，遭遇困难和挫折，甚至失败都在所难免，这就要求自主创业的大学毕业生具备顽强的意志和良好的品格，勇于承担风险，独立自强，艰苦拼搏。

（3）有助于为国家造就一批年轻的企业管理人才。

大学生创业的艰苦过程，不仅磨炼了创业者的意志品质，还培养了创业者的市场观念，训练了他们的决策管理能力，锻炼和提高了自身素质，有助于为国家造就一批年轻的优秀企业管理人才。

（4）有利于缓解国家就业压力，为更多的大学毕业生提供新的就业机会。

大学生自主创业不仅解决了大学生自身的就业问题，而且为社会创造了就业岗位，解决了他人的就业。大学生创业无论对个人还是对社会，都具有重要意义。目前世界各国都很重视大学毕业生的创业问题。

2. 创业的时代背景

当今时代是经济和高科技迅猛发展的时代，是变革的时代，也是世界经济全球化发展的时代。这样的时代为大学生创业发展提供了良好的时代背景。

经过二十多年的改革开放和社会经济的发展，目前，我国已经具备了大学生自主创业的社会经济条件。

（1）经济发展提供了创业大舞台。

随着我国经济的发展和改革的逐步深入，以及经济结构战略性调整的不断推进，产业结构的调整也加快了步伐。这意味着行业中原有的投资主体退出，个别行业将要萎缩或消退，而新的投资者会出现，新兴行业将迅速崛起。新兴行业的出现和投资主体的多元化将推动一大批创业者的产生与成长。比如，第三产业的发展使得各种中介服务、社区服务、文化服务、科技服务、家政服务等一大批新的职业需求发展，而这些都是非常适合大学生创业者的。

（2）知识经济时代提供了创业机遇。

知识经济时代社会财富被新的知识创新阶层所控制。一些新的就业方式和财富增长方式也将出现，知识就业者、信息就业者、网络就业者、数字化就业者将大量涌现。大学生作为我国高素质群体，知识经济时代将为其提供更多的创业机会。在知识经济时代，大学生通过科技创新在某一方面取得的突破性成果或毕业后先进入某一行业就业，进而独立或与他人合作创办公司，在为自己创造就业机会的同时，也为社会、为他人创造更多的就业机会。

（3）融资环境不断改善。

对于创业者来说，要实现自己的创业梦想，融资是相当关键的一步。大学毕业生自身经济实力薄弱，因而通过一般的商业贷款获得资金是相当困难的。但是，我国银行已普遍开展创业贷款业务，大学生创办的企业规模普遍较小，可以通过这种贷款获得数万元的资金，实现自己的创业梦。同时，近年来，风险投资在我国如雨后春笋般迅速兴起。由于风险投资能够解决中小企业发展的融资问题，因而成为推动当前创业的关键因素之一。

（4）良好的政策法规环境。

创业者能够顺利创业，离不开良好的政策法律环境，特别是允许个人创办、经营企业的相关政策法规。改革开放以来，我国逐步建立起以公有制为主体，多种经济成分共同发展的经济体制。非公有制经过二十余年的发展，在就业结构中已经占有非常重要的地位。在全面建设小康社会的新阶段，国家为自主创业、开办私营企业提供了一个良好的政策法规环境。目前，我国《中华人民共和国公司法》《中华人民共和国个人独资企业法》《中华人民共和国合伙企业法》等法律和一系列相关的政策已经出台并生效，公司、个人独资企业和合伙企业等三种最常见的企业形式的地位已经得到确立，社会个体创办企业的门槛已经大大降低。这为大学生创业提供了最基本的法律保障，营造了宽松的政策环境。近年来，为了鼓励大学生自主创业，国家和各地方政府还出台了一系列相关政策措施，如《国家工商行政管理总局关于2003年普通高等学校毕业生从事个体经营有关收费优惠政策的通知》《财政部、国家发展和改革委员会关于切实落实2003年普通高等学校毕业生从事个体经营有关收费优惠政策的通知》等。

大学生创业者中一部分是带有科技创新成果的。对于这些科技创新成果，我国也制定了一系列的相关制度。《关于促进科技成果转化的若干规定》中规定，"高新技术成果的作价金额可达到公司或企业注册资本的35%，另有约定的除外"，"对科技成果转化执行税收优惠政策"。北京市关于《促进科技成果转化若干规定实施办法》规定，"鼓励在校研究生创办民营科技企业"，"创办的高新技术公司，注册资本金可以在一年内分步到位；注册资本不足时，可向风险投资或担保机构申请注册资本金担保；以高新技术成果出资入股，高新技术成果的作价金额依据当事人商议确定，当成果部分占总注册资本金的比例超过20%时，应经市科委认定后办理注册登记，当成果作价金额在500万元人民币以上，并且超过注册资本35%的，由科技部审查认定。"

另外，我国各地相继建立了大学生创业园或创业孵化园，大学生创办的企业在其中享受一系列的优惠和创业指导，"政府搭台，大学生唱戏"，为大学生创业提供了舞台。

（5）良好的社会心理条件。

社会的文化心理状况同样影响创业行为。在美国，超过90%的人认为创业是一项令人尊重的工作，成功的创业者会得到相当高的评价，这种有利于创业的社会文化心理氛围，给予创业者莫大的精神支持。近年来，随着我国经济发展和社会进步，人们的创新意识和能力得到了彰显。大学生作为新时代的弄潮儿，成长在改革开放的时代，受传统的束缚观念影响小，在当前支持、鼓励创业的大好社会心理条件下，更应当开拓创新，争取取得更辉煌的成就。

二、创业道路的选择

1. 结合专业慎重选择创业方向

专业技术能力是一种最基本的创业能力。如果决定以专业知识进行创业活动，大学生创业者要结合专业慎重选择创业方向。著名的美国硅谷、北京中关村的成功者，大都是以其坚实的理工科专业知识为基础。有些专业的学生或许更适合创业活动，如美术、装潢、广告等专业的学生。由于专业的特殊性，他们的工作本身就是一种创作行为，要走上自主创业之路，不需要太多的创业背景和承担过多的创业风险。文科学生中也不乏创业的例子，如自由撰稿人、策划人、职业作家等。文科学生的自主创业更倾向于自由职业一类，从这个角度说，文科学生创业所需要的资金、经验、市场等条件要求不会太苛刻，学生更容易在市场中立足。

2. 从小事做起，忌好高骛远

一位成功创业者曾说："创业公司尤其忌讳把话说得太大，踏踏实实找一个领域，解决一个问题，由于解决这个问题而得到认可和欢迎，再去图谋更大的发展，这是正途。再伟大的事也都是从很小的事做起来，一点一滴做大的。从TOM到QQ，到网易、新浪、盛大……哪个公司不是踏踏实实做起来的？""不要被成功企业所编写的创业故事迷惑，因为那里讲的都是企业成长过程中过五关斩六将的最精彩的部分。要用自己的头脑思考、学习，怀着谦虚的态度，多跟成功或者失败过的人交流。"大学生自主创业容易产生好高骛远的心理，这会给创业带来巨大的风险和压力。在社会主义市场经济的大潮中，大学生创业一般宜从创办小企业做起，选择一些低成本、低风险的小项目，放下架子去创业。

三、影响大学生创业的因素

影响大学生创业的因素，大致包括以下四个方面：

1. 个人能力与素质

创业是一种具有强烈个性色彩的社会活动，因为它十分强调创业者本身的个人素质和能力。大学毕业生要在激烈的社会竞争中站稳脚跟，靠的是个人实力。没有实力，创业只能成为美丽的空想，永远不可能成为现实。而当大学毕业生的创业实力达到一定程度时，他会排除其他因素的影响，坚定地走自己的创业之路。因此可以说，个人能力与素质作为内因，在大学生创业选择中起着决定作用，其他因素都是外因，起着辅助或从属的作用。

2. 家庭因素

家庭对大学生创业的影响一般有两方面：一方面，父母的价值观会对大学生创业产生影响。如果父母从小鼓励孩子独立、大胆尝试、不怕失败，大学生在创业选择中会持更积极、乐观的态度。如果父母担心孩子吃苦受累，希望孩子找一个稳定的工作，逐步发展，那么，大学毕业生在创业选择上就会更加谨慎。另一方面，如果大学毕业生所在家庭有创业历史或经商背景，也往往会对大学毕业生的创业选择形成积极影响。

3. 社会因素

影响大学生创业选择的社会因素有两方面：一方面是社会为大学生创业提供的软、硬件环境；另一方面是大学生创业的社会舆论。社会的软件环境是指与大学生创业相关的政策法规环境；社会的硬件环境则是指风险投资机构对大学生创业的扶持等经济环境。

4. 学校因素

学校对大学生创业的影响分为直接和间接两个方面。直接的影响来自于学校针对大学生创业推出的相关政策规定和大学生创业指导等各种教学和训练活动。间接的影响指学校的所有教育活动，尤其是以创业为主题的教育教学改革对大学生潜移默化的影响。

以上四个方面的因素相互作用，对大学毕业生的创业产生综合影响。当前，大学毕业生自主创业的各方面条件和环境还在逐步完善中。随着时间的推移，越来越多的大学毕业生将会走上自主创业之路，创业也将成为植根于大学生心中的一种成才模式和理念。

案例导读

"掉渣儿"烧饼为何好景不长

2005年3月，来自恩施土家族的女大学生晏琳，在武汉大学附近开了首家烧饼店，将相传为土家族将士的战场食粮——土家烧饼，引入大都市，从而拉开了"掉渣儿"烧饼风靡一时、席卷全国的序幕，引发了万众瞩目、沸沸扬扬的"烧饼现象"。

同年7月，鉴于烧饼生意火爆、供不应求，被誉为"烧饼皇后"的晏琳，注册成立了武汉"掉渣儿"食品管理有限公司，旗下共有两家直营店，注册资本30万元。晏琳同时开始推广加盟连锁经营模式，短短数月，加盟店拓展到30多家，并迅速向北京、上海、杭州、重庆等地辐射。一时间，烧饼店前排成长龙等待烧饼出炉，市民拎着纸袋装的烧饼边走边吃，成为许多城市街头的时尚景观。

但是，加盟店很快发现，他们被跟风者包围，几乎一夜之间，武汉街头冒出了令人目不暇接的烧饼店，名字严重同质化，加盟店效益也因此迅猛下滑。2006年春节后，不少加盟商找公司退回保证金，加盟店严重缩水。2006年5月，有加盟商以欺诈为由将晏琳告上了法庭，掉渣儿公司总部搬家，称公司亏损严重，开始退还保证金，收回加盟合同，并以

5 000元低价甩卖"秘方"。

"掉渣儿"烧饼一炮而红,加盟商一哄而上,可没过多久就一塌糊涂,最后竟一哄而散。有识之士纷纷对此分析评点,试图找到其中的症结。综合各方专家学者的意见,最终应归咎于品牌企业关键负责人的素质和能力有欠缺。

一个刚刚毕业的女大学生,显然缺乏经营管理的经验,更无法驾驭加盟连锁的社会化运作。因此,公司缺乏品牌连锁经营的能力和管理水平。由于缺乏经验和相关的能力,再加上头脑发热、盲目冲动,不顾产品品种单调、替代性强等因素,"掉渣儿"烧饼从成长到成熟再到衰败也很正常。另外,其品牌管理存在重大失误,企业在未获得商标专用权的情况下,盲目推广加盟,扩张太快,导致权益不能得到法律的保护,最终被跟风店拖垮。

这个案例警示我们,大学生创业看上去很美,但不论是从学校教育还是从创业者自身的创业意识来看,大学生创业者在商业管理和实践能力上依然有些幼稚,类似"掉渣儿"烧饼由盛转衰急剧坠落的"经济悲剧",正击中了大学生创业的"软肋"。

第二节　自主创业准备和程序

自主创业并非易事,应做好充分的准备。对于那些想自主创业,谋划自己"创业生涯"的大学生而言,应当做好哪些方面的准备呢?

一、解读"科学发展"

1. 自主创业的心理准备

并不是每一个大学毕业生都适合创业,也并非每一个创业者都能成功。商场如战场,有赚就有赔,要想创业成功,首先,要做好创业前的心理准备。既要有吃苦的心理准备,还得有承担失败的心理准备。

(1) 要有吃苦的心理准备。

自主创业并非像一些未涉商海的人所想象的或像文学影视作品中描绘的那样潇洒有趣。实际上,对一个创业者来说,创业的艰辛不是一两句话能说清的,经常遇到诸如资金、人事、市场等方面的各种困境,在创业过程中可能会有数不清的障碍和困难。一个问题没解决,一个障碍迈不过去,就可能前功尽弃。

香港超人李嘉诚从茶楼跑堂和推销员干起,历尽艰辛,在他自立门户创立长江塑胶厂之初,曾遇到客户退货、产品积压、工厂面临倒闭的危险,他硬是凭着顽强的毅力坚持下来,历经创业坎坷而成为今天香港的巨富。无数个成功者从失败走向成功的经验告诉我们,谋生与创业的艰难,充满各种危机和困难,如果没有坚强的意志,良好的心理素质,只能在困难面前束手无策,接受失败,还有可能从此消沉下去。

(2) 要有不畏艰险的心理准备。

自主创业会比做一般的职员要承受更大的压力。对于工薪阶层的职员来说,公司若垮了,可以另谋职位;而对于创业者来说,稍有不慎,整个事业就有可能毁于一旦。人生旅途不可能一帆风顺，会遇到各种困难和挫折，有的挫折是由于自己的不慎造成的，而有的则是不可避免或意想不到。有的人在失败和挫折中沉沦下去，而有的人在失败和挫折中振作起来，其中缘由就在于个人意志力的差别。创业也是如此，几乎所有创业者都尝过失败的滋味。

（3）要有失败的心理准备。

一项决策的失误或计划不周密，而导致经营失败，这也是常有的事。人在得意时，往往呼风唤雨事事顺手，当处于困境时则事事为难。银行不愿贷款，卖主不敢批货，买主不愿购货，雇员离心离德，各有打算，更有那些落井下石的人趁火打劫。身处逆境中，要么咬紧牙关，勇往直前，要么一路退败，前功尽弃。怕失败是人性之弱点，失败之后的挫折感，能彻底摧毁一个人的自信心，有些人会因此一蹶不振。但人生没有永远的失败，也没有战胜不了的困难。一个人只要有信心，有勇气和不屈不挠的精神，以积极的态度去迎接挑战，就能渡过难关，并最终取得成功。

2. 自主创业项目的准备

在分析自身条件和了解创业机会的基础上，创业者可以对创业项目做初步的选择，即选择创业的切入点。是办修理厂，还是办加工厂；是开美容美发中心，还是进行软件开发；是开商场，还是经营酒店；是个人独立经营，还是与他人合作经营等。选择的正确与否直接关系到创业的兴衰、成败。因此，创业者首先要对现阶段国家政策进行认真的学习，深刻地领会，明确哪些行业是鼓励发展的，哪些行业是加以限制的。

首先，选择的创业项目一定要有发展前景，决不能因利益驱动的短期行为而贻误远大前程。

其次，应选择自己熟悉的社会经济热点。

再次，必须对所选的项目进行深入、细致、认真的市场调查。因为对创业项目的初步选择多半是凭自己的经验、兴趣、阅历和对社会的感性认识而做出的，要全面了解其可行性、发展前景及风险的大小，还需要进行周密的市场调查。通过市场调查可以了解相关店铺或工厂、公司的营业范围、场地租金、员工薪酬、月营业额、利润、所需设备及设备价格等方面的信息，例如，选择生产、加工类创业项目的地址时一般要考虑到：满足生产、加工需要，种植要有土地，养殖要靠水，建材加工要有场地；交通便利；租金可以承受；员工的生活便利、安全。而进行商业店铺、餐馆、各种服务部的选址时要考虑：人口密度大而且流动性大，在闹市区或繁华地段，交通便利且易停车；在特定的场所（如学校、车站、医院等）附近；同行业密集地；了解可能的顾客（客户）群体，了解他们可能的数量、分布、文化层次、消费水平及消费需求；了解自己的竞争对手，创业者应该清楚，在自己未来的经营范围内，有多少家同类型的小店、小厂、小公司，它们占据的市场份额有多大，它们的经营方式有什么特点，在哪些方面还未能满足顾客的需求等。在此基础上，从技术和经济角度对所选项目进行评估、测算，最后确定切实可行的创业项目。

3. 创业资金的准备

无论是做大生意还是做小买卖，都需要一定的启动资金，没有资金是无法进行创业的。拥有的资金越多，可选择的余地就越大，成功的机会也就越多。资金的来源可以通过各种渠道筹划，如自有资金、集资、贷款以及与别人合伙等。自己的动产或不动产变现是创业资金主要的、最可靠的来源，可以通过亲戚朋友集资，也可以动员其他人来投资。但你要说服别人，必须有一整套详细的实施计划和可行性论证。要承诺并实现风险共担，利益均沾，认真谨慎地使用别人的钱，自己宁可吃亏，也要保证按约定兑现给别人的投资回报，切记"好借好还，再借不难"的常规，做人要有信用。

另外，还可以从银行贷款。通常贷款要三个方面的条件：一是有不动产做抵押；二是项目要有吸引力；三是与银行要保持良好的关系。如果你有不动产如房子、汽车等做抵押，贷款就会容易得多，不过即使没有不动产做抵押，也不是绝对贷不到款，项目的投资前景和效益是影响贷款决策的首要因素。银行要对贷款项目进行技术、经济等方面的可行性论证。初次向银行贷款，数额不宜过大，否则，很难成功。从小笔贷款入手，每次到期按时还贷，逐渐取得银行的信任，才能获得较大数额的贷款。

特别要注意资金的使用风险，不可将所用的资金都投入到一个项目去，也不可超过盈利能力大额举债，要想办法分散投资风险。建议将筹集到的资金分三块使用：一块用来投资项目；一块用作项目备用金；另一块用于风险较低的储蓄、债券和股票投资。在保证投资收益的同时，尽可能降低投资风险。

4. 经营知识的准备

创业者必须具备一定的经营之道，如何进货，如何打开销路、消费者定位等方面的知识，创业者都必须掌握。可以向有经验的人学习取经，也可以购买订阅一些营销类报刊，从中借鉴别人的经验。

二、把握创业机遇

创业，是一个发现和捕获机会，由此创造出新颖的产品或服务，进而实现其潜在价值的过程。著名作家柳青在他的小说《创业史》中说："人生的道路虽然漫长，但紧要处却只有几步。"这紧要的几步说的就是机遇。由于创业是一项创造人生、改变命运的活动，所以机遇对于创业者来说，具有更为重要的意义。

1. 机遇的作用

机遇如同催化剂，没有机遇的催化作用，事情多半难以成功。换句话说，离开机遇的作用，任何创业的成功只能在"希望的彼岸"。人们常说，"万事俱备，只欠东风"。当创业的基本条件已经具备时，机遇便成为不可或缺的"东风"。只有及时、准确地把握住机遇，才能赢得成功。从一定角度讲，机遇是创业的动力，它把创业者推上社会舞台；机遇是创业的路标，它为创业者指明方向；机遇是创业的关键，它使创业者走向成功。

2. 机遇的把握

首先是发现和认识机遇。法国著名艺术家罗丹说："生活中不是缺乏美，而是缺乏发现美的眼睛。"套用这句话我们可以说，在现实生活中，我们往往缺乏发现机遇的"慧眼"。文学大师巴尔扎克说："机遇女神总披着神秘的面纱，难以让人看到她的真面目。"机遇的特征决定了机遇不会主动直接地呈现在人们面前，而是需要人们掌握机遇的特征，注重知识的积累,用心观察细微事物,机遇往往就在我们身边。

其次是善于寻找机遇。我们说机遇无时不在,无处不在,是针对人类创业活动的整体而言,也是针对创业者的主动寻求而言的。古今中外许许多多的事实表明,能等来的机遇远远少于人们主动寻求到的机遇,这是由机遇的存在特征决定的。在现今这样一个充满机遇的时代,人们对于机遇的认识和把握各不相同:愚者抛弃机遇,弱者错过机遇,强者抓住机遇,勇者抢占机遇,智者创造机遇。由此,我们可以说,机遇总是留给有准备的人。

三、分析创业环境

环境是创业活动的时代背景,是创业者的舞台。任何创业活动都必须面对一定的创业环境,都要争取在有利的环境中进行。认识环境,分析环境,合理利用环境,巧妙适应环境,是大学生创业者必不可少的创业准备条件。

1. 宏观环境分析

宏观环境分析,即对社会文化环境、经济环境、政治环境、法律环境、技术环境和自然环境等因素进行分析。

社会文化环境因素,是指社会的宏观环境(如我国的宏观经济状况及指导政策等)和社会的文化风貌(如社会对于创业和大学生创业的主流价值观念等)的总括。目前,我国的社会文化环境总体上是有利于大学毕业生进行自主创业活动的。

经济环境因素,是指国家或地区经济发展的总体水平、经济结构和产业结构、社会成员收入状况和生活水平、生产原料和能源供应状况、人才及融资情况等。大学生创业者通过对经济环境的分析研究,可以预测经济环境将来的发展趋势,及时调整创业发展计划。

政治环境因素,主要指国家政治制度、管理体制以及政局的稳定、社会的安定状况。政治环境对创业活动有重大影响,稳定的政局、安定的社会局面,有利于大学生的创业活动。反之,则会影响大学生创业活动。

法律环境因素,是指国家有关经济等方面的法律保障因素。国家通过制定法律、法规、政策给创业者提供更多的机会和法律保障。但是有些法律法规,也给创业者带来风险和约束。社会主义市场经济是法制经济,大学生创业活动应纳入法制轨道。

技术环境因素,是指技术的发展状态、国家的技术投资重点和技术倾斜政策、专利保护、技术转移及商品化速度、技术创新以及由此带来的经济效益等因素。对于技术型创业者尤其要重视相关技术的环境因素。

自然环境因素,是指创业单位所在地区或与该企业相关联地区(如创业企业原料产地等)的地理位置、自然气候、资源状况、自然灾害等因素。该因素对创业者的影响也不可小视。

2. 微观环境分析

微观环境分析,即对企业竞争环境、市场需求环境和产品生命周期等状况进行分析。

"知己知彼,百战不殆",在激烈的市场竞争中,大学生创立企业要认真分析企业将会面临的竞争环境和市场需求环境。企业竞争环境分析包括企业竞争对手的实力、企业规模、技术水平和市场占有率等状况的分析。进行企业竞争环境分析，以便发现自己的创业机会，为今后在激烈的市场竞争中站稳脚跟打下基础。市场需求环境分析包括全国或某一地区的总体市场和创立企业所生产的消费品及提供服务的各细分市场、市场需求现状及变化趋势、市场创新等状况分析。进行企业竞争环境分析，为企业适应市场需要，调整企业的发展计划提供分析依据。

此外，任何产品都有其生产、发展到消亡的过程，这个过程是产品的生命周期。忽视对产品的生命周期的分析，有可能对企业带来致命的打击。

四、一般创业程序

1. 调查研究

对于欲创业的大学生而言，必须搞好调查研究。比如，进行市场调查研究，了解消费者对你提供的产品或服务的需求程度、各种不同类型的消费者消费的可能性、消费者对同类产品或服务的认知渠道和消费依据等。在调研方法上，由于受大学生创业者资金状况的限制，一般以间接资料（第二手资料）为主、直接资料（第一手资料）为辅。对一些特别重要的市场信息，可以通过观察或访谈等方法获得第一手资料。

2. 选择创业项目

准备从事自主创业活动的大学毕业生，应根据自己的专业特长和所在地区的社会需求状况，选择当地群众急需而又紧缺的行业。大学生创业的形式多为个体经营活动，具有较强的灵活性和适应能力，形式多样，主动性强，能够根据市场变化及时调整生产经营品种、规模和经营项目，以适应市场的需要。

3. 组建创业团队

企业的创办者不是万事皆通的全才，他可能是某种技术方面的天才，但对管理、财务和销售可能是外行；他也可能是管理方面的专家，但对技术却一窍不通。因此，要想把好的创意转变成现实的创业行动，转变成现实的产品或服务，就必须组建一个具备管理、技术、营销等方面知识和有经验的人士参加的创业团队。一般而言，风险投资者很看重创业计划中是否有优秀的创业团队。为了建立一个能够精诚合作、具有奉献精神的创业团队，创业者必须在其他人中间树立起相当的威信。

4. 筹措资金

大学生创业者要想投入足够的资本来创办一个新企业，他们必须寻求外部的资本支持。除了大学生创业者的个人资金外，家庭和朋友的资金也是大学生创业者最常见的资金来源之一。对于大学生创业者来说，正确衡量家庭和朋友提供资金的利弊得失，最好能够从一些志同道合的朋友处获得一定的资金，大家合伙投资，共同创业。

金融机构也是大学生创业者获得资金的一个渠道。大学生创业者可以利用家庭的动产和不动产，或者由亲属等提供担保获得贷款。风险投资，英文名称为"Venture capital"，是大学生创业者创办的企业，特别是高新技术企业获得资金支持的最为重要的渠道。此外，大学生创业者还可以通过诸如政府资助、私募、信托投资、民间贷款等方式获得创业所需要的资金。

5. 登记注册开户

大学生创业无论是成立公司，还是成立个人独资企业或者合伙企业，都必须进行工商登记，开立银行账户，办理税务登记，从事特殊行业的，还须事先取得相关主管部门的批准文件。只有在这些法定的手续全部办理完毕后，大学生创业者创办的企业才能正式宣告成立，投入运营。创业者还需要了解《企业登记管理条例》《公司登记管理条例》等工商管理法规。设立特定行业的企业，创业者还有必要了解有关开发区、高科技园区等方面的法律规章和有关地方规定，这样有助于选择创业地点，以享受税收等优惠政策。

我国实行法定注册资本制，如果创业者不是以货币资金出资，而是以实物、知识产权等无形资产或股权、债权等出资，还需要了解有关出资、资产评估等法规规定。

企业设立后，需要税务登记，需要会计人员处理财务，这其中会涉及税法和财务制度，需要了解企业必须缴纳哪些税。企业要聘用员工，这其中会涉及劳动法和社会保险问题，需要了解劳动合同、试用期、服务期、商业秘密、竞业禁止、工伤、养老金、住房公积金、医疗保险、失业保险等诸多规定。还需要处理知识产权问题，既不能侵犯别人的知识产权，又要建立自己的知识产权保护体系，需要了解著作权、商标、域名、商号、专利、技术秘密等各自的保护方法。

五、大学生创业应具备的素质

事实上，大学生自主创业不是一件简单的事情，在大学生创业过程中，困难、挫折甚至失败均是在所难免的，创业者需要具有一定的创业素质和创业能力。

1. 创业意识

在现代经济社会中，不是每一个大学毕业生都需要走自主创业之路，但每一个大学生都应当树立创业意识。这种创业意识要求大学生注重长远利益、个人创意、个性发展、团队精神、动手能力等。

创业意识，即在创业实践活动中对人起动力作用的个体倾向，包括需要、动机、兴趣、思想、信念、人生观、价值观和世界观等心理成分。在创业意识支配下，人的创业动机（指推动创业者从事创业实践活动的内部动因）、创业兴趣（指创业者对从事创业实践活动的情绪和态度的认识指向性）、创业理想（指创业者对从事创业实践活动的未来奋斗目标有较为稳定和持久的向往和追求的心理品质）可以转化为一种精神。大学毕业生要相信自己有能力开创未来的事业，认识到自己具有独立的人格，善于进行独立的选择，采取独立的行动，不受传统和世俗偏见的束缚及舆论、环境的影响，在自己的努力奋斗和实践中增强自己的能力，奠定事业基础。这种创业意识、创业精神是创业者应具备的素质。

2. 创业者品格

大学生创业过程中充满困难、挫折甚至失败，这就要求自主创业的大学生要具备顽强的意志和良好的品格。

（1）优秀的人品。

成功的创业者都具有优秀的人品。优秀的人品包括以下几个方面：一是豁达，心胸开阔坦荡，有远见卓识，不为眼前的蝇头小利所动；二是诚信，创业者诚实、守信，做人做事讲信誉，遵纪守法；三是公平，做事公平公正，值得信赖。

（2）坚强的意志。

创业有风险，创业者过硬的心理素质和过人的胆识有助于化险为夷。创业者要有探险家的胆识，具备承担风险的精神和能力，具有高度的责任感，从战略角度沉着稳健地应对创业过程中的各种风险。在面对挫折和困难时，除了具备坚强的意志品质外，还应具备自我激励和自我调节能力。以最旺盛、最活跃的精神状态去克服困难，以足够的勇气迎接挑战，以坚韧的耐力应对挫折，以谦虚和谨慎的态度面对成功，胜不骄、败不馁。

（3）健康的身心。

俗话说，"身体是革命的本钱"。创业，本身就意味着超负荷、高强度、快节奏的工作，意味着每天十几个小时甚至更长时间的苦干，意味着付出常人难以想象的艰辛和汗水，没有强健的体魄，是难以承受如此强度的工作的。良好的心理素质是创业成功的基础。健康的心理，不但可以让创业者正确面对创业，而且可以在一定程度上弥补体魄上的不足。

然而，并非所有的人都具有创业的素质。美国学者约翰·勃劳恩说："创业的技巧虽然是学来的，但是具有某些素质的人占了先天的优势。"心理社会学家认为，以下十类人不具备创业的素质：

①缺少职业意识的人。
②优越感过强的人。
③唯上是从，只会说"是"的人。
④偷懒的人。
⑤片面和骄傲的人。
⑥僵化和死板的人。
⑦感情用事的人。
⑧"多嘴多舌"与"固执己见"的人。
⑨胆小怕事、毫无主见的人。
⑩患得患失、容易自满的人。

（4）团队精神。

一个企业的成功，必须依靠团队的力量。因此，团队精神是创业者必备的素质。创业者必须通过合作使创业团队更加具有凝聚力和战斗力，使团队的每一个成员都对创业负有责任感，有效协调个人目标与团队目标之间的关系，相互尊重，相互信任。

（5）创业者的知识与能力。

①创业者的知识。"知识就是力量"。创业者的知识掌握的程度如何，从某种意义上来说将直接影响自主创业的成败。大学生创业者具备一定的基础知识，但这是远远不够的。成功的创业者首先要具备扎实深厚的专业知识和全面广博的综合知识，应当是具备相当专业水准的通才。其次，创业者应具备相关的市场和商业知识、具备一定的管理知识和相关的政策

及法律知识。成功的创业者应该是掌握多学科知识的复合型人才。

②创业者能力。创业能力是一种能够顺利实现创业目标的特殊能力，是在创业实践中体现出来的影响创业实践活动效率、促使创业活动顺利进行的主体心理条件，具有较强的综合性和创造性。创业能力是一种以智力为核心的具有较高综合性的能力。创业能力结构的核心是智力，包括观察力、注意力、记忆力、想象力、思维力、创造力等诸种能力。

一般来讲，在创业实践活动中，直接发挥效力的有三种不同层次的创业能力。它们是专业技术能力、经营管理能力和综合能力。

a. 专业技术能力。它是人们从事某一特定社会职业所必须具备的专业技术和技能。一个具有丰富经验和较高水平的创业者，如果不熟悉、不了解某一个专业或职业的特殊性，就不能对症下药，解决问题，也就无法施展和发挥其经营管理或综合能力。从这个意义上讲，专业技术能力是一种最基本的创业能力。

b. 经营管理能力。这是一种较高层次的能力，它从控制、调节创业活动，发现和使用人才，资金的运筹三个方面作用于创业实践活动。

c. 综合能力。综合能力是由多种特殊能力和经营管理能力综合而成，是一种最高层次的能力，具有较强的综合特征。这些特殊能力主要包括：把握、创造机会的能力，处理、利用信息的能力，决策能力，交往、公关能力等。它是创业者在创业实践中学会学习、学会做人、学会生存与发展、学会创造的综合性能力的概括。

阅读材料

大学生创业失败的五大原因

1. 创业项目选择失误

这是造成大学生创业失败的重要原因，不论是采取自主挑选项目进行创业，还是选择连锁加盟、转让合作的项目创业，深入了解项目相关市场、理性认识分析自身条件、制定切实可行创业计划，这些都是必不可少的创业基本步骤，同时还要注意发现及规避市场中的很多虚假或带有欺骗性质的创业项目。

2. 创业项目资金不足

这是影响大学生自主经营创业成功的另一个重要因素。很多创业者在项目选择和经营管理方面都没有问题，并且经过努力市场也在逐步打开，但是由于资金周转的匮乏与严重不足，轻则造成创业项目运作周期拉长前景难料，重则迫使项目停滞不前中途下马。因此，量力而行的选择创业项目和制订严谨周密的资金使用计划，对于任何性质的创业者都是应该遵守的基本原则。

3. 合作伙伴内部矛盾

这也会影响创业项目的运作并导致计划流产，与其他人合作共同创业是很多创业者经常采取的方式，很多大学生在创业时也会寻找自己的创业合作伙伴，尤其是与志同道合的同学一起创业就更显得顺理成章，互助形式的合作创业有很多优势，同时也存在很多不可避免的问题，各自投入资金的多少、是否明确的分工、能否健全的合作机制、团结一致的创业精神等，这些都有可能使合作伙伴之间关系产生裂痕，发生的矛盾如没有得到及时的协调处理会逐步激化并不可收拾，创业伙伴的分道扬镳也就难以避免并使创业项目搁浅。

4. 不良创业项目侵害

由于很多大学生并没有真正的接触过社会，对于市场中的很多创业项目缺乏认识和了解，那些虚假或带有欺骗性质的创业项目就利用了大学生的天真与创业激情，不切实际的项目介绍、夸大其词的市场空间、虚拟的经济效益分析、简单省事的经营模式，都有可能诱惑着刚刚走出大学校门的学生去全身心投入其中，等到发现所运作的创业项目并不可行时，造成的直接、间接损失却难以挽回。

5. 缺乏持之以恒精神

经营创业项目是需要创业者具有持之以恒创业精神的，创业中如果遇到一点困难与挫折就退让躲避也是难以到达成功的彼岸，因此在创业选项、经营管理没有原则上失误的情况下，能否走过"黎明之前的黑暗"就很关键，轻言放弃会使创业者全部的努力付之东流，大学生自主经营创业是不可能一帆风顺的。

第三节 有关大学生创业的政策法规

一、我国创办企业的法律规定

在全面建设小康社会，开创具有中国特色社会主义事业新局面的新时期，国家为大学生自主创业、开办各种企业提供了一个良好的环境。

1. 按照法律规定选择企业形式

大学生创业可选择独资企业、合伙企业和有限责任公司（企业法人）三种企业的法律形式。独资企业是指由一个自然人投资，财产为投资人个人所有，投资人以其个人财产对企业债务承担无限责任的经营实体。这种企业在法律上为自然人企业，是当今社会最简单的企业形式。合伙企业是由各合伙人订立合伙协议，共同出资、合伙经营、共享收益、共担风险，并对合伙企业债务承担无限连带责任的营利性组织。有限责任公司，是指由两个以上股东共同出资，股东以其认缴的出资额对公司承担有限责任，公司以其全部资产对其债务承担有限责任。独资企业和合伙企业要发展成大的企业，必须采取有限责任公司的形式。

2. 遵守法律法规

常用法律一览：

（1）基本法律。

《中华人民共和国民法通则》，《中华人民共和国合同法》，《中华人民共和国担保法》，《中华人民共和国票据法》。

（2）公司企业法律。

《中华人民共和国公司法》，《中华人民共和国合伙企业法》，《中华人民共和国个人独资企业法》,《中华人民共和国企业登记管理条例》等。

(3) 劳动法律法规。

《中华人民共和国劳动法》,《中华人民共和国劳动合同条例》。

(4) 知识产权法律。

《中华人民共和国著作权法》,《中华人民共和国商标法》,《中华人民共和国专利法》。

(5) 公司企业税法。

《中华人民共和国企业所得税暂行条例》,《中华人民共和国增值税暂行条例》,《中华人民共和国营业税暂行条例》,《中华人民共和国税收征收管理法》。

以上只是简单列举创业者常用的法律,在企业实际运作中可能还会遇到大量法律问题。当然创业者可以对这些问题有一些基本的了解,专业问题可以交由律师等专业人士去处理。

二、国家关于大学毕业生自主创业的优惠政策

1. 《国家工商行政管理总局关于2003年普通高等学校毕业生从事个体经营有关收费优惠政策的通知》

(1) 凡高校毕业生(含大学专科、大学本科、研究生)从事个体经营的,除国家限制的行业(包括建筑业、娱乐业以及广告业、桑拿、按摩、网吧、氧吧等)外,自工商行政管理机关批准其经营之日起,一年内免交个体工商户登记注册费(包括开业登记、变更登记、补换营业执照及营业执照副本)、个体工商户管理费、集贸市场管理费、经济合同签证费、经济合同示范文本工本费。

(2) 高校毕业生申请个体工商户设立登记时,应当向登记机关出具普通高等学校颁发的毕业证书、个人身份证,以及省级高校毕业生就业工作主管部门签发的《全国普通高等学校本专科毕业生就业报到证》或者《全国毕业研究生就业报到证》(以下简称报到证);登记机关核实无误后,依法办理登记注册手续,并在报到证上注册登记注册时间、加盖登记机关印章后退回本人,在《个体工商户营业执照》经营者姓名后注明:"高校毕业生";高校毕业生凭《个体工商户营业执照》免交上述规定的有关费用。

(3) 对高校毕业生从事个体经营实行有关收费优惠政策,是党中央、国务院鼓励高校毕业生灵活就业、自主创业的重要举措。地方各级工商行政管理局机关要通过各种形式,积极宣传高校毕业生从事个体经营有关收费优惠政策,并不折不扣地落实有关收费优惠政策,大力支持、促进高校毕业生自谋职业、自主创业。

2. 《财政部、国家发展和改革委员会关于切实落实2003年普通高等学校毕业生从事个体经营有关收费优惠政策的通知》

(1) 凡2003年应届高校毕业生从事个体经营的,除国家限制的行业(包括建筑业、娱乐业以及广告业、桑拿、按摩、网吧、氧吧等)外,自工商部门批准其经营之日起1年内免交登记类和管理类的各项行政事业性收费(以下简称"收费")。

(2) 从事个体经营的高校毕业生免交的具体收费项目主要包括:

①法律、行政法规规定的收费项目,国务院以及财政部、国家发展改革委(含原国家

计委、原国家物价局,下同)批准的收费项目。

　　a. 工商部门收取的个体工商户注册登记费(包括开业登记、变更登记、补换营业执照及营业执照副本)、个体工商户管理费、集贸市场管理费、经济合同签证费、经济合同示范文本工本费。

　　b. 税务部门收取的税务登记证工本费。

　　c. 卫生部门收取的民办医疗机构管理费、卫生监测费、卫生质量检验费、预防性体检费、预防接种劳务费、卫生许可证工本费。

　　d. 民政部门收取的民办非企业单位登记费(含证书费)。

　　e. 劳动保障部门收取的劳动合同签证费、职业资格证书费。

　　f. 公安部门收取的特种行业许可证工本费。

　　g. 烟草部门收取的烟草专卖零售许可证费(含临时的零售许可证费)。

　　h. 国务院以及财政部、国家发展改革委批准的涉及个体经营的其他登记类和管理类收费项目。

　　②各省、自治区、直辖市人民政府及其财政、价格主管部门批准的涉及个体经营的登记类和管理类收费项目。

　　(3) 从事个体经营的高校毕业生,应当向工商、税务、卫生、民政、劳动保障、公安、烟草等部门的相关收费单位出具本人身份证、高校毕业证以及工商部门批准从事个体经营的有效证件,经收费单位核实无误后按规定免交有关收费。

　　(4) 对从事个体经营的高校毕业生免收上述有关收费而减少的收入,主要由有关部门和单位调减支出项目自行消化,各级财政原则上不予补助。

　　(5) 各省、自治区、直辖市财政、价格主管部门应当通过广播、电视、报刊等新闻媒体,在本行政区域内公布免收的各项具体收费项目,使高校毕业生及时了解和掌握有关收费优惠政策。工商、税务、卫生、民政、劳动保障、公安、烟草等部门应当督促本系统内的有关收费单位不折不扣地落实各项收费优惠政策。

　　(6) 各省、自治区、直辖市财政、价格主管部门要在各自的职责范围内加强对从事个体经营的高校毕业生收费优惠政策落实情况的监督检查,凡不按规定落实收费优惠政策的,要依据法律、法规规定予以严肃处理,确保有关收费优惠政策的贯彻落实。

3. 国务院和地方政府鼓励大学生创业的规章制度

地方政府为贯彻党中央和国务院促进大学生就业的方针政策也相继制订了一些鼓励大学生创业的规章制度。

部分省市为鼓励和扶持大学毕业生自主创业,深化大学毕业生就业制度改革,创新就业机制,拓宽就业渠道,制定了实现普通高等学校毕业生充分就业的规定,大学毕业生自主创业可享受的地方税收优惠政策其中包括以下几个方面:

(1) 普通高等学校毕业生在国务院批准的高新开发区内新办企业,经有关部门认定为高新技术企业的,自投产年度起免征企业所得税两年,免税期满后按15%的税率征收企业所得税。

(2) 新办劳动就业服务企业,当年安置待业人员(包括普通高等学校毕业生)超过企业总人数60%的，经主管部门税务机关批准，可免征企业所得税三年，免税期满后当年新安置待业人员占企业原从业人员总数30%以上的，可减半征收企业所得税二年。

（3）普通高等学校毕业生创办的企业，从事技术转让、技术开发业务和与之相关的技术咨询、技术服务业取得的收入，免征营业税。

（4）普通高等学校毕业生创办的企业，年净收入在30万元以下的暂免征收企业所得税；超过30万元的部分，依法缴纳企业所得税。

阅读材料

1. 始于创业计划书的成功行动

小杨是某大学的在校生，她与几个同学成立了望远眼镜有限公司。除了眼镜批发、配送外，公司还在大学的新校区开了第一家零售店，经营状况很好。

成立眼镜公司最早的想法只是为了参加"挑战杯"创业大赛。但经过市场调研、反复论证，他们被自己的创业计划书打动了：做眼镜中间商是完全可以实现的创业设想。于是2004年年初他们成立了公司。

眼镜行业市场巨大，且正处于高速成长期。目前，中国有3亿多人戴眼镜，眼镜年需求量在1亿副以上；2003年，中国眼镜工业产值为145亿元；5年后，其产值预计将突破300亿元。

创业团队在调研中还发现，就是这么一个非常普及的小产品，到目前还没有公认的品牌。他们在同学中做了一个小调查，发现大家只知道近视眼镜的店面品牌，却几乎没有人说出产品本身的品牌。这个问卷结果坚定了他们的想法：创造自己的眼镜品牌。

他们决定先从中间商做起。虽然眼镜的零售竞争激烈，但在中间商阶段还不是非常充分。不过他们随后发现，要建立自己的品牌，还需要直接的市场反馈，于是他们调整计划实现"前向一体化"，即使做中间商也不做零售商，这是目前眼镜行业还没有的营销模式。

2004年9月，他们的第一个眼镜零售店在科技大学新校区开张纳客。开店一个多月后，学校的同学们不仅认可这个眼镜店，而且没有一个同学因为配得不好而找上门来。公司开展的配送中间业务也逐步打开了市场。而先前甘肃、陕西、江苏、安徽都已经有"平远"的产品，连一向挑剔的零售商竟然都说："你们的产品质量真好。"小杨说这是严把进货关得来的。

说起创业的酸甜苦辣，小杨说经常会有许多意想不到的事情发生。

做一个产品要有品牌，当然要有商标，他们几个人设计了几百种组合方案，然后筛选出30多种，又请周围的同学挑或是拿着方案随机要同学们选，从中选出了4种视觉冲击力最强的。但当他们把这4种方案拿到一个商标注册咨询公司去注册时，没想到被同学最看好的"2.0"商标竟然首先被淘汰，因为眼镜商标不能有数字。

经过几轮挑选，最后他们的商标确定为"INOUS"，字面含义是"一诺"。这个标志是字母"O"中有一个斜着的椭圆形,像一只眼睛在看着世界。目前这只"小眼睛"已经刻在了"平远"销售的每一副眼镜的镜腿上。

小杨觉得在创业中最难的是把同学的热情变成现实,因为实际经验太少。刚开始时,大家经常各持己见,争论得翻天覆地。比如,在确定什么是同学更换眼镜的原因时,有的人坚持认为是时尚因素。可是后来经过调查,损坏率高、度数变化快才是同学们重新购买眼镜的两个主要原因,而时尚是次要因素。

他们有一套吸引风险投资的设想:现有运营资金50万元,据测算,若注入风险资金200万元,则计划投资回收期为10个月,第二年预计盈利512万元,第5年预计盈利1 434万元,风险投资者在第5年撤出风险投资的前提下将获得1 450万元的投资回报。

目前,他们已经看好南京、天津等地新建的大学城,准备从中选址开设第二家零售分店。

2. 要善于捕捉市场信息

农大园艺系毕业的小钱在一家专业不对口的公司里干得很不开心,所以他想辞职开一家自己的花店。开花店最大的投资就是店面房租,大约需要两万元。但是,工作还不到一年的小钱哪来这两万元呢?2000年10月,他在报纸上看到南京一家花鸟市场的招商广告,广告上承诺第一批进场设摊者均可享受免收半年租金的优惠。这真是天大的喜讯!小钱毫不犹豫地申请了一个摊位,像模像样地办起了一家观赏植物批零兼营店。由于他的不少同学在花卉生产单位工作,所以货源充足,质量上乘,生意十分红火。

3. 小池与他的洪恩软件

小池是北京一所著名大学化学系的毕业生,天性就爱走常人不敢走的路。大三时,他就开始做实业报国的梦,体验过卖报纸、办化工厂的甘苦。毕业后到合资企业——广州浪奇保洁公司就职,还受到美方老板的重用,被当作经理助理重点培养。但不甘平庸的他还是辞职了,决定自己办企业。辞职后的小池在深圳创办了洪恩公司,自己租柜台卖兼容机,一度成为深圳最大的兼容机供应商。但目光长远的他意识到光做硬件代理销售没有多大出路,科技含量低,离自己的目标会越来越远。于是,1996年他回到北京,在清华东门外、东升乡政府旁的一间小平房里创建了洪恩公司,从事电脑软件的开发和应用。

洪恩公司的开山之作是1996年年底面世、至今仍畅销不衰的多媒体学习软件"开天辟地"。它是由十多位像小池这样来自同一所学校、非计算机专业的"攒机"高手、PC用户花了200多个日日夜夜开发出来的。该软件可让一个未接触过计算机的人几天之内就能掌握使用方法。此举一炮打响,连获9项全国大奖,销售量达到50万套,轰动了中关村。

初战告捷后,雄心万丈的他们再接再厉,连续开发"开天辟地"的姊妹篇"万事无忧""畅通无阻"。前者将计算机使用中的各种"疑难杂症"的"疗法"清楚地告诉用户,后者旨在使一个"门外汉"几天成为网民。为了适应改革开放的形势,他们还开发了"随心所欲""听力超人"等英语学习类软件,取得了一个又一个辉煌的成绩。

思考题

1. 什么叫自主创业？如何选择创业道路？
2. 创业基本程序有哪些？
3. 创业能力具体表现在哪几个方面？
4. 财政部、国家发展和改革委员会、国家工商总局关于普通高校毕业生从事个体经营有关收费优惠政策有哪些？

附录一
高校毕业生就业创业政策百问（2017版）

一、鼓励引导高校毕业生面向城乡基层、中西部地区以及民族地区、贫困地区和艰苦边远地区就业

1. 什么是基层就业？

基层就业就是到城乡基层工作。国家近几年出台了一系列优惠政策鼓励高校毕业生积极参加社会主义新农村建设、城市社区建设和应征入伍。一般来讲，"基层"既包括广大农村，也包括城市街道社区；既涵盖县级以下党政机关、企事业单位，也包括社会团体、非公有制组织和中小企业；既包含单位就业，也包括自主创业、自谋职业。

2. 国家鼓励毕业生到基层就业的主要优惠政策包括哪些？

按照《国务院关于做好当前和今后一段时期就业创业工作的意见》（国发〔2017〕28号）、《中共中央办公厅 国务院办公厅印发〈关于进一步引导和鼓励高校毕业生到基层工作的意见〉的通知》（中办发〔2016〕79号）、按照《国务院关于进一步做好新形势下就业创业工作的意见》（国发〔2015〕23号）、《国务院办公厅关于做好2014年全国普通高等学校毕业生就业创业工作的通知》（国发〔2014〕22号）、《国务院办公厅关于做好2013年全国普通高等学校毕业生就业工作的通知》（国办发〔2013〕35号）和《国务院关于进一步做好普通高等学校毕业生就业工作的通知》（国发〔2011〕16号）等文件规定：

（1）完善工资待遇进一步向基层倾斜的办法，健全高校毕业生到基层工作的服务保障机制，鼓励毕业生到乡镇特别是困难乡镇机关事业单位工作。

（2）对高校毕业生到中西部地区、艰苦边远地区和老工业基地县以下基层单位就业、履行一定服务期限的，按规定给予学费补偿和国家助学贷款代偿（本专科学生每人每年最高不超过8 000元、研究生每人每年最高不超过12 000元）。

（3）结合政府购买服务工作的推进，在基层特别是街道（乡镇）、社区（村）购买一

批公共管理和社会服务岗位，优先用于吸纳高校毕业生就业。

（4）落实完善见习补贴政策，对见习期满留用率达到50%以上的见习单位，适当提高见习补贴标准，允许就业见习补贴用于见习单位为见习人员办理人身意外伤害保险以及对见习人员的指导管理费用。

（5）将求职补贴调整为求职创业补贴，对象范围扩展到已获得国家助学贷款的毕业年度高校毕业生，以及贫困残疾人家庭、建档立卡贫困家庭高校毕业生和特困人员中的高校毕业生。

（6）艰苦边远地区基层机关招录高校毕业生可适当放宽学历、专业等条件，降低开考比例，可设置一定数量的职位面向具有本市、县户籍或在本市、县长期生活的高校毕业生。

各地区要结合城镇化进程和公共服务均等化要求，充分挖掘教育、劳动就业、社会保障、医疗卫生、住房保障、社会工作、文化体育及残疾人服务、农技推广等基层公共管理和服务领域的就业潜力，吸纳高校毕业生就业。要结合推进农业科技创新、健全农业社会化服务体系等，引导更多高校毕业生投身现代农业。

3. 国家对在基层工作的高校毕业生职业发展有哪些鼓励政策措施？

按照《国务院关于做好当前和今后一段时期就业创业工作的意见》（国发〔2017〕28号）、《中共中央办公厅　国务院办公厅印发〈关于进一步引导和鼓励高校毕业生到基层工作的意见〉的通知》（中办发〔2016〕79号）、《国务院关于进一步做好新形势下就业创业工作的意见》（国发〔2015〕23号）、《国务院办公厅关于做好2014年全国普通高等学校毕业生就业创业工作的通知》（国发〔2014〕22号）、《国务院办公厅关于做好2013年全国普通高等学校毕业生就业工作的通知》（国办发〔2013〕35号）和《国务院关于进一步做好普通高等学校毕业生就业工作的通知》（国发〔2011〕16号）等文件规定：

（1）在干部人才选拔任用机制上，进一步强化基层工作经历的政策导向，向在基层工作的优秀高校毕业生倾斜。

（2）自2012年起，省级以上机关录用公务员，除特殊职位外，按照有关规定一律从具有2年以上基层工作经历的人员中考录。

（3）市地级以上机关应拿出一定数量职位面向具有基层工作经历的公务员进行公开遴选。

（4）省、市级所属事业单位面向社会公开招聘时，应拿出一定数量岗位公开招聘有基层事业单位工作经历的人员。有条件的地区，可明确具体公开遴选或招聘的比例。

（5）鼓励国有大中型企业建立健全人力资源管理激励机制，将在基层生产和管理一线表现优秀的高校毕业生纳入后备人才队伍，加大从基层一线选拔任用中层干部的力度。

（6）对具有基层工作经历的高校毕业生，在研究生招录和事业单位选聘时实行优先。

（7）高校毕业生在中西部地区和艰苦边远地区县以下基层单位从事专业技术工作，申报相应职称时，可不参加职称外语考试或放宽外语成绩要求。充分挖掘社会组织吸纳高校毕业生就业潜力，对到省会及省会以下城市的社会团体、基金会、民办非企业单位就业的高校毕业生，所在地的公共就业人才服务机构要协助办理落户手续，在专业技术职称评定方面享受与国有企事业单位同类人员同等待遇，对于吸纳高校毕业生就业的社会组织，符合条件的可同等享受企业吸纳就业扶持政策。

（8）对到农村基层和城市社区从事社会管理和公共服务工作的高校毕业生，符合公益性岗位就业条件并在公益性岗位就业的，按照国家现行促进就业政策的规定，给予社会保险补贴和公益性岗位补贴。

4. 什么是基层社会管理和公共服务岗位？

所谓基层社会管理和公共服务岗位，包括大学生村官、支教、支农、支医、乡村扶贫，以及城市社区的法律援助、就业援助、社会保障协理、文化科技服务、养老服务、残疾人居家服务、廉租房配套服务等岗位。

2009年4月，人力资源社会保障部下发《关于公布第一批基层社会管理和公共服务岗位目录的通知》（人社部函〔2009〕135号），向社会公布第一批基层社会管理和公共服务岗位目录，以指导各地做好鼓励和引导高校毕业生到基层就业的工作。这批发布的岗位目录共分为基层人力资源和社会保障管理、基层农业服务、基层医疗卫生服务、基层文化科技服务、基层法律服务、基层民政、托老托幼、助残服务、基层市政管理、基层公共环境与设施管理维护以及其他等9大类领域，包括在街道（乡镇）、社区（村）等基层单位从事公共就业服务、社会保障、劳动关系协调、劳动监察、农业、扶贫开发、医疗、卫生、保健、防疫、文化、科技、体育、普法宣传、民事调解、托老、养老、托幼、助残、公共设施设备管理养护等相关事务管理服务工作的50种岗位。

5. 什么是其他基层社会管理和公共服务岗位？

在街道社区、乡镇等基层开发或设立的相应的社会管理和公共服务岗位。部分由政府出资，或由相关组织和单位出资。所安排使用的人员按规定享受相关补贴。

6. 什么是公益性岗位？

由政府开发、以满足社区及居民公共利益为目的的管理和服务岗位。对符合条件在公益性岗位安置就业的就业困难人员，按规定给予社会保险补贴和岗位补贴。符合公益性岗位安置条件的就业困难高校毕业生，可按规定享受公益性岗位就业援助政策。

7. 什么是公益性岗位社会保险补贴？

按照《财政部、人力资源社会保障部关于进一步加强就业专项资金管理有关问题的通知》（财社〔2011〕64号）规定，对就业困难人员的社会保险补贴实行"先缴后补"的办法。在公益性岗位安排就业困难人员，并缴纳社会保险费的，按其为就业困难人员实际缴纳的基本养老保险费、基本医疗保险费和失业保险费给予补贴，不包括就业困难人员个人应缴纳的基本养老保险费、基本医疗保险费和失业保险费，以及企业（单位）和个人应缴纳的其他社会保险费。社会保险补贴期限，一般最长不超过3年。

8. 什么是公益性岗位补贴？

对在公益性岗位安排就业困难人员就业的单位，按其实际安排就业困难人员人数给予岗位补贴。公益性岗位补贴期限，一般最长不超过3年。

在公益性岗位安排就业困难人员就业的单位，可按季向当地人力资源社会保障部门申请公益性岗位补贴。公益性岗位补贴申请材料应附：符合享受公益性岗位补贴条件的人员名单及《身份证》复印件、《就业创业证》复印件、发放工资明细账（单）、单位在银行开立的基本账户等凭证材料，经人力资源社会保障部门审核后，财政部门将补贴资金支付到单位在银行开立的基本账户。

9. 为鼓励高校毕业生面向基层就业，实施学费补偿和助学贷款代偿政策的主要内容是什么？

按照《国务院关于进一步做好新形势下就业创业工作的意见》（国发〔2015〕23号）、《关于调整完善国家助学贷款相关政策措施的通知》（财教〔2014〕180号）、《财政部、教育部关于印发〈高等学校毕业生学费和国家助学贷款代偿暂行办法〉的通知》（财教〔2009〕15号）等文件规定，高校毕业生（全日制本专科、高职生、研究生、第二学士学位毕业生）到中西部地区、艰苦边远地区和老工业基地县以下基层单位就业、履行一定服务期限的，按规定给予学费补偿和国家助学贷款代偿。在校学习期间获得国家助学贷款（含高校国家助学贷款和生源地信用助学贷款，下同）的，补偿的学费优先用于偿还国家助学贷款本金及其全部偿还之前产生的利息。定向、委培以及在校期间已享受免除全部学费政策的学生除外。

目前，国家助学贷款资助标准已经调整为，全日制普通本专科学生（含第二学士学位、高职学生，下同）每人每年申请贷款额度不超过8 000元；年度学费和住宿费标准总和低于8 000元的，贷款额度可按照学费和住宿费标准总和确定。全日制研究生每人每年申请贷款额度不超过12 000元；年度学费和住宿费标准总和低于12 000元的，贷款额度可按照学费和住宿费标准总和确定。

国家助学贷款资助标准调整后，《财政部 教育部 总参谋部关于印发〈高等学校学生应征入伍服义务兵役国家资助办法〉的通知》（财教〔2013〕236号）、《财政部 教育部 民政部 总参谋部总政治部关于实施退役士兵教育资助政策的意见》（财教〔2011〕538号）和《财政部 教育部关于印发〈高等学校毕业生学费和国家助学贷款代偿暂行办法〉的通知》（财教〔2009〕15号）中有关学费补偿、国家助学贷款代偿和学费资助的标准，相应调整为本专科学生每人每年最高不超过8 000元、研究生每人每年最高不超过12 000元。学费补偿、国家助学贷款代偿和学费资助的其他事项，仍按原规定执行。

10. 国家实施补偿学费和代偿助学贷款的就业地域范围包括哪些？

国家对到中西部地区和艰苦边远地区基层单位就业、并履行一定服务期限的中央部门所属高校毕业生，按规定实施相应的学费补偿和助学贷款代偿。这里涉及的地域范围主要包括：

（1）西部地区：西藏、内蒙古、广西、重庆、四川、贵州、云南、陕西、甘肃、青海、宁夏、新疆等12个省（自治区、直辖市）；

（2）中部地区：河北、山西、吉林、黑龙江、安徽、江西、河南、湖北、湖南、海南等10个省；

（3）艰苦边远地区：由国务院确定的经济水平、条件较差的一些州、县和少数民族地区。（详情可登录中国政府网查询：http://www.gov.cn）

（4）基层单位：

①中西部地区和艰苦边远地区县以下机关、企事业单位，包括乡（镇）政府机关、农

村中小学、国有农（牧、林）场、农业技术推广站、畜牧兽医站、乡镇卫生院、计划生育服务站、乡镇文化站、乡镇劳动就业服务站等；

②工作现场地处以上地区县以下的气象、地震、地质、水电施工、煤炭、石油、航海、核工业等中央单位艰苦行业生产第一线。

11. 学费补偿和助学贷款代偿的标准和年限是多少？

学费补偿、国家助学贷款代偿及学费减免标准，本专科生每人每年最高不超过 8 000 元，研究生每人每年最高不超过 12 000 元。

本科、专科（高职）、研究生和第二学士学位毕业生补偿学费或代偿国家助学贷款的年限，分别按照国家规定的相应学制计算。在校学习的时间低于相应学制规定年限的，按照实际学习时间计算补偿学费或代偿助学贷款年限。在校学习时间高于相应学制年限的，按照学制规定年限计算。

每年代偿学费或国家助学贷款总额的三分之一，三年代偿完毕。

12. 中央部门所属高校毕业生如何申请学费补偿和助学贷款代偿？

（1）在办理离校手续时向学校递交《学费和国家助学贷款代偿申请表》和毕业生本人、就业单位与学校三方签署的到中西部地区、艰苦边远地区和老工业基地县以下基层单位服务 3 年以上的就业协议；

（2）在校学习期间获得国家助学贷款的，在与国家助学贷款经办银行签订毕业后还款计划时，注明已申请国家助学贷款代偿，如获得国家助学贷款代偿资格，不需自行向银行还款；

（3）高校负责审查申请资格并上报全国学生资助管理中心。

13. 地方所属高校毕业生到基层就业如何获得学费补偿和助学贷款代偿？

按照《财政部、教育部关于印发〈高等学校毕业生学费和国家助学贷款代偿暂行办法〉的通知》（财教〔2009〕15 号）要求，各地要抓紧研究制订本地所属高校毕业生面向本辖区艰苦边远地区基层单位就业的学费补偿和助学贷款代偿办法。地方所属高校毕业生到基层就业是否可以获得学费补偿或国家助学贷款代偿，以及如何申请办理补偿或代偿等，请向学校所在地政府有关部门查询。

14. 到基层就业如何办理户口、档案、党团关系等手续？

对到中西部地区、艰苦边远地区和老工业基地县以下基层单位就业的高校毕业生，实行来去自由的政策，户口可留在原籍或根据本人意愿迁往就业地区；人事档案原则上统一转至就业单位所在地的县级政府人力资源社会保障部门，由公共就业和人才服务机构提。

15. 中央有关部门实施了哪些基层就业项目？

近年来，中央各有关部门主要组织实施了 5 个引导高校毕业生到基层就业的专门项目，包括：团中央、教育部、财政部、人力资源社会保障部等四部门从 2003 年起组织实施的"大学生志愿服务西部计划"；中组部、人力资源社会保障部、教育部等八部门从 2006 年开始组织实施的"三支一扶"（支教、支农、支医和扶贫）计划；教育部、财政部、人力资源社会保障部、中央编办等四部门从 2006 年开始组织实施的"农村义务教育阶段学校教师特设岗位计划"；中组部、教育部、财政部、人力资源社会保障部等部门从 2008 年起组织实施的"选聘高校毕业生到村任职工作";农业部、人社部、教育部等部门从2103年起组织实施的"农业技术推广服务特设岗位计划"。

16. 什么是农村义务教育阶段学校教师特设岗位计划

2006年,教育部、财政部、原人事部、中央编办下发《关于实施农村义务教育阶段学校教师特设岗位计划的通知》(教师〔2006〕2号),联合启动实施"特岗计划",公开招聘高校毕业生到"两基"攻坚县农村义务教育阶段学校任教。特岗教师聘期3年。

17. 农村教师特岗计划实施的地区范围包括哪些?

2006—2008年"特岗计划"的实施范围以国家西部地区"两基"攻坚县为主(含新疆生产建设兵团的部分团场),包括纳入国家西部开发计划的部分中部省份的少数民族自治州,适当兼顾西部地区一些有特殊困难的边境县、少数民族自治县和少小民族县。2009年,实施范围扩大到中西部地区国家扶贫开发工作重点县。2015—2016年中央特岗计划实施范围具体为:《中国农村扶贫开发纲要(2011—2020年)》确定的11个集中连片特殊困难地区和四省藏区县,中西部地区国家扶贫开发工作重点县,省级扶贫开发工作重点县,西部地区原"两基"攻坚县(含新疆生产建设兵团的部分团场),纳入国家西部开发计划的部分中部省份的少数民族自治州以及西部地区一些有特殊困难的边境县、少数民族自治县和少小民族县。特岗计划设岗县(市),必须是教师总体缺编、结构性矛盾突出的县(市)。

18. 农村教师特岗计划招聘对象和条件是什么?

(1)以高等师范院校和其他全日制普通高校应届本科毕业生为主,可招少量应届师范类专业专科毕业生。

(2)取得教师资格,具有一定教育教学实践经验,年龄在30岁以下的全日制普通高校往届本科毕业生。

(3)参加过"大学生志愿服务西部计划"、有从教经历的志愿者和参加过半年以上实习支教的师范院校毕业生同等条件下优先。

(4)报名者应同时符合教师资格条件要求和招聘岗位要求。

19. 农村教师特岗计划的招聘程序有哪些?

特岗教师实行公开招聘,合同管理。合同规定用人单位和应聘人员双方的权利和义务。

招聘工作由省级教育、人力资源社会保障、财政、编办等相关部门共同负责,遵循"公开、公平、自愿、择优"和"三定"(定县、定校、定岗)原则,按下列程序进行:①公布需求,②自愿报名,③资格审查,④考试考核,⑤集中培训,⑥资格认定,⑦签订合同,⑧上岗任教。

20. 什么是选聘高校毕业生到村任职?

2008年,中组部、教育部、财政部、人力资源和社会保障部出台了《关于印发〈关于选聘高校毕业生到村任职工作的意见(试行)〉的通知》(组通字〔2008〕18号),计划用五年时间选聘10万名高校毕业生到农村担任村党支部书记助理、村委会主任助理或团支部书记、副书记等职务。从2010年开始,扩大选聘规模,逐步实现"一村一名大学生村官"计划的目标。选聘的高校毕业生在村工作期限一般为2~3年。

21. 选聘到村任职的对象是什么？要满足哪些条件？选聘程序是什么？

选聘对象为30岁以下应届和往届毕业的全日制普通高校专科以上学历的毕业生，重点是应届毕业和毕业1至2年的本科生、研究生，原则上为中共党员（含预备党员），非中共党员的优秀团干部、优秀学生干部也可以选聘。

基本条件是：①思想政治素质好，作风踏实，吃苦耐劳，组织纪律观念强。②学习成绩良好，具备一定的组织协调能力。③自愿到农村基层工作。④身体健康。此外，参加人力资源社会保障部、团中央等部门组织的到农村基层服务的"三支一扶"、"志愿服务西部计划"等活动期满的高校毕业生，本人自愿且具备选聘条件的，经组织推荐可作为选聘对象。

选聘工作一般通过个人报名、资格审查、组织考察、体检、公示、决定聘用、培训上岗等程序进行。

22. 什么是"三支一扶"计划？

三支一扶是支教、支医、支农、扶贫的简称。2006年，中组部、原人事部等八部门下发《关于组织开展高校毕业生到农村基层从事支教、支农、支医和扶贫工作的通知》（国人部发〔2006〕16号），以公开招募、自愿报名、组织选拔、统一派遣的方式，从2006年开始连续5年，每年招募2万名高校毕业生，主要安排到乡镇从事支教、支农、支医和扶贫工作。服务期限一般为2～3年。招募对象主要为全国普通高校应届毕业生。

2011年4月，人力资源社会保障部下发《关于继续做好高校毕业生三支一扶计划实施工作的通知》（人社部发〔2011〕27号），决定继续组织开展高校毕业生"三支一扶"计划，从2011年起，每年选拔2万名，五年内选拔10万名高校毕业生到基层从事"三支一扶"服务。

23. 什么是大学生志愿服务西部计划？

大学生志愿服务西部计划由共青团中央牵头，教育部、财政部、人力资源社会保障部共同组织实施。从2003年开始，每年招募1.8万名普通高等学校应届毕业生，到西部贫困县的乡镇从事为期1～3年的教育、卫生、农技、扶贫以及青年中心建设和管理等方面的志愿服务工作。

24. 什么是农业技术推广服务特设岗位计划？

农业技术推广服务特设岗位计划由农业部牵头，人力资源社会保障部、教育部和科技部共同组织实施。从2013年开始，每年招募一批普通高等学校应届毕业生，到乡镇或区域性农业技术推广机构从事为期2～3年的农业技术推广、动植物疫病防控、农产品质量安全服务等工作。

25. 参加中央部门组织实施的基层就业项目，服务期满后享受哪些优惠政策？

根据中组部、人力资源社会保障部、教育部、财政部、共青团中央《关于统筹实施引导高校毕业生到农村基层服务项目工作的通知》（人社部发〔2009〕42号）等政策规定，参加中央部门组织实施的基层就业项目、服务期满的毕业生，享受以下优惠政策：

（1）公务员招录优惠：每年拿出公务员考录计划的一定比例，专门用于定向招录服务期满且考核称职（合格）的服务基层项目人员。服务基层项目人员也可报考其他职位。

（2）事业单位招聘优惠：鼓励在项目结束后留在当地就业，参加各基层就业项目相对应的自然减员空岗,全部聘用服务期满的高校毕业生。从 2009 年起,到乡镇事业单位服务的高校毕业生服务满 1 年后,在现岗位空缺情况下,经考核合格,即可与所在单位签订不少于 3 年的聘用合同。同时,各省(区、市)县及县以上相关的事业单位公开招聘工作人员,应拿出不低于 40% 的比例,聘用各专门项目服务期满考核合格的高校毕业生。

(3)考学升学优惠:服务期满后三年内报考硕士研究生初试总分加 10 分;同等条件下优先录取;高职(高专)学生可免试入读成人本科。

(4)国家补偿学费和代偿助学贷款政策:参加各基层就业项目的毕业生,符合规定条件的,可享受相应的学费补偿和助学贷款代偿政策。

(5)服务期满自主创业的,可享受税收优惠、行政事业性收费减免、小额贷款担保和贴息等有关政策。

(6)其他:各基层就业项目服务年限计算工龄。服务期满到企业就业的,按照规定转接社会保险关系。

26. 高校毕业生到艰苦边远地区或国家扶贫开发工作重点县就业有什么优惠政策?

按照《中共中央办公厅 国务院办公厅印发〈关于进一步引导和鼓励高校毕业生到基层工作的意见〉的通知》(中办发〔2016〕79 号)文件规定:

(1)对到中西部地区、东北地区或艰苦边远地区、国家扶贫开发工作重点县县以下机关事业单位工作的高校毕业生,新录用为公务员的,试用期工资可直接按试用期满后工资确定,试用期满考核合格后的级别工资,在未列入艰苦边远地区或国家扶贫开发工作重点县的中西部地区和东北地区的高定一档,在三类及以下艰苦边远地区或国家扶贫开发工作重点县的高定两档,在四类及以上艰苦边远地区的高定三档。

(2)招聘为事业单位正式工作人员的,可提前转正定级,转正定级时的薪级工资,在未列入艰苦边远地区或国家扶贫开发工作重点县的中西部地区和东北地区的高定一级,在三类及以下艰苦边远地区或国家扶贫开发工作重点县的高定两级,在四类及以上艰苦边远地区的高定三级。

(3)落实对乡镇机关事业单位工作人员实行的工作补贴政策,当前补贴水平不低于月人均 200 元,并向条件艰苦的偏远乡镇和长期在乡镇工作的人员倾斜。落实艰苦边远地区津贴增长机制。

二、鼓励企业特别是中小企业吸纳高校毕业生就业

27. 国家对鼓励中小企业吸纳高校毕业生有哪些政策措施?

按照《国务院关于进一步做好新形势下就业创业工作的意见》(国发〔2015〕23 号)、《国务院办公厅关于做好 2014 年全国普通高等学校毕业生就业创业工作的通知》(国发〔2014〕22 号)、《国务院办公厅关于做好 2013 年全国普通高等学校毕业生就业工作的通知》(国办发〔2013〕35 号)、《国务院关于进一步支持小型微型企业健康发展的意见》(国发〔2012〕14 号)和《国务院关于进一步做好普通高等学校毕业生就业工作的通知》(国发〔2011〕16 号)等文件规定:

(1)对招收高校毕业生达到一定数量的中小企业,地方财政应优先考虑安排扶持中小企业发展资金,并优先提供技术改造贷款贴息。

（2）对劳动密集型小企业当年新招收登记失业高校毕业生，达到企业现有在职职工总数30%（超过100人的企业达15%）以上，并与其签订1年以上劳动合同的劳动密集型小企业，可按规定申请最高不超过200万元的小额担保贷款并享受50%的财政贴息。

（3）高校毕业生到中小企业就业的，在专业技术职称评定、科研项目经费申请、科研成果或荣誉称号申报等方面，享受与国有企事业单位同类人员同等待遇。

（4）对小微企业新招用毕业年度高校毕业生，签订1年以上劳动合同并缴纳社会保险费的，给予1年社会保险补贴。

28. 国家对引导国有企业吸纳高校毕业生就业有哪些政策措施？

按照《国务院关于进一步做好新形势下就业创业工作的意见》（国发〔2015〕23号）、《国务院办公厅关于做好2014年全国普通高等学校毕业生就业创业工作的通知》（国发〔2014〕22号）、《国务院办公厅关于做好2013年全国普通高等学校毕业生就业工作的通知》（国办发〔2013〕35号）和《关于做好2013—2014年国有企业招收高校毕业生工作有关事项的通知》（国资厅发分配〔2013〕37号）等文件规定：

（1）承担对口支援西藏、青海、新疆任务的中央企业要结合援助项目建设，积极吸纳当地高校毕业生就业。

（2）建立国有企事业单位公开招聘制度，推动实现招聘信息公开、过程公开和结果公开。

（3）国有企业招聘应届高校毕业生，除涉密等特殊岗位外，要实行公开招聘，招聘应届高校毕业生信息要在政府网站公开发布，报名时间不少于7天；对拟聘人员应进行公示，明确监督渠道，公示期不少于7天。

29. 企业招收就业困难高校毕业生享受什么优惠政策？

按照《财政部、人力资源社会保障部关于进一步加强就业专项资金管理有关问题的通知》（财社〔2011〕64号）规定，对各类企业（单位）招用符合条件的就业困难高校毕业生，与之签订劳动合同并缴纳社会保险费的，按其为就业困难高校毕业生实际缴纳的基本养老保险费、基本医疗保险费和失业保险费给予补贴，不包括企业（单位）和个人应缴纳的其他社会保险费。

根据《就业促进法》有关规定，就业困难人员是指因身体状况、技能水平、家庭因素、失去土地等原因难以实现就业，以及连续失业一定时间仍未能实现就业的人员。就业困难人员的具体范围，由省、自治区、直辖市人民政府根据本行政区域的实际情况规定。

企业（单位）按季将符合享受社会保险补贴条件人员的缴费情况单独列出，向当地人力资源社会保障部门申请补贴。社会保险补贴申请材料应附：符合享受社会保险补贴条件的人员名单及《身份证》复印件、《就业创业证》复印件、劳动合同等就业证明材料复印件、社会保险征缴机构出具的社会保险费明细账（单）、企业（单位）在银行开立的基本账户等凭证材料，经人力资源社会保障部门审核后，财政部门将补贴资金支付到企业（单位）在银行开立的基本账户。

30. 企业为高校毕业生开展岗前培训享受什么优惠政策？

按照《国务院关于进一步做好新形势下就业创业工作的意见》（国发〔2015〕23号）、

《国务院办公厅关于做好 2014 年全国普通高等学校毕业生就业创业工作的通知》（国发〔2014〕22 号）、《财政部、人力资源社会保障部关于进一步加强就业专项资金管理有关问题的通知》（财社〔2011〕64 号）等文件规定，企业新录用毕业年度高校毕业生与其签订 6 个月以上期限劳动合同，在劳动合同签订之日起 6 个月内由企业依托所属培训机构或政府认定的培训机构开展岗前就业技能培训的，根据培训后继续履行劳动合同情况，按照当地确定的职业培训补贴标准的一定比例，对企业给予定额职业培训补贴。

企业开展岗前培训前，需将培训计划大纲、培训人员花名册及《身份证》复印件、劳动合同复印件等材料报当地人力资源社会保障部门备案，培训后根据劳动者继续履行劳动合同情况，向人力资源社会保障部门申请职业培训补贴。申请材料经人力资源社会保障部门审核后，财政部门按规定将补贴资金直接拨入企业在银行开立的基本账户。企业申请职业培训补贴应附：培训人员花名册、培训人员《身份证》复印件、《就业创业证》复印件、劳动合同复印件、职业培训合格证书等凭证材料。

对小型微型企业新招用高校毕业生按规定开展岗前培训的，各地要根据当地物价水平，适当提高培训费补贴标准。

31. 高校毕业生从企业到机关事业单位就业后工龄如何计算？

按照《国务院关于进一步做好普通高等学校毕业生就业工作的通知》（国发〔2011〕16 号）等文件规定，高校毕业生从企业、社会团体到机关事业单位就业的，其按规定参加企业职工基本养老保险的缴费年限合并为连续工龄。

32. 高校毕业生到企业特别是中小企业就业可否在当地落户？

按照《国务院办公厅关于做好 2014 年全国普通高等学校毕业生就业创业工作的通知》（国发〔2014〕22 号）、《国务院办公厅关于做好 2013 年全国普通高等学校毕业生就业工作的通知》（国办发〔2013〕35 号）文件规定，要简化高校毕业生就业程序，消除其在不同地区、不同类型单位之间流动就业的制度性障碍。切实落实允许包括专科生在内的高校毕业生在就（创）业地办理落户手续的政策（直辖市按有关规定执行）。

省会及以下城市要放开对吸收高校毕业生落户的限制，简化有关手续，应届毕业生凭《普通高等学校毕业证书》、《全国普通高等学校毕业生就业报到证》、与用人单位签订的《就业协议书》或劳动（聘用）合同办理落户手续；非应届毕业生凭与用人单位签订的劳动（聘用）合同和《普通高等学校毕业证书》办理落户手续。高校毕业生到小型微型企业就业、自主创业的，其档案可由当地市、县一级的公共就业人才服务机构免费保管。办理高校毕业生档案转递手续，转正定级表、调整改派手续不再作为接收审核档案的必备材料。

33. 流动人员人事档案如何保管？

按照《关于进一步加强流动人员人事档案管理服务工作的通知》（人社部发〔2014〕90 号）、《流动人员人事档案管理暂行规定》规定，流动人员档案具体包括：非公有制企业和社会组织聘用人员的档案；辞职辞退、取消录（聘）用或被开除的机关事业单位工作人员档案；与企事业单位解除或终止劳动（聘用）关系人员的档案；未就业的高校毕业生及中专毕业生的档案；自费出国留学及其他因私出国（境）人员的档案；外国企业常驻代表机构的中方雇员的档案；自由职业或灵活就业人员的档案；其他实行社会管理人员的档案。

流动人员人事档案管理实行集中统一、归口管理的管理体制，主管部门为政府人力资源社会保障部门，接受同级党委组织部门的监督和指导。流动人员人事档案具体由县级以上（含县级）公共就业和人才服务机构以及经人力资源社会保障部门授权的单位管理，其他单位未经授权不得管理流动人员人事档案。严禁个人保管本人或他人的档案。跨地区流动人员的人事档案，可由其户籍所在地或现工作单位所在地的公共就业和人才服务机构管理。

高校毕业生到具有档案管理权限的机关、事业单位、国有企业就业的，由单位直接接收、管理档案。到无档案管理权限的单位（私营企业、外资企业等）就业的，可由各地公共就业和人才服务机构负责提供档案管理等人事代理服务。高校毕业生离校时没有就业的，档案可由学校统一发回原户籍所在地公共就业和人才服务机构保管。档案不允许个人保存。

2015年1月1日起，取消收取人事关系及档案保管费、查阅费、证明费、档案转递费等名目的费用。各级公共就业和人才服务机构应提供免费的流动人员人事档案基本公共服务。

34. 什么是人事代理？高校毕业生怎样办理人事代理？

公共就业和人才服务机构可在规定业务范围内接受用人单位和个人委托，从事下列人事代理服务：（1）流动人员人事档案管理；（2）因私出国政审；（3）在规定的范围内申报或组织评审专业技术职务任职资格；（4）转正定级和工龄核定；（5）大中专毕业生接收手续；（6）其他人事代理事项。

按照《人才市场管理规定》有关规定，人事代理方式可由单位集体委托代理，也可由个人委托代理；可多项委托代理，也可单项委托代理；可单位全员委托代理，也可部分人员委托代理。

单位办理委托人事代理，须向代理机构提交有效证件以及委托书，确定委托代理项目。经代理机构审定后，由代理机构与委托单位签订人事代理合同书，明确双方的权利和义务，确立人事代理关系。

35. 高校毕业生如何与用人单位订立劳动合同？

劳动合同法第七条规定，用人单位自用工之日起即与劳动者建立劳动关系。第十条规定，建立劳动关系，应当订立书面劳动合同。已建立劳动关系，未同时订立书面劳动合同的，应当自用工之日起一个月内订立书面劳动合同。用人单位与劳动者在用工前订立劳动合同的，劳动关系自用工之日起建立。

第八条规定，用人单位（企业、个体经济组织、民办非企业单位等组织）招用劳动者时，应当如实告知劳动者工作内容、工作条件、工作地点、职业危害、安全生产状况、劳动报酬，以及劳动者要求了解的其他情况；用人单位有权了解劳动者与劳动合同直接相关的基本情况，劳动者应当如实说明。

第九条规定，用人单位招用劳动者，不得扣押劳动者的居民身份证和其他证件，不得要求劳动者提供担保或者以其他名义向劳动者收取财物。

36. 什么是社会保险？我国建立了哪些社会保险制度？

社会保险是指国家通过立法，按照权利与义务相对应原则，多渠道筹集资金，对参保者在遭遇年老、疾病、工伤、失业、生育等风险情况下提供物质帮助（包括现金补贴和服务），使其享有基本生活保障、免除或减少经济损失的制度安排。

社会保险法第二条规定，我国建立基本养老保险、基本医疗保险、工伤保险、失业保险、生育保险等社会保险制度，保障公民在年老、疾病、工伤、失业、生育等情况下依法从国家和社会获得物质帮助的权利。其中，基本养老保险制度包括职工基本养老保险制度、新型农村社会保险制度和城镇居民社会养老保险制度；基本医疗保险制度包括职工基本医疗保险制度、新型农村合作医疗制度和城镇居民医疗保险制度。

37. 用人单位应该履行哪些社会保险义务？享有哪些社会保险权利？

（1）社会保险义务：一是申请办理社会保险登记的义务；二是申报和缴纳社会保险费的义务；三是代扣代缴职工社会保险的义务；四是向职工告知缴纳社会保险费明细的义务。

（2）社会保险权利：一是有权免费查询、核对其缴费记录；二是有权要求社会保险经办机构提供社会保险咨询等相关服务；三是可以参加社会保险监督委员会，对社会保险工作提出咨询意见和建议，实施社会监督；四是对侵害自身权益和不依法办理社会保险事务的行为，有权依法申请行政复议或者提起行政诉讼。此外，还有权对违反社会保险法律、法规的行为进行举报、投诉。

38. 参加社会保险的个人享有哪些权利？

高校毕业生依法缴纳社会保险费后，享有以下权利：

（1）有权依法享受社会保险待遇；

（2）有权监督本单位为其缴费情况；

（3）有权免费向社会保险经办机构查询、核对其缴费和享受社会保险待遇权益记录；

（4）有权要求社会保险经办机构提供社会保险咨询等相关服务；

（5）对侵害自身权益和不依法办理社会保险事务的行为，有权依法申请行政复议或者提起行政诉讼。

此外，还有权对违反社会保险法律、法规的行为进行举报、投诉。

39. 目前国家对用人单位及其职工和参保个人缴纳社会保险费的费率是如何规定的？

（1）用人单位及其职工缴纳社会保险费的费率。根据《国务院关于完善企业职工基本养老保险制度的决定》（国发〔2005〕38号）、《国务院关于建立城镇职工基本医疗保险制度的决定》（国发〔1998〕44号）、《失业保险条例》（国务院令第258号）规定，用人单位缴纳基本养老保险、基本医疗保险和失业保险的费率，分别是原则上为本单位工资总额的20%、6%左右和2%；用人单位缴纳工伤保险费按照《工伤保险条例》（国务院令第586号）规定实行行业差别费率和浮动费率，有关费率确定按照国家相应规定执行；用人单位缴纳生育保险费的费率按照《企业职工生育保险试行办法》（劳部发〔1994〕504号）规定执行，由统筹地区政府根据实际情况自行确定，但不得超过用人单位工资总额的1%。职工本人缴纳基本养老保险、基本医疗保险和失业保险的费率，分别为本人工资的8%、2%和1%。

（2）参保个人缴纳社会保险费的费率。根据《国务院关于完善企业职工基本养老保险制度的决定》（国发〔2005〕38号）规定，无雇工的个体工商户和灵活就业人员参加职工基本养老保险的缴费费率为20%，其中8%计入个人账户；无雇工的个体工商户和灵活就业人员参加职工基本医疗保险的缴费费率，按国家有关规定，统筹地区可以参照当地基本医疗保险建立统筹基金的缴费水平确定。

（3）城镇居民参加居民医疗保险和农村居民参加新型农村社会养老保险及新型农村合作医疗，主要采取定额方式缴纳社会保险费。

40. 高校毕业生如何处理劳动人事纠纷？

发生劳动人事争议，可以通过协商解决。当事人不愿协商或协商不成的，可以向调解组织申请调解；不愿调解、调解不成或者达成调解协议后不履行的，可以向劳动人事争议仲裁委员会申请仲裁；对仲裁裁决不服的，除法律另有规定的外，可以向人民法院提起诉讼。

对用人单位违反劳动保障法律、法规和规章的情况，高校毕业生可向人力资源社会保障部门举报、投诉。劳动保障监察机构将依法受理，纠正和查处有关违法行为。

41. 什么是服务外包和服务外包企业？

服务外包是指企业将其非核心的业务外包出去，利用外部最优秀的专业化团队来承接该业务，从而使其专注核心业务，达到降低成本、提高效率、增强企业核心竞争力和对环境应变能力的一种管理模式。

服务外包企业是指其与服务外包发包商签订中长期服务合同，承接服务外包业务的企业。

42. 目前服务外包产业主要涉及哪些领域及地区？

服务外包分为信息技术外包服务（ITO）、技术性业务流程外包服务（BPO）和技术性知识流程外包（KPO）等。ITO包括软件研发及外包、信息技术研发服务外包、信息系统运营维护外包等领域。BPO包括企业业务流程设计服务、企业内容管理数据库服务、企业运营数据库服务、企业供应链管理数据库服务等领域。KPO包括知识产权研究、医药和生物技术研发和测试、产品技术研发、工业设计、分析学和数据挖掘、动漫及网游设计研发、教育课件研发、工程设计等领域。

我国目前有服务外包示范城市21个，分别是北京、天津、上海、重庆、大连、深圳、广州、武汉、哈尔滨、成都、南京、西安、济南、杭州、合肥、南昌、长沙、大庆、苏州、无锡、厦门。

43. 服务外包企业吸纳高校毕业生有哪些财政支持？

按照《国务院办公厅关于鼓励服务外包产业加快发展的复函》（国办函〔2010〕69号）、《人力资源社会保障部、商务部关于加快服务外包产业发展促进高校毕业生就业的若干意见》（人社部发〔2009〕123号）等文件规定，对符合条件的服务外包企业，每新录用1名大学以上学历员工从事服务外包工作并签订1年期以上劳动合同的，给予企业不超过每人4500元的培训支持；对符合条件的培训机构培训的从事服务外包业务人才（大学以上学历），通过服务外包业务专业知识和技能培训考核，并与服务外包企业签订1年期以上劳动合同的，给予培训机构每人不超过500元的培训支持。

服务外包企业吸纳高校毕业生参加就业见习的，享受相关财政补助政策。服务外包企业吸纳就业困难高校毕业生就业，享受社会保险补贴等扶持政策。就业困难高校毕业生参加服务外包培训可按规定享受职业培训补贴和职业技能鉴定补贴。

三、鼓励大学生应征入伍,报效祖国

44. 国家鼓励大学生应征入伍服义务兵役,这里的"大学生"如何界定?

指根据国家有关规定批准设立、实施高等学历教育的全日制公办普通高等学校、民办普通高等学校和独立学院,按照国家招生规定录取的全日制普通本科、专科(含高职)、研究生、第二学士学位的应(往)届毕业生、在校生和已被普通高校录取但未报到入学的学生。

征集的大学生以男性为主,女性大学生征集根据军队需要确定。

45. 公民应征入伍需要满足哪些政治条件和基本身体条件?

征集服现役的公民必须热爱中国共产党,热爱社会主义祖国,热爱人民军队,遵纪守法,品德优良,决心为抵抗侵略、保卫祖国、保卫人民的和平劳动而英勇奋斗。征兵政治审查的内容包括:应征公民的年龄、户籍、职业、政治面貌、宗教信仰、文化程度、现实表现以及家庭主要成员和主要社会关系成员的政治情况等。

公民应征入伍要符合国防部颁布的《应征公民体格检查标准》和有关规定。其中,有几项基本条件:

身高:男性160 cm以上,女性158 cm以上。

体重:男性:不超过标准体重的30%,不低于标准体重的15%。

女性:不超过标准体重的20%,不低于标准体重的15%。

标准体重 =(身高 - 110)kg。

视力:大学生右眼裸眼视力不低于4.6,左眼裸眼视力不低于4.5。屈光不正,准分子激光手术后半年以上,无并发症,视力达到相应标准的,合格。

内科:乙型肝炎表面抗原呈阴性,等等。

46. 应征入伍服义务兵役大学生的年龄是如何规定的?

男性普通高等学校在校生为年满18至22周岁,高职(专科)毕业生可放宽到23周岁,本科及以上学历毕业生可放宽到24周岁。

女性普通高等学校在校生为年满18到20周岁,应届毕业生放宽到22周岁。

47. 高校毕业生应征入伍服义务兵役要经过哪些程序?

(1)网上报名预征:有应征意向的高校毕业生可在夏秋季征兵开始之前登录"大学生应征入伍网上报名平台"(网址为http://zbbm.chsi.com.cn 或 http://zbbm.chsi.cn,下同)进行报名,填写、打印《应届毕业生预征对象登记表》和《高校毕业生应征入伍学费补偿国家助学贷款代偿申请表》(以下分别简称《登记表》、《申请表》),交所在高校征兵工作管理部门。

(2)初审、初检:毕业生离校前,在高校参加身体初检、政治初审,符合条件者确定为预征对象,高校协助兵役机关将《登记表》和《申请表》审核盖章发给毕业生本人,并完成网上信息确认。初审、初检工作最晚在7月15日前完成。

(3)实地应征:高校应届毕业生可在学校所在地应征入伍,也可在入学前户籍所在地应征入伍。

(4)组织高校应届毕业生在学校所在地征集的,结合初审、初检工作同步进行体格检查和政治审查,在毕业生离校前完成预定兵,9月初学校所在地县(市、区)人民政府征兵办公室为其办理批准入伍手续。政治审查以本人现实表现为主,由其就读学校所在地的县(市、区)公安部门负责,学校分管部门具体承办,原则上不再对其入学前和就读返乡期间的现实表现情况进行调查。

(5)在入学前户籍所在地应征入伍的,高校应届毕业生7月30日前将户籍迁回入学前户籍地,持《登记表》和《申请表》到当地县级兵役机关参加实地应征,经体格检查、政治审查合格的,9月初由当地县(市、区)人民政府征兵办公室办理批准入伍手续。

48. 大学生征集工作由哪个部门牵头负责?

高校所在地兵役机关会同有关部门进入高校开展征集工作,高校由学生管理部门或学校武装部门牵头负责,有意向参军入伍的大学生可向所在学校学工部(处)、就业中心、资助中心或武装部咨询有关政策。

49. 高校毕业生应征入伍服义务兵役享受哪些优惠政策?

高校毕业生应征入伍服义务兵役,除享有优先报名应征、优先体检政审、优先审批定兵、优先安排使用"四个优先"政策,家庭按规定享受军属待遇外,还享受优先选拔使用、学费补偿和国家助学贷款代偿、退役后考学升学优惠、就业服务等政策。

50. 高校毕业生应征入伍"四个优先"政策是怎样规定的?

高校毕业生预征对象参军入伍享受"四优先"政策:

(1)优先报名应征。报名由县级兵役机关直接办理。夏秋季征兵开始前,县级兵役机关通知其报名时间、地点、注意事项等。确定为预征对象的高校毕业生,持《应届毕业生预征对象登记表》,可以直接到学校所在地或户籍所在地县级兵役机关报名应征。

(2)优先体检政考。体检由县级兵役机关直接办理。夏秋季征兵体检前,县级兵役机关通知其体检时间、地点、注意事项等。确定为预征对象的高校毕业生,未能在规定时间内在学校参加体检的,本人持《应届毕业生预征对象登记表》,可在征兵体检时间内报名直接参加体检。

(3)优先审批定兵。审批定兵时,应当优先批准体检政审合格的高校毕业生入伍。高职(专科)以上文化程度的合格青年未被批准入伍前,不得批准高中文化程度的青年入伍。

(4)优先安排使用。在安排兵员去向时,根据高校毕业生的学历、专业和个人特长,优先安排到军兵种或专业技术要求高的部队服役;部队对征集入伍的高校毕业生,优先安排到适合的岗位,充分发挥其专长。

51. 大学生应征入伍服义务兵役给予国家资助的内容是什么?

高等学校学生应征入伍服义务兵役国家资助,是指国家对应征入伍服义务兵役的高校学生,在入伍时对其在校期间缴纳的学费实行一次性补偿或获得的国家助学贷款(国家助学贷款包括校园地国家助学贷款和生源地信用助学贷款,下同)实行代偿;应征入伍服义务兵役前正在高等学校就读的学生(含按国家招生规定录取的高等学校新生),服役期间按国家有关规定保留学籍或入学资格、退役后自愿复学或入学的,国家实行学费减免。

52. 高校学生应征入伍享受学费补偿、国家助学贷款代偿及学费减免的标准是多少?

按照《关于调整完善国家助学贷款相关政策措施的通知》(财教〔2014〕180号)、《财政部、教育部、总参谋部关于印发〈高等学校学生应征入伍服义务兵役国家资助办法〉的通知》(财教〔2013〕236号)、《关于对直接招收为士官的高等学校学生施行国家资助的通知》(财教〔2015〕462号)文件规定:

(1) 学费补偿、国家助学贷款代偿及学费减免标准,本专科生每人每年最高不超过8 000元,研究生每人每年最高不超过12 000元。

(2) 学费补偿或国家助学贷款代偿金额,按学生实际缴纳的学费或获得的国家助学贷款(国家助学贷款包括本金及其全部偿还之前产生的利息,下同)两者金额较高者执行,据实补偿或者代偿。退役复学后学费减免金额,按学校实际收取学费金额执行。超出标准部分不予补偿、代偿或减免。

(3) 获学费补偿学生在校期间获得国家助学贷款的,补偿资金必须首先用于偿还国家助学贷款。如补偿金额高于国家助学贷款金额,高出部分退还学生。

(4) 从2015年起,国家对直接招收为士官的高等学校学生施行国家资助,入伍时对其在校期间缴纳的学费实行一次性补偿或获得的国家助学贷款(包括校园地国家助学贷款和生源地信用助学贷款)实行代偿。

53. 高校学生应征入伍服义务兵役都可以享受国家资助政策吗?

在校期间已免除全部学费的学生、定向生、委培生和国防生,其他不属于服义务兵役到部队参军的学生,均不享受学费补偿和国家助学贷款代偿政策。

54. 高校学生应征入伍服义务兵役享受学费补偿、国家助学贷款代偿和学费减免的年限如何计算?

学费补偿、国家助学贷款代偿和学费减免的年限,按照国家对本科、专科(高职)、研究生和第二学士学位规定的相应修业年限据实计算。以入伍时间为准,入伍前已达到的修业规定年限,即为学费补偿或国家助学贷款代偿的年限;退役复学后应完成的国家规定的修业年限的剩余期限,即为学费减免的年限;复学后攻读更高层次学历不在减免学费范围之内。

专升本、本硕连读、中职高职连读、第二学士学位毕业生补偿学费或代偿国家助学贷款的年限,分别按照完成本科、硕士、高职和第二学士学位阶段学习任务规定的学习时间计算。

专升本、本硕连读学制在校生,在专科或本科学习阶段应征入伍的,以实际学习时间实行学费补偿或国家助学贷款代偿;在本科或硕士学习阶段应征入伍的,以本科已学习时间或硕士已学习时间计算,实行学费补偿或国家助学贷款代偿,其以前专科学习时间或本科学习时间不计入学费补偿或国家助学贷款代偿。中职高职连读学生学费补偿或国家助学贷款代偿的年限,按照高职阶段实际学习时间计算。

55. 高校学生申请应征入伍服义务兵役国家资助的程序是什么?

(1) 应征报名的高校学生登录大学生征兵报名系统,按要求在线填写、打印《高校学生应征入伍学费补偿国家助学贷款代偿申请表》(一式两份,以下简称《申请表》)并提交学校学生资助管理部门。在校期间获得国家助学贷款的学生,需同时提供《国家助学贷款借款合同》复印件和本人签字的一次性偿还贷款计划书。

(2) 学校相关部门对《申请表》中学生的资助资格、标准、金额(如有生源地信用助学贷款,学校应联系贷款经办银行或贷款经办地县级学生资助管理机构确认贷款金额)等相关信息审核无误后，对《申请表》加盖公章，一份留存，一份返还学生。

（3）学生在征兵报名时将《申请表》交至入伍所在地县级人民政府征兵办公室（以下简称"县级征兵办"）。学生通过征兵体检被批准入伍后，县级征兵办对《申请表》加盖公章并返还学生。

（4）学生将《申请表》原件和入伍通知书复印件，寄送至原就读高校学生资助管理部门。

56. 因个人原因被部队退回，高校学生已获国家资助的经费要被收回吗？

因本人思想原因、故意隐瞒病史或弄虚作假、违法犯罪等行为造成退兵的学生，学校取消其受助资格，并不得申请学费减免。各省（区、市）人民政府征兵办公室应在接收退兵后及时将被退回学生的姓名、就读高校、退兵原因等情况逐级上报至国防部征兵办公室，并按照学生原就读高校的隶属关系，通报同级教育行政部门。

被部队退回并被取消资助资格的学生，如学生返回其原户籍所在地，已补偿的学费或代偿的国家助学贷款资金由学生户籍所在地县级教育行政部门会同同级人民政府征兵办公室收回；如学生返回其原就读高校，已补偿的学费或代偿的国家助学贷款由学生原就读高校会同退役安置地县级人民政府征兵办公室收回。各县级教育行政部门和各高校应在收回资金后十日内，逐级汇总上缴全国学生资助管理中心。收回资金按规定作为下一年度学费补偿或国家助学贷款代偿经费。

57. 高校毕业生入伍服义务兵役年限是多少？

我国现行的义务兵役制度服役年限是两年。

58. 大学生士兵退役后享受哪些就学优惠政策？

（1）高职（专科）学生入伍经历可作为毕业实习经历。

（2）退役大学生士兵入学或复学后免修军事技能训练，直接获得学分。

（3）设立"退役大学生士兵"专项硕士研究生招生计划。根据实际需求，每年安排一定数量专项计划，专门面向退役大学生士兵招生。在全国研究生招生总规模内单列下达，不得挪用。

（4）将高校在校生（含高校新生）服兵役情况纳入推免生遴选指标体系。鼓励开展推荐优秀应届本科毕业生免试攻读研究生工作的高校在制定本校推免生遴选办法时，结合本校具体情况，将在校期间服兵役情况纳入推免生遴选指标体系。在部队荣立二等功及以上的退役人员，符合研究生报名条件的可免试（指初试）攻读硕士研究生。

（5）将考研加分范围扩大至高校在校生（含高校新生）。退役人员在继续实行普通高校应届毕业生退役后按规定享受加分政策的基础上，允许普通高校在校生（含高校新生）应征入伍服义务兵役退役，在完成本科学业后3年内参加全国硕士研究生招生考试，初试总分加10分，同等条件下优先录取。

（6）退役大学生士兵专升本实行招生计划单列。高职（专科）学生应征入伍服义务兵役退役，在完成高职学业后参加普通本科专升本考试，实行计划单列，录取比例在现行30%的基础上适度扩大，具体比例由各省份根据本地实际和报名情况确定。

（7）高校新生录取通知书中附寄应征入伍优惠政策。高校向新生寄送《录取通知书》

时，附寄应征入伍宣传单，宣传单主要内容包括优惠政策概要、报名流程指南、学籍注册要求等。

（8）放宽退役大学生士兵复学转专业限制。大学生士兵退役后复学，经学校同意并履行相关程序后，可转入本校其他专业学习。

（9）具有高职（高专）学历的，退役后免试入读成人本科，或经过一定考核入读普通本科；荣立三等功以上奖励的，在完成高职（专科）学业后，免试入读普通本科；

（10）应征入伍的高校毕业生退役后报考政法干警招录培养体制改革试点招生时，教育考试笔试成绩总分加10分。

59. 什么是政法干警招录培养体制改革试点考试？

国家为培养政治业务素质高，实战能力强的应用型、复合型政法人才，加强政法机关公务员队伍建设，2008年开始重点从部队退役士兵和普通高校毕业生中选拔优秀人才，为基层政法机关特别是中西部和其他经济欠发达地区的县（市）级以下基层政法机关提供人才保障和智力支持。

60. 应征入伍的高校应届毕业生离校后户口档案存放在哪里，如何迁转？

被确定为预征对象的高校应届毕业生，回入学前户籍所在地应征的，将户口迁回入学前户籍所在地，档案转到入学前户籍所在地人才交流中心存放。在学校所在地应征的，可将户籍和档案暂时保留在学校。

高校应届毕业生批准入伍后，其户口档案予以注销，档案放入新兵档案。

61. 高校应届毕业生退役后户档迁移有何优惠政策？

高校应届毕业生入伍服义务兵役退出现役后一年内，可视同当年的高校应届毕业生，凭用人单位录（聘）用手续，向原就读高校再次申请办理就业报到手续，户档随迁（直辖市按照有关规定执行）。

62. 没有参加网上报名预征的大学生生是否还可以应征入伍并享受有关优惠政策？

未参加网上报名预征的大学生，在征兵期间需要补办网上预征手续，没有经过网上报名预征的大学生不享受有关优惠政策。

63. 什么是士官？与义务兵有什么区别？

我军现役士兵按兵役性质分为义务兵役制士兵和志愿兵役制士兵。义务兵役制士兵称为义务兵，志愿兵役制士兵称为士官。士官属于士兵军衔序列，但不同于义务兵役制士兵，是士兵中的骨干。义务兵实行供给制，发给津贴，士官实行工资制和定期增资制度。

64. 国家资助直接招收为士官的高等学校学生如何界定？

是指直接从非军事部门招收为部队士官的全日制普通本专科（含高职）、研究生、第二学士学位的应（往）届毕业生，以及成人高校的普通本专科（高职）应（往）届毕业生；纳入全国高等学校招生统一考试、直接招录或选拔补充为部队士官的定向生。

四、积极拓宽重点领域就业渠道

65. 国家鼓励和引导高校毕业生去哪些重要领域就业创业？

"一带一路""长江经济带""京津冀协同发展"等国家重大战略提供了大量的岗位需求。高校毕业生要主动对接人才需求，积极到重点地区、重大工程、重大项目、重要领域去就业。要抓住实施"中国制造2025""互联网+"行动计划等契机，到先进制造业、现代服务业和现代农业等领域就业创业。

66. 什么是"一带一路"战略？

"一带一路"是"丝绸之路经济带"和"21世纪海上丝绸之路"的简称，是国家级顶层战略。它将充分依靠中国与有关国家既有的双多边机制，借助既有的、行之有效的区域合作平台，一带一路旨在借用古代丝绸之路的历史符号，高举和平发展的旗帜，积极发展与沿线国家的经济合作伙伴关系，共同打造政治互信、经济融合、文化包容的利益共同体、命运共同体和责任共同体。

67. "一带一路"战略将给大学生就业带来哪些机遇？

"一带一路"的互联互通项目将推动沿线各国发展战略的对接与耦合，发掘区域内市场的潜力，促进投资和消费，创造需求和就业。2015年3月，国家发展改革委、外交部、商务部联合发布了《推动共建丝绸之路经济带和21世纪海上丝绸之路的愿景与行动》。"一带一路"经济区开放后，承包工程项目突破3 000个。2015年，我国企业共对"一带一路"相关的49个国家进行了直接投资，投资额同比增长18.2%。2015年，我国承接"一带一路"相关国家服务外包合同金额178.3亿美元，执行金额121.5亿美元，同比分别增长42.6%和23.45%。2016年6月底，中欧班列累计开行1 881列，其中回程502列，实现进出口贸易总额170亿美元。

68. 国家和地方重大科研项目包括哪些？哪些高校毕业生可以被吸纳为研究助理或辅助人员？签订的服务协议应包含哪些内容？

按照《科技部、教育部、财政部、人力资源社会保障部、国家自然科学基金委员会关于鼓励科研项目单位吸纳和稳定高校毕业生就业的若干意见》（国科发财〔2009〕97号）规定，由高校、科研机构和企业所承担的民口科技重大专项、973计划、863计划、科技支撑计划项目以及国家自然科学基金会的重大重点项目等，可以聘用高校毕业生作为研究助理或辅助人员参与研究工作。此外的其他项目，承担研究的单位也可聘用高校毕业生。

吸纳对象主要以优秀的应届毕业生为主，包括高校以及有学位授予权的科研机构培养的博士研究生、硕士研究生和本科生。

被吸纳高校毕业生需与项目承担单位签订服务协议，明确双方的权利、责任和义务，但不是项目承担单位的正式在编职工。

签订的服务协议应包含：
（1）项目承担单位的名称和地址；
（2）研究助理的姓名、居民身份证号码和住址；
（3）服务协议期限；
（4）工作内容；
（5）劳务性费用数额及支付方式；
（6）社会保险；
（7）双方协商约定的其他内容。

服务协议不得约定由毕业生承担违约金。

69. 科研项目服务协议的期限如何约定？履行期间是否可以解除协议？

根据《人力资源社会保障部办公厅关于重大科研项目单位吸纳高校毕业生参与研究工作签订服务协议有关问题的通知》（人社厅发〔2009〕47号）等文件规定，服务协议期限最多可签订三年，三年以下的服务协议期限已满而项目执行期未满的，根据工作需要可以协商续签至三年。

服务协议履行期间，毕业生可以提出解除服务协议，但应提前15天书面通知项目承担单位。

项目承担单位提出解除服务协议的，应当提前30日书面通知毕业生本人。研究助理被解除服务协议或协议期满终止后，符合条件的毕业生可按规定享受失业保险待遇。

70. 科研项目承担单位是否给被吸纳的高校毕业生上保险？被吸纳的高校毕业生户档如何迁转？服务协议期满后如何就业？

项目承担单位应当为毕业生办理社会保险，具体包括基本养老保险、基本医疗保险、失业保险、工伤保险、生育保险，并按时足额缴费，根据《国务院关于做好当前和今后一段时期就业创业工作的意见》（国发〔2017〕28号）等文件规定，将社会保险补助纳入劳务费列支，劳务费不设比例限制。参保、缴费、待遇支付等具体办法参照各项社会保险有关规定执行。

毕业生参与项目研究期间，根据当地情况，其户口、档案可存放在项目承担单位所在地或入学前家庭所在地公共就业和人才服务机构。项目承担单位所在地或入学前家庭所在地公共就业和人才服务机构应当免费为其提供户口、档案托管服务。

协议期满，如果项目承担单位无意续聘，则毕业生到其他岗位就业。同时，国家鼓励项目承担单位正式聘用（招用）人员时，优先聘用担任过研究助理的人员。项目承担单位或其他用人单位正式聘用（招用）担任过研究助理的人员，应当分别依据《劳动合同法》、《国务院办公厅转发人事部关于在事业单位试行人员聘用制度意见的通知》（国办发〔2002〕35号）等规定执行。

71. 毕业生服务科研项目协议期满被用人单位正式录（聘）用后，如何办理落户手续？工龄如何接续？

担任过研究助理的人员被正式聘用（招用）后，按照有关规定，凭用人单位录（聘）用手续、劳动合同和《普通高等学校毕业证书》办理落户手续；工龄与参与项目研究期间的工作时间合并计算，社会保险缴费年限合并计算。

五、支持高校毕业生到国际组织实习任职

72. 什么是国际组织？

国际组织是具有国际性行为特征的组织，是两个或两个以上国家（或其他国际法主体）为实现共同的政治经济目的，依据其缔结的条约或其他正式法律文件建立的有一定规章制度的常设性机构。

国际组织分为政府间组织和非政府间组织，也可分为区域性国际组织和全球性国际组织。政府间的国际组织有联合国、欧洲联盟、世界贸易组织等，非政府间的国际组织有国际奥委会、国际红十字会等。

73. 联合国的国际公务员有哪几种？哪些职位是面向高校毕业生的？

联合国的国际公务员主要分为三种：D 类、P 类和 G 类。D 代表的是 director，即高级管理人员；P 代表 Professional，即专业人员；而 G 则是 General，即一般事务。

D 类属于领导类职务，部分是在联合国内部一级一级晋升上来的，另外一部分则来自各国直接派遣，比如我国各部委派驻到联合国的工作人员。

G 类属于基础性岗位，大多是行政、秘书等辅助性雇员，一般从机构所在国当地招聘。

P 类是联合国的中坚力量，因此，对于想加入联合国的高校毕业生而言，最常规的方式，是参加联合国的 YPP 考试（即青年专业人员考试）。

74. 什么是联合国青年专业人员（YPP）考试？

联合国青年专业人员（YPP）考试是 2012 年联合国对原国家竞争考试（NCRE）改革后的考试项目，是联合国招聘工作人员的主要方式之一，由人力资源社会保障部协助联合国在华举办。

青年专业人员考试的对象为初级业务官员（P1/P2 级），由联合国秘书处每年根据各会员国占地域分配的理想员额幅度情况，邀请无代表性、代表性不足或即将变为代表性不足的会员国参加考试。会员国同意参加后，其国民可通过联合国网站报名参加本年考试。

联合国将对申请参加考试的人员进行初步网上筛选，确定最终参加考试人员名单。考试一般由笔试和面试两个阶段的测试组成。通过考试选拔的人员将进入联合国后备人员名单，当出现职位空缺时，由联合国从后备人员名单中选聘。

75. 国家对高校毕业生到国际组织实习任职提供哪些指导服务？

（1）提供"高校毕业生国际组织实习任职服务平台"（http：//gj.ncss.org.cn/），为毕业生到国际组织实习任职和参加志愿活动等，提供信息、咨询、培训等服务。

（2）鼓励有条件的高校结合国际组织人才需求，开展培养推送高校毕业生到国际组织实习任职工作，将国际组织基本情况、招聘要求、职业发展路径等内容，纳入大学生就业指导教材和课程。

（3）国家留学基金管理委员会从全国优秀应届毕业生中选派实习生，前往联合国教科文组织、国际民航组织及国际电信联盟进行实习，为期 3~12 个月，并可提供奖学金资助。详见教育部留学基金委网站（http：//www.csc.edu.cn/）。

76. 高校毕业生到国际组织实习任职，需要哪些能力？如何在校做好准备？

（1）语言水平

联合国有六种官方工作语言，英语、法语、西班牙语、阿拉伯语、俄语和汉语。其中英语和法语最为重要，两者兼具的求职者进入国际组织有着天然的优势。联合国的很多机构在招聘时都要求应聘者能够使用两种或两种以上语言进行交流。除了要做到听说读写"四会"，更为重要的是运用这些语言进行沟通交流，比如能够进行协商谈判，做口头报告，在公众面前演讲，撰写相关报告或文件等。而且联合国要求员工必须能够与不同的对象进行交流，并做到有效、清晰、简洁、准确可信、能阐释复杂的问题，同时要有吸引力，便于对方理解。

在大学时期，要注重外语能力的培养，努力熟练掌握"听说读写"的基本技能，也要多锻炼使用外语进行口头和书面交流的实际运用能力。有条件的话也可以参加托福、雅思等在国际上被广泛承认的语言水平考试，取得的成绩有助于申请国际组织的实习、志愿、正式工作项目。

（2）综合素质

国际组织对所聘公务员的要求，不单纯是技术性、专业性的，更重要的是在任何职场都需要的沟通能力、管理能力，尤其强调国际组织、跨文化工作所需要的某些能力，例如伙伴关系（partnership）、团队精神（team spirit）、协同配合（synergy）、互动（interaction）、相互尊重与理解（mutual respect and understanding）等。在工作中，要有意识的培养有效行为的能力，避免无效行为。

世界卫生组织有一个全球能力模版（Global Competency Model），反映了对国际公务员各方面能力的总体要求，分为核心能力、管理能力、领导能力三大类，共13项内容，很具有参考价值。

六、鼓励支持高校毕业生自主创业，稳定灵活就业

77. 高校毕业生自主创业，可以享受哪些优惠政策？

按照《国务院关于进一步做好新形势下就业创业工作的意见》（国发〔2015〕23号）、《国务院办公厅关于深化高等学校创新创业教育改革的实施意见》（国办发〔2015〕36号）等文件规定，高校毕业生自主创业优惠政策主要包括：

（1）税收优惠：持人社部门核发《就业创业证》（注明"毕业年度内自主创业税收政策"）的高校毕业生在毕业年度内（指毕业所在自然年，即1月1日至12月31日）创办个体工商户、个人独资企业的，3年内按每户每年8 000元为限额依次扣减其当年实际应缴纳的营业税、城市维护建设税、教育费附加和个人所得税。对高校毕业生创办的小型微利企业，按国家规定享受相关税收支持政策。

（2）创业担保贷款和贴息支持：对符合条件的高校毕业生自主创业的，可在创业地按规定申请创业担保贷款，贷款额度为10万元。鼓励金融机构参照贷款基础利率，结合风险分担情况，合理确定贷款利率水平，对个人发放的创业担保贷款，在贷款基础利率基础上上浮3个百分点以内的，由财政给予贴息。

（3）免收有关行政事业性收费：毕业2年以内的普通高校毕业生从事个体经营（除国家限制的行业外）的，自其在工商部门首次注册登记之日起3年内，免收管理类、登记类和证照类等有关行政事业性收费。

（4）享受培训补贴：对高校毕业生在毕业学年（即从毕业前一年7月1日起的12个月）内参加创业培训的，根据其获得创业培训合格证书或就业、创业情况，按规定给予培训补贴。

（5）免费创业服务：有创业意愿的高校毕业生，可免费获得公共就业和人才服务机构提供的创业指导服务，包括政策咨询、信息服务、项目开发、风险评估、开业指导、融资服务、跟踪扶持等"一条龙"创业服务。各地在充分发挥各类创业孵化基地作用的基础上，因地制宜建设一批大学生创业孵化基地，并给予相关政策扶持。对基地内大学生创业企业要提供培训和指导服务，落实扶持政策，努力提高创业成功率，延长企业存活期。

（6）取消高校毕业生落户限制，允许高校毕业生在创业地办理落户手续（直辖市按有关规定执行）。

78. 大学生创业工商登记有什么要求？

深化商事制度改革，进一步落实注册资本登记制度改革，坚决推行工商营业执照、组织机构代码证、税务登记证"三证合一"，推进"三证合一"登记制度改革意见和统一社会信用代码方案，实现"一照一码"。放宽新注册企业场所登记条件限制，推动"一址多照"、集群注册等，降低大学生创业门槛。

79. 对大学生自主创业学籍管理有什么要求？

根据《教育部关于做好2016届全国普通高等学校毕业生就业创业工作的通知》（教学〔2015〕12号）文件规定，对有自主创业意愿的大学生，实施弹性学制，放宽学生修业年限，允许调整学业进程、保留学籍休学创新创业。

80. 高校对自主创业大学生可提供什么条件？

按照《普通高等学校学生管理规定》（中华人民共和国教育部令第41号）、《教育部关于做好2016届全国普通高等学校毕业生就业创业工作的通知》（教学〔2015〕12号）文件规定：

（1）学生参加创新创业、社会实践等活动以及发表论文、获得专利授权等与专业学习、学业要求相关的经历、成果，可以折算为学分，计入学业成绩。具体办法由学校规定。学校应当鼓励、支持和指导学生参加社会实践、创新创业活动，可以建立创新创业档案、设置创新创业学分。

（2）学校可以根据情况建立并实行灵活的学习制度。对休学创业的学生，可以单独规定最长学习年限，并简化休学批准程序。

（3）休学创业或退役后复学的学生，因自身情况需要转专业的，学校应当优先考虑。

（4）各地各高校建设一批大学生创业示范基地，继续推动大学科技园、创业园、创业孵化基地和实习实践基地建设，高校应开辟专门场地用于学生创新创业实践活动，教育部工程研究中心、各类实验室、教学仪器设备等原则上都要向学生开放。

（5）各高校要优化经费支出结构，多渠道统筹安排资金，支持创新创业教育教学，资助学生创新创业项目。

81. 高校毕业生怎样提升自主创业的能力？

各高校要根据人才培养定位和创新创业教育目标要求，促进专业教育与创新创业教育有机融合，调整专业课程设置，挖掘和充实各类专业课程的创新创业教育资源，在传授专业知识过程中加强创新创业教育。面向全体学生开发开设创新创业必修课和选修课，纳入学分管理。

各地人力资源社会保障部门已形成一些成熟的创业培训模式，如"GYB"（产生你的企业想法）、"SYB"（创办你的企业）、"IYB"（改善你的企业）；高校毕业生可选择参加创业培训和实训，并可按规定享受培训补贴，以提高创业能力。

82. 高校如何开展创新创业教育？

健全创新创业教育课程体系。高校要加快创新创业教育优质课程信息化建设，推出一批资源共享的慕课、视频公开课等在线开放课程。建立在线开放课程学习认证和学分认定制度。组织学科带头人、行业企业优秀人才，联合编写具有科学性、先进性、适用性的创新创业教育重点教材。

改革教学方法和考核方法。高校要广泛开展启发式、讨论式、参与式教学，扩大小班化教学覆盖面，推动教师把国际前沿学术发展、最新研究成果和实践经验融入课堂教学，注重培养学生的批判性和创造性思维，激发创新创业灵感。运用"大数据"技术，掌握不同学生学习需求和规律，为学生自主学习提供更加丰富多样的教育资源。改革考试考核内容和方式，注重考查学生运用知识分析、解决问题的能力，探索非标准答案考试，破除"高分低能"积弊。

强化创新创业实践。高校要加强专业实验室、虚拟仿真实验室、创业实验室和训练中心建设，促进实验教学平台共享。各地区、各高校科技创新资源原则上向全体在校学生开放，开放情况纳入各类研究基地、重点实验室、科技园评估标准。鼓励各地区、各高校充分利用各种资源建设大学科技园、大学生创业园、创业孵化基地和小微企业创业基地，作为创业教育实践平台，建好一批大学生校外实践教育基地、创业示范基地、科技创业实习基地和职业院校实训基地。完善国家、地方、高校三级创新创业实训教学体系，深入实施大学生创新创业训练计划，扩大覆盖面，促进项目落地转化。举办全国大学生创新创业大赛，办好全国职业院校技能大赛，支持举办各类科技创新、创意设计、创业计划等专题竞赛。支持高校学生成立创新创业协会、创业俱乐部等社团，举办创新创业讲座论坛，开展创新创业实践。

83. 如何向高校毕业生创设的小微企业优先转移科技成果？

国家鼓励利用财政性资金设立的科研机构、普通高校、职业院校，通过合作实施、转让、许可和投资等方式，向高校毕业生创设的小微企业优先转移科技成果。

84. 怎样申请创业担保贷款？在哪些银行可以申请创业担保贷款？

创业担保贷款按照自愿申请、社区推荐、人力资源社会保障部门审查、贷款担保机构审核并承诺担保、商业银行核贷的程序，办理贷款手续。

各国有商业银行、股份制商业银行、城市商业银行和城乡信用社都可以开办创业担保贷款业务，各地区根据实际情况确定具体经办银行。在指定的具体经办银行可以办理创业担保贷款。

85. 哪些项目属于微利项目？

微利项目由各省、自治区、直辖市人民政府结合当地实际情况确定，并报财政部、中国人民银行、人力资源和社会保障部备案。对于从事微利项目的，财政据实全额贴息，展期不贴息。

86. 离校后未就业高校毕业生如何参加就业见习？

人力资源社会保障部门通过媒体、公共就业和人才服务机构以及电视、网络、报纸等多种渠道，发布就业见习信息，公布见习单位名单、岗位数量、期限、人员要求等有关内容，或者组织开展见习单位和高校毕业生的双向选择活动，帮助离校未就业高校毕业生和见习单位对接。离校后未就业回到原籍的高校毕业生可与原籍所在地人力资源社会保障部门及当地团组织联系，主动申请参加就业见习。

87. 就业见习期限有多长？

高校毕业生就业见习期限一般为3~12个月。

高校毕业生就业见习活动结束后，见习单位对高校毕业生进行考核鉴定，出具见习证明，作为用人单位招聘和选用见习高校毕业生的依据之一。在见习期间，由见习单位正式录（聘）用的，在该单位的见习期可以作为工龄计算。

88. 离校未就业高校毕业生参加就业见习享受哪些政策和服务？

（1）获得基本生活补助（基本生活补助费用由见习单位和地方政府分担，各地要根据当地经济发展和物价水平，合理确定和及时调整基本生活补助标准）；

（2）免费办理人事代理；

（3）办理人身意外伤害保险；

（4）见习期满未被录用可继续享受就业指导与服务。

89. 见习单位能享受什么优惠政策？

对企业（单位）吸纳离校未就业高校毕业生参加就业见习的，由见习企业（单位）先行垫付见习人员见习期间基本生活补助，再按规定向当地人力资源社会保障部门申请就业见习补贴。

就业见习补贴申请材料应附：实际参加就业见习的人员名单、就业见习协议书、见习人员《身份证》、《登记证》复印件和大学毕业证复印件、企业（单位）发放基本生活补助明细账（单）、企业（单位）在银行开立的基本账户等凭证材料，经人力资源社会保障部门审核后，财政部门将资金支付到企业（单位）在银行开立的基本账户。

见习单位支出的见习补贴相关费用，不计入社会保险缴费基数，但符合税收法律法规规定的，可以在计算企业所得税应纳税所得额时扣除。

90. 高校毕业生如何申请参加职业培训？

职业培训由各地人力资源社会保障部门负责组织实施。高校毕业生可到当地人力资源社会保障部门咨询了解职业培训开展情况，选择适宜的培训项目参加。

职业培训工作主要由政府认定的培训机构、技工院校或企业所属培训机构承担。

91. 高校毕业生能否享受职业培训补贴政策？如何申请职业培训补贴？

高校毕业生毕业年度内参加就业技能培训或创业培训，可按规定向当地人力资源社会保障部门申请职业培训补贴。毕业后按规定进行了失业登记的高校毕业生参加就业技能培训或创业培训，也可向当地人力资源社会保障部门申请职业培训补贴。

按照《财政部、人力资源社会保障部关于进一步加强就业专项资金管理有关问题的通知》（财社〔2011〕64号）等文件规定，申请材料经人力资源社会保障部门审核后，财政部门按规定将补贴资金直接拨付给申请者本人。职业培训补贴申请材料应附：培训人员《身份证》复印件、《就业创业证》复印件、职业资格证书（专项职业能力证书或培训合格证书）复印件、就业或创业证明材料、职业培训机构开具的行政事业性收费票据（或税务发票）等凭证材料。

高校毕业生参加就业技能培训或创业培训后，培训合格并通过职业技能鉴定取得初级以上职业资格证书（未颁布国家职业技能标准的职业应取得专项职业能力证书或创业培训合格证书），6个月内实现就业的，按职业培训补贴标准的100%给予补贴。6个月内没有实现就业的，取得初级以上职业资格证书，按职业培训补贴标准的80%给予补贴；取得专项职业能力证书或创业培训合格证书，按职业培训补贴标准的60%给予补贴。

92. 高校毕业生如何获取职业资格证书？

高校毕业生个人可向职业技能鉴定所（站）自主申请职业技能鉴定。职业技能鉴定要参加理论知识考试和操作技能（专业能力）考核。经鉴定合格者，由人力资源社会保障部门核发相应的职业资格证书。

93. 高校毕业生能否享受职业技能鉴定补贴政策，如何申请技能鉴定补贴？

按照《财政部、人力资源社会保障部关于进一步加强就业专项资金管理有关问题的通知》（财社〔2011〕64号）等文件规定，对高校毕业生在毕业年度内通过初次职业技能鉴定并取得职业资格证书或专项职业能力证书的，按规定给予一次性职业技能鉴定补贴。

通过初次职业技能鉴定并取得职业资格证书或专项职业能力证书的，可向职业技能鉴定所在地人力资源社会保障部门申请一次性职业技能鉴定补贴。职业技能鉴定补贴申请材料应附：申请人《身份证》复印件、《就业创业证》复印件、职业资格证书复印件、职业技能鉴定机构开具的行政事业性收费票据（或税务发票）等凭证材料，经人力资源社会保障部门审核后，财政部门按规定将补贴资金支付给申请者本人。

七、为高校毕业生提供就业指导、就业服务和就业援助

94. 主要有哪些机构为高校毕业生提供就业服务？

（1）公共就业和人才服务机构

由各级人力资源社会保障部门举办的公共就业和人才服务机构，为高校毕业生免费提供政策咨询、就业信息、职业指导、职业介绍、就业援助、就业与失业登记或求职登记等各项公共服务，按规定为登记失业高校毕业生免费提供人事档案管理等服务。此外，还定期开展面向高校毕业生的公共就业和人才服务专项活动，比如每年5月"民营企业招聘周"、每年9月"高校毕业生就业服务月"、每年11月"高校毕业生就业服务周"等，为高校毕业生和用人单位搭建供需对接平台。

（2）高校毕业生就业指导机构

目前，各省教育部门、各高校普遍建立了高校毕业生就业指导机构，为毕业生提供就业咨询、用人单位招聘及实习实训信息、求职技巧、职业生涯辅导、毕业生推荐、实习实践能力提升和就业手续办理等多项就业指导和服务。

（3）职业中介机构

主要包括从事人力资源服务的经营性机构，政府鼓励各类职业中介机构为高校毕业生提供就业服务，对为登记失业高校毕业生提供服务并符合条件的职业中介机构按规定给予职业介绍补贴。

95. 职业中介机构如何享受职业介绍补贴？

按照《财政部、人力资源社会保障部关于进一步加强就业专项资金管理有关问题的通知》（财社〔2011〕64号）等文件规定，在工商行政部门登记注册的职业中介机构，可按经其就业服务后实际就业的登记失业人员人数向当地人力资源社会保障部门申请职业介绍

补贴。

职业介绍补贴申请材料应附：经职业中介机构就业服务后已实现就业的登记失业人员名单、接受就业服务的本人签名及《居民身份证》（以下简称《身份证》）复印件、《就业创业证》（以下简称《登记证》）复印件、劳动合同等就业证明材料复印件、职业中介机构在银行开立的基本账户等凭证材料。申请材料经人力资源社会保障部门审核后，财政部门按规定将补贴资金支付到职业中介机构在银行开立的基本账户。

96. 高校毕业生获取就业信息的主要渠道有哪些？

（1）浏览各类就业信息网站，包括中央有关部门主办的全国性就业信息网站、地方有关部门主办的就业信息网站、各高校就业信息网站及校内bbs求职版面、其他专业性就业网站等；

（2）参加各类招聘和双向选择活动，包括国家有关部门、各地、学校、用人单位等相关机构组织的各类现场或网络招聘活动；

（3）参与校企合作实习，包括社会实践、毕业实习等活动；

（4）查阅媒体广告，如报纸、刊物、电台、电视台、视频媒体等；

（5）他人推荐，如导师、校友、亲友等；

（6）主动到单位求职自荐等。

97. 在校期间高校毕业生可以通过哪些途径提升就业能力？

在学好专业知识技能的同时，根据学校要求或安排，毕业生可以通过选修或必修就业指导课程、参与学校组织的就业实习、技巧辅导、模拟招聘等活动，学习和了解相关职业的资料和信息，充分借助社会实践平台，全面提升就业能力。

高校毕业生还可通过学校实施的毕业证书与职业资格证书"双证书"制度、组织到企业顶岗实习、参加人力资源社会保障部门认定的定点机构开展的职业技能培训等，切实增强自身的岗位适应能力与就业竞争力，促进职业素养的养成。

98. 困难家庭高校毕业生包括哪些毕业生？享受哪些帮扶政策？

困难家庭高校毕业生是指：来自城镇低保家庭、低保边缘户家庭、农村贫困家庭和残疾人家庭的普通高校毕业生。

各级机关考录公务员、事业单位招聘工作人员时，免收困难家庭高校毕业生的报名费和体检费。

为帮助困难家庭的高校毕业生求职就业，高校一般都会安排经费作为困难家庭毕业生的求职补助，或对已成功就业的困难家庭毕业生给予奖励。困难家庭的毕业生可向所在院系书面申请。学校也应根据平时掌握的情况，对困难家庭的毕业生给予主动帮助。

从2013年起，对享受城乡居民最低生活保障家庭、获得国家助学贷款的毕业年度内高校毕业生，可给予一次性求职创业补贴，补贴标准由各省级财政、人力资源社会保障部门会同有关部门根据当地实际制定，所需资金按规定列入就业专项资金支出范围。

99. 高校毕业生如何办理就业登记和失业登记？离校后未就业如何获得相应的就业指导和服务？

在法定劳动年龄内、有劳动能力和就业要求、处于无业状态的城镇常住人员，可以到常住地的公共就业服务机构进行失业登记。各地公共就业服务机构要为登记失业的各类人员提供均等化的政策咨询、职业指导、职业介绍等公共就业服务和普惠性就业政策,并逐步使外来劳动者与当地户籍人口享有同等的就业扶持政策。将《就业失业登记证》调整为《就业创业证》,免费发放,作为劳动者享受公共就业服务及就业扶持政策的凭证。有条件的地方可积极推动社会保障卡在就业领域的应用。

100. 离校未就业高校毕业生享受哪些服务和政策?

按照《国务院办公厅关于做好2013年全国普通高等学校毕业生就业工作的通知》(国办发〔2013〕35号)和《人力资源社会保障部关于实施离校未就业高校毕业生就业促进计划的通知》(人社部发〔2013〕41号)要求,为做好离校未就业高校毕业生就业工作,从2013年起实施离校未就业高校毕业生就业促进计划:

(1)地方各级人社部门所属公共就业人才服务机构和基层公共就业服务平台要面向所有离校未就业高校毕业生(包括户籍不在本地的高校毕业生)开放,办理求职登记或失业登记手续,发放《就业创业证》,摸清就业服务需求。其中,直辖市为非本地户籍高校毕业生办理失业登记办法按现行规定执行;

(2)对实名登记的所有未就业高校毕业生提供更具针对性的职业指导;

(3)对有求职意愿的高校毕业生要及时提供就业信息;

(4)对有创业意愿的高校毕业生,各地要纳入当地创业服务体系,提供政策咨询、项目开发、创业培训、融资服务、跟踪扶持等"一条龙"创业服务。及时提供就业信息;

(5)要将零就业家庭、经济困难家庭、残疾等就业困难的未就业高校毕业生列为重点工作对象,提供"一对一"个性化就业帮扶,确保实现就业;

(6)对有就业见习意愿的高校毕业生,各地要及时纳入就业见习工作对象范围,确保能够随时参加;

(7)对有培训意愿的离校未就业高校毕业生,各地要结合其专业特点,组织参加职业培训和技能鉴定,按规定落实相关补贴政策;

(8)地方各级公共就业人才服务机构要为离校未就业高校毕业生免费提供档案托管、人事代理、社会保险办理和接续等一系列服务,简化服务流程,提高服务效率;有条件的地方可对到小微企业就业的离校未就业高校毕业生,提供免费的人事劳动保障代理服务;

(9)加大人力资源市场监管力度,严厉打击招聘过程中的欺诈行为,及时纠正性别歧视和其他各类就业歧视。加大劳动用工、缴纳社会保险费等方面的劳动保障监察力度,切实维护高校毕业生就业后的合法权益。

附录二 中华人民共和国劳动法

第一章 总 则

第一条 为了保护劳动者的合法权益，调整劳动关系，建立和维护适应社会主义市场经济的劳动制度，促进经济发展和社会进步，根据宪法，制定本法。

第二条 在中华人民共和国境内的企业、个体经济组织（以下统称用人单位）和与之形成劳动关系的劳动者，适用本法。国家机关、事业组织、社会团体和与之建立劳动合同关系的劳动者，依照本法执行。

第三条 劳动者享有平等就业和选择职业的权利、取得劳动报酬的权利、休息休假的权利、获得劳动安全卫生保护的权利、接受职业技能培训的权利、享受社会保险和福利的权利、提请劳动争议处理的权利以及法律规定的其他劳动权利。劳动者应当完成劳动任务，提高职业技能，执行劳动安全卫生规程，遵守劳动纪律和职业道德。

第四条 用人单位应当依法建立和完善规章制度，保障劳动者享有劳动权利和履行劳动义务。

第五条 国家采取各种措施，促进劳动就业，发展职业教育，制定劳动标准，调节社会收入，完善社会保险，协调劳动关系，逐步提高劳动者的生活水平。

第六条 国家提倡劳动者参加社会义务劳动，开展劳动竞赛和合理化建议活动，鼓励和保护劳动者进行科学研究、技术革新和发明创造，表彰和奖励劳动模范和先进工作者。

第七条 劳动者有权依法参加和组织工会。工会代表和维护劳动者的合法权益，依法独立自主地开展活动。

第八条 劳动者依照法律规定，通过职工大会、职工代表大会或者其他形式，参与民主管理或者就保护劳动者合法权益与用人单位进行平等协商。

第九条 国务院劳动行政部门主管全国劳动工作。县级以上地方人民政府劳动行政部门主管本行政区域内的劳动工作。

第二章 促进就业

第十条 国家通过促进经济和社会发展,创造就业条件,扩大就业机会。国家鼓励企业、事业组织、社会团体在法律、行政法规规定的范围内兴办产业或者拓展经营,增加就业。国家支持劳动者自愿组织起来就业和从事个体经营实现就业。

第十一条 地方各级人民政府应当采取措施,发展多种类型的职业介绍机构,提供就业服务。

第十二条 劳动者就业,不因民族、种族、性别、宗教信仰不同而受歧视。

第十三条 妇女享有与男子平等的就业权利。在录用职工时,除国家规定的不适合妇女的工种或者岗位外,不得以性别为由拒绝录用妇女或者提高对妇女的录用标准。

第十四条 残疾人、少数民族人员、退出现役的军人的就业,法律、法规有特别规定的,从其规定。

第十五条 禁止用人单位招用未满十六周岁的未成年人。文艺、体育和特种工艺单位招用未满十六周岁的未成年人,必须依照国家有关规定,履行审批手续,并保障其接受义务教育的权利。

第三章 劳动合同和集体合同

第十六条 劳动合同是劳动者与用人单位确立劳动关系、明确双方权利和义务的协议。建立劳动关系应当订立劳动合同。

第十七条 订立和变更劳动合同,应当遵循平等自愿、协商一致的原则,不得违反法律、行政法规的规定。劳动合同依法订立即具有法律约束力,当事人必须履行劳动合同规定的义务。

第十八条 下列劳动合同无效:

(一)违反法律、行政法规的劳动合同;

(二)采取欺诈、威胁等手段订立的劳动合同。

无效的劳动合同,从订立的时候起,就没有法律约束力。确认劳动合同部分无效的,如果不影响其余部分的效力,其余部分仍然有效。劳动合同的无效,由劳动争议仲裁委员会或者人民法院确认。

第十九条 劳动合同应当以书面形式订立,并具备以下条款:

(一)劳动合同期限;

(二)工作内容;

(三)劳动保护和劳动条件;

(四)劳动报酬;

(五)劳动纪律;

(六)劳动合同终止的条件;

(七)违反劳动合同的责任。

劳动合同除前款规定的必备条款外,当事人可以协商约定其他内容。

第二十条　劳动合同的期限分为有固定期限、无固定期限和以完成一定的工作为期限。劳动者在同一用人单位连续工作满十年以上，当事人双方同意续延劳动合同的，如果劳动者提出订立无固定期限的劳动合同，应当订立无固定期限的劳动合同。

第二十一条　劳动合同可以约定试用期。试用期最长不得超过六个月。

第二十二条　劳动合同当事人可以在劳动合同中约定保守用人单位商业秘密的有关事项。

第二十三条　劳动合同期满或者当事人约定的劳动合同终止条件出现，劳动合同即行终止。

第二十四条　经劳动合同当事人协商一致，劳动合同可以解除。

第二十五条　劳动者有下列情形之一的，用人单位可以解除劳动合同：

（一）在试用期间被证明不符合录用条件的；

（二）严重违反劳动纪律或者用人单位规章制度的；

（三）严重失职，营私舞弊，对用人单位利益造成重大损害的；

（四）被依法追究刑事责任的。

第二十六条　有下列情形之一的，用人单位可以解除劳动合同，但是应当提前三十日以书面形式通知劳动者本人：

（一）劳动者患病或者非因工负伤，医疗期满后，不能从事原工作也不能从事由用人单位另行安排的工作的；

（二）劳动者不能胜任工作，经过培训或者调整工作岗位，仍不能胜任工作的；

（三）劳动合同订立时所依据的客观情况发生重大变化，致使原劳动合同无法履行，经当事人协商不能就变更劳动合同达成协议的。

第二十七条　用人单位濒临破产进行法定整顿期间或者生产经营状况发生严重困难，确需裁减人员的，应当提前三十日向工会或者全体职工说明情况，听取工会或者职工的意见，经向劳动行政部门报告后，可以裁减人员。用人单位依据本条规定裁减人员，在六个月内录用人员的，应当优先录用被裁减的人员。

第二十八条　用人单位依据本法第二十四条、第二十六条、第二十七条的规定解除劳动合同的，应当依照国家有关规定给予经济补偿。

第二十九条　劳动者有下列情形之一的，用人单位不得依据本法第二十六条、第二十七条的规定解除劳动合同：

（一）患职业病或者因工负伤并被确认丧失或者部分丧失劳动能力的；

（二）患病或者负伤，在规定的医疗期内的；

（三）女职工在孕期、产期、哺乳期内的；

（四）法律、行政法规规定的其他情形。

第三十条　用人单位解除劳动合同，工会认为不适当的，有权提出意见。如果用人单位违反法律、法规或者劳动合同，工会有权要求重新处理；劳动者申请仲裁或者提起诉讼的，工会应当依法给予支持和帮助。

第三十一条　劳动者解除劳动合同，应当提前三十日以书面形式通知用人单位。

第三十二条 有下列情形之一的，劳动者可以随时通知用人单位解除劳动合同：

（一）在试用期内的；

（二）用人单位以暴力、威胁或者非法限制人身自由的手段强迫劳动的；

（三）用人单位未按照劳动合同约定支付劳动报酬或者提供劳动条件的。

第三十三条 企业职工一方与企业可以就劳动报酬、工作时间、休息休假、劳动安全卫生、保险福利等事项，签订集体合同。集体合同草案应当提交职工代表大会或者全体职工讨论通过。

集体合同由工会代表职工与企业签订；没有建立工会的企业，由职工推举的代表与企业签订。

第三十四条 集体合同签订后应当报送劳动行政部门；劳动行政部门自收到集体合同文本之日起十五日内未提出异议的，集体合同即行生效。

第三十五条 依法签订的集体合同对企业和企业全体职工具有约束力。职工个人与企业订立的劳动合同中劳动条件和劳动报酬等标准不得低于集体合同的规定。

第四章　工作时间和休息休假

第三十六条 国家实行劳动者每日工作时间不超过八小时、平均每周工作时间不超过四十四小时的工时制度。

第三十七条 对实行计件工作的劳动者，用人单位应当根据本法第三十六条规定的工时制度合理确定其劳动定额和计件报酬标准。

第三十八条 用人单位应当保证劳动者每周至少休息一日。

第三十九条 企业因生产特点不能实行本法第三十六条、第三十八条规定的，经劳动行政部门批准，可以实行其他工作和休息办法。

第四十条 用人单位在下列节日期间应当依法安排劳动者休假：

（一）元旦；

（二）春节；

（三）国际劳动节；

（四）国庆节；

（五）法律、法规规定的其他休假节日。

第四十一条 用人单位由于生产经营需要，经与工会和劳动者协商后可以延长工作时间，一般每日不得超过一小时；因特殊原因需要延长工作时间的，在保障劳动者身体健康的条件下延长工作时间每日不得超过三小时，但是每月不得超过三十六小时。

第四十二条 有下列情形之一的，延长工作时间不受本法第四十一条的限制：

（一）发生自然灾害、事故或者因其他原因，威胁劳动者生命健康和财产安全，需要紧急处理的；

（二）生产设备、交通运输线路、公共设施发生故障，影响生产和公众利益，必须及时抢修的；

（三）法律、行政法规规定的其他情形。

第四十三条 用人单位不得违反本法规定延长劳动者的工作时间。

第四十四条 有下列情形之一的，用人单位应当按照下列标准支付高于劳动者正常工作时间工资的工资报酬：

（一）安排劳动者延长工作时间的，支付不低于工资的百分之一百五十的工资报酬；

（二）休息日安排劳动者工作又不能安排补休的，支付不低于工资的百分之二百的工资报酬；

（三）法定休假日安排劳动者工作的，支付不低于工资的百分之三百的工资报酬。

第四十五条 国家实行带薪年休假制度。

劳动者连续工作一年以上的，享受带薪年休假。具体办法由国务院规定。

第五章 工 资

第四十六条 工资分配应当遵循按劳分配原则，实行同工同酬。工资水平在经济发展的基础上逐步提高。国家对工资总量实行宏观调控。

第四十七条 用人单位根据本单位的生产经营特点和经济效益，依法自主确定本单位的工资分配方式和工资水平。

第四十八条 国家实行最低工资保障制度。最低工资的具体标准由省、自治区、直辖市人民政府规定，报国务院备案。用人单位支付劳动者的工资不得低于当地最低工资标准。

第四十九条 确定和调整最低工资标准应当综合参考下列因素：

（一）劳动者本人及平均赡养人口的最低生活费用；

（二）社会平均工资水平；

（三）劳动生产率；

（四）就业状况；

（五）地区之间经济发展水平的差异。

第五十条 工资应当以货币形式按月支付给劳动者本人。不得克扣或者无故拖欠劳动者的工资。

第五十一条 劳动者在法定休假日和婚丧假期间以及依法参加社会活动期间，用人单位应当依法支付工资。

第六章 劳动安全卫生

第五十二条 用人单位必须建立、健全劳动安全卫生制度，严格执行国家劳动安全卫生规程和标准，对劳动者进行劳动安全卫生教育，防止劳动过程中的事故，减少职业危害。

第五十三条 劳动安全卫生设施必须符合国家规定的标准。

新建、改建、扩建工程的劳动安全卫生设施必须与主体工程同时设计、同时施工、同时投入生产和使用。

第五十四条 用人单位必须为劳动者提供符合国家规定的劳动安全卫生条件和必要的劳动防护用品，对从事有职业危害作业的劳动者应当定期进行健康检查。

第五十五条 从事特种作业的劳动者必须经过专门培训并取得特种作业资格。

第五十六条 劳动者在劳动过程中必须严格遵守安全操作规程。劳动者对用人单位管理人员违章指挥、强令冒险作业，有权拒绝执行；对危害生命安全和身体健康的行为，有权提出批评、检举和控告。

第五十七条 国家建立伤亡事故和职业病统计报告和处理制度。县级以上各级人民政府劳动行政部门、有关部门和用人单位应当依法对劳动者在劳动过程中发生的伤亡事故和劳动者的职业病状况，进行统计、报告和处理。

第七章　女职工和未成年工特殊保护

第五十八条 国家对女职工和未成年工实行特殊劳动保护。

未成年工是指年满十六周岁未满十八周岁的劳动者。

第五十九条 禁止安排女职工从事矿山井下、国家规定的第四级体力劳动强度的劳动和其他禁忌从事的劳动。

第六十条 不得安排女职工在经期从事高处、低温、冷水作业和国家规定的第三级体力劳动强度的劳动。

第六十一条 不得安排女职工在怀孕期间从事国家规定的第三级体力劳动强度的劳动和孕期禁忌从事的劳动。对怀孕七个月以上的女职工，不得安排其延长工作时间和夜班劳动。

第六十二条 女职工生育享受不少于九十天的产假。

第六十三条 不得安排女职工在哺乳未满一周岁的婴儿期间从事国家规定的第三级体力劳动强度的劳动和哺乳期禁忌从事的其他劳动，不得安排其延长工作时间和夜班劳动。

第六十四条 不得安排未成年工从事矿山井下、有毒有害、国家规定的第四级体力劳动强度的劳动和其他禁忌从事的劳动。

第六十五条 用人单位应当对未成年工定期进行健康检查。

第八章　职业培训

第六十六条 国家通过各种途径，采取各种措施，发展职业培训事业，开发劳动者的职业技能，提高劳动者素质，增强劳动者的就业能力和工作能力。

第六十七条 各级人民政府应当把发展职业培训纳入社会经济发展的规划，鼓励和支持有条件的企业、事业组织、社会团体和个人进行各种形式的职业培训。

第六十八条 用人单位应当建立职业培训制度，按照国家规定提取和使用职业培训经费，根据本单位实际，有计划地对劳动者进行职业培训。从事技术工种的劳动者，上岗前必须经过培训。

第六十九条 国家确定职业分类，对规定的职业制定职业技能标准，实行职业资格证书制度，由经过政府批准的考核鉴定机构负责对劳动者实施职业技能考核鉴定。

第九章　社会保险和福利

第七十条 国家发展社会保险事业，建立社会保险制度，设立社会保险基金，使劳动者在年老、患病、工伤、失业、生育等情况下获得帮助和补偿。

第七十一条　社会保险水平应当与社会经济发展水平和社会承受能力相适应。

第七十二条　社会保险基金按照保险类型确定资金来源，逐步实行社会统筹。用人单位和劳动者必须依法参加社会保险，缴纳社会保险费。

第七十三条　劳动者在下列情形下，依法享受社会保险待遇：

（一）退休；

（二）患病、负伤；

（三）因工伤残或者患职业病；

（四）失业；

（五）生育。

劳动者死亡后，其遗属依法享受遗属津贴。劳动者享受社会保险待遇的条件和标准由法律、法规规定。劳动者享受的社会保险金必须按时足额支付。

第七十四条　社会保险基金经办机构依照法律规定收支、管理和运营社会保险基金，并负有使社会保险基金保值增值的责任。社会保险基金监督机构依照法律规定，对社会保险基金的收支、管理和运营实施监督。社会保险基金经办机构和社会保险基金监督机构的设立和职能由法律规定。任何组织和个人不得挪用社会保险基金。

第七十五条　国家鼓励用人单位根据本单位实际情况为劳动者建立补充保险。国家提倡劳动者个人进行储蓄性保险。

第七十六条　国家发展社会福利事业，兴建公共福利设施，为劳动者休息、休养和疗养提供条件。用人单位应当创造条件，改善集体福利，提高劳动者的福利待遇。

第十章　劳动争议

第七十七条　用人单位与劳动者发生劳动争议，当事人可以依法申请调解、仲裁、提起诉讼，也可以协商解决。调解原则适用于仲裁和诉讼程序。

第七十八条　解决劳动争议，应当根据合法、公正、及时处理的原则，依法维护劳动争议当事人的合法权益。

第七十九条　劳动争议发生后，当事人可以向本单位劳动争议调解委员会申请调解；调解不成，当事人一方要求仲裁的，可以向劳动争议仲裁委员会申请仲裁。当事人一方也可以直接向劳动争议仲裁委员会申请仲裁。对仲裁裁决不服的，可以向人民法院提起诉讼。

第八十条　在用人单位内，可以设立劳动争议调解委员会。劳动争议调解委员会由职工代表、用人单位代表和工会代表组成。劳动争议调解委员会主任由工会代表担任。劳动争议经调解达成协议的，当事人应当履行。

第八十一条　劳动争议仲裁委员会由劳动行政部门代表、同级工会代表、用人单位方面的代表组成。劳动争议仲裁委员会主任由劳动行政部门代表担任。

第八十二条　提出仲裁要求的一方应当自劳动争议发生之日起六十日内向劳动争议仲裁委员会提出书面申请。仲裁裁决一般应在收到仲裁申请的六十日内作出。对仲裁裁决无异议的，当事人必须履行。

第八十三条　劳动争议当事人对仲裁裁决不服的，可以自收到仲裁裁决书之日起十五日内向人民法院提起诉讼。一方当事人在法定期限内不起诉又不履行仲裁裁决的，另一方当事人可以申请人民法院强制执行。

第八十四条 因签订集体合同发生争议，当事人协商解决不成的，当地人民政府劳动行政部门可以组织有关各方协调处理。因履行集体合同发生争议，当事人协商解决不成的，可以向劳动争议仲裁委员会申请仲裁；对仲裁裁决不服的，可以自收到仲裁裁决书之日起十五日内向人民法院提起诉讼。

第十一章　监督检查

第八十五条 县级以上各级人民政府劳动行政部门依法对用人单位遵守劳动法律、法规的情况进行监督检查，对违反劳动法律、法规的行为有权制止，并责令改正。

第八十六条 县级以上各级人民政府劳动行政部门监督检查人员执行公务，有权进入用人单位了解执行劳动法律、法规的情况，查阅必要的资料，并对劳动场所进行检查。

县级以上各级人民政府劳动行政部门监督检查人员执行公务，必须出示证件，秉公执法并遵守有关规定。

第八十七条 县级以上各级人民政府有关部门在各自职责范围内，对用人单位遵守劳动法律、法规的情况进行监督。

第八十八条 各级工会依法维护劳动者的合法权益，对用人单位遵守劳动法律、法规的情况进行监督。任何组织和个人对于违反劳动法律、法规的行为有权检举和控告。

第十二章　法律责任

第八十九条 用人单位制定的劳动规章制度违反法律、法规规定的，由劳动行政部门给予警告，责令改正；对劳动者造成损害的，应当承担赔偿责任。

第九十条 用人单位违反本法规定，延长劳动者工作时间的，由劳动行政部门给予警告，责令改正，并可以处以罚款。

第九十一条 用人单位有下列侵害劳动者合法权益情形之一的，由劳动行政部门责令支付劳动者的工资报酬、经济补偿，并可以责令支付赔偿金：

（一）克扣或者无故拖欠劳动者工资的；

（二）拒不支付劳动者延长工作时间工资报酬的；

（三）低于当地最低工资标准支付劳动者工资的；

（四）解除劳动合同后，未依照本法规定给予劳动者经济补偿的。

第九十二条 用人单位的劳动安全设施和劳动卫生条件不符合国家规定或者未向劳动者提供必要的劳动防护用品和劳动保护设施的，由劳动行政部门或者有关部门责令改正，可以处以罚款；情节严重的，提请县级以上人民政府决定责令停产整顿；对事故隐患不采取措施，致使发生重大事故，造成劳动者生命和财产损失的，对责任人员比照刑法第一百八十七条的规定追究刑事责任。

第九十三条 用人单位强令劳动者违章冒险作业，发生重大伤亡事故，造成严重后果的，对责任人员依法追究刑事责任。

第九十四条 用人单位非法招用未满十六周岁的未成年人的,由劳动行政部门责令改正,处以罚款;情节严重的,由工商行政管理部门吊销营业执照。

第九十五条 用人单位违反本法对女职工和未成年工的保护规定,侵害其合法权益的,由劳动行政部门责令改正,处以罚款;对女职工或者未成年工造成损害的,应当承担赔偿责任。

第九十六条 用人单位有下列行为之一,由公安机关对责任人员处以十五日以下拘留、罚款或者警告;构成犯罪的,对责任人员依法追究刑事责任:

(一) 以暴力、威胁或者非法限制人身自由的手段强迫劳动的;

(二) 侮辱、体罚、殴打、非法搜查和拘禁劳动者的。

第九十七条 由于用人单位的原因订立的无效合同,对劳动者造成损害的,应当承担赔偿责任。

第九十八条 用人单位违反本法规定的条件解除劳动合同或者故意拖延不订立劳动合同的,由劳动行政部门责令改正;对劳动者造成损害的,应当承担赔偿责任。

第九十九条 用人单位招用尚未解除劳动合同的劳动者,对原用人单位造成经济损失的,该用人单位应当依法承担连带赔偿责任。

第一百条 用人单位无故不缴纳社会保险费的,由劳动行政部门责令其限期缴纳,逾期不缴的,可以加收滞纳金。

第一百零一条 用人单位无理阻挠劳动行政部门、有关部门及其工作人员行使监督检查权,打击报复举报人员的,由劳动行政部门或者有关部门处以罚款;构成犯罪的,对责任人员依法追究刑事责任。

第一百零二条 劳动者违反本法规定的条件解除劳动合同或者违反劳动合同中约定的保密事项,对用人单位造成经济损失的,应当依法承担赔偿责任。

第一百零三条 劳动行政部门或者有关部门的工作人员滥用职权、玩忽职守、徇私舞弊,构成犯罪的,依法追究刑事责任;不构成犯罪的,给予行政处分。

第一百零四条 国家工作人员和社会保险基金经办机构的工作人员挪用社会保险基金,构成犯罪的,依法追究刑事责任。

第一百零五条 违反本法规定侵害劳动者合法权益,其他法律、法规已规定处罚的,依照该法律、行政法规的规定处罚。

第十三章 附 则

第一百零六条 省、自治区、直辖市人民政府根据本法和本地区的实际情况,规定劳动合同制度的实施步骤,报国务院备案。

第一百零七条 本法自 1995 年 1 月 1 日起施行。

附录三 创业优惠政策

一、税收优惠

持人社部门核发《就业创业证》（注明"毕业年度内自主创业税收政策"）的高校毕业生在毕业年度内（指毕业所在自然年，即1月1日至12月31日）创办个体工商户、个人独资企业的，3年内按每户每年8 000元为限额依次扣减其当年实际应缴纳的营业税、城市维护建设税、教育费附加和个人所得税。对高校毕业生创办的小型微利企业，按国家规定享受相关税收支持政策。

二、创业担保贷款和贴息

对符合条件的大学生自主创业的，可在创业地按规定申请创业担保贷款，贷款额度为10万元。鼓励金融机构参照贷款基础利率，结合风险分担情况，合理确定贷款利率水平，对个人发放的创业担保贷款，在贷款基础利率基础上上浮3个百分点以内的，由财政给予贴息。

三、免收有关行政事业性收费

毕业两年以内的普通高校学生从事个体经营（除国家限制的行业外）的，自其在工商部门首次注册登记之日起3年内，免收管理类、登记类和证照类等有关行政事业性收费。

四、享受培训补贴

对大学生创办的小微企业新招用毕业年度高校毕业生，签订1年以上劳动合同并交纳社会保险费的，给予1年社会保险补贴。对大学生在毕业学年（即从毕业前一年7月1日起的12个月）内参加创业培训的，根据其获得创业培训合格证书或就业、创业情况，按规定给予培训补贴。

五、免费创业服务

有创业意愿的大学生，可免费获得公共就业和人才服务机构提供的创业指导服务，包括政策咨询、信息服务、项目开发、风险评估、开业指导、融资服务、跟踪扶持等"一条龙"

创业服务。

六、取消高校毕业生落户限制

高校毕业生可在创业地办理落户手续（直辖市按有关规定执行）。

七、创新人才培养

创业大学生可享受各地各高校实施的系列"卓越计划"、科教结合协同育人行动计划等，同时享受跨学科专业开设的交叉课程、创新创业教育实验班等，以及探索建立的跨院系、跨学科、跨专业交叉培养创新创业人才的新机制。

八、开设创新创业教育课程

自主创业大学生可享受各高校挖掘和充实的各类专业课程和创新创业教育资源，以及面向全体学生开发开设的研究方法、学科前沿、创业基础、就业创业指导等方面的必修课和选修课；同时享受各地区、各高校推出的资源共享的慕课、视频公开课等在线开放课程，和在线开放课程学习认证和学分认定制度。

九、强化创新创业实践

自主创业大学生可共享学校面向全体学生开放的大学科技园、创业园、创业孵化基地、教育部工程研究中心、各类实验室、教学仪器设备等科技创新资源和实验教学平台。参加全国大学生创新创业大赛、全国高职院校技能大赛，和各类科技创新、创意设计、创业计划等专题竞赛，以及高校学生成立的创新创业协会、创业俱乐部等社团，提升创新创业实践能力。

十、改革教学制度

自主创业大学生可享受各高校建立的自主创业大学生创新创业学分累计与转换制度；还可享受学生开展创新实验、发表论文、获得专利和自主创业等情况折算为学分，将学生参与课题研究、项目实验等活动认定为课堂学习的新探索。同时享受为有意愿有潜质的学生制定的创新创业能力培养计划，以及创新创业档案和成绩单等系列客观记录并量化评价学生开展创新创业活动情况的教学实践活动。优先支持参与创业的学生转入相关专业学习。

十一、完善学籍管理规定

有自主创业意愿的大学生，可享受高校实施的弹性学制，放宽学生修业年限，允许调整学业进程、保留学籍休学创新创业。

十二、大学生创业指导服务

自主创业大学生可享受各地各高校对自主创业学生实行的持续帮扶、全程指导、一站式服务。以及地方、高校两级信息服务平台，为学生实时提供的国家政策、市场动向等信息，和创业项目对接、知识产权交易等服务。可享受各地在充分发挥各类创业孵化基地作用的基础上，因地制宜建设的大学生创业孵化基地和相关培训、指导服务等扶持政策。

参 考 文 献

［1］段玉强，等. 大学生就业指导［M］. 北京：中国经济出版社，2005.
［2］丰艳，姜媛媛，李海涛. 大学生就业指导［M］. 北京：电子工业出版社，2012.
［3］姚书志. 大学生就业指导［M］. 西安：西北大学出版社，2010.
［4］王艺荣. 求职与创业［M］. 北京：机械工业出版社，2006.
［5］林海波. 大学生就业指导［M］. 济南：山东人民出版社，2010.
［6］李建明. 大学生职业生涯设计与就业指导［M］. 沈阳：东北大学出版社，2005.
［7］蒋建荣. 大学生生涯规划导论［M］. 天津：南开大学出版社，2005.
［8］姚裕群. 职业生涯规划与发展［M］. 北京：首都经济贸易大学出版社，2005.
［9］拜五四，等. 大学生职业选择与生涯规划［M］. 北京：化学工业出版社，2005.
［10］吴汉德. 大学生就业指导［M］. 南京：东南大学出版社，2006.